Dieta bez
pszenicy

WILLIAM DAVIS

Dieta bez pszenicy

JAK POZBYĆ SIĘ PSZENNEGO BRZUCHA I BYĆ ZDROWYM

przełożył
ROMAN PALEWICZ

BUKOWY LAS

Ta książka jest pomyślana jako publikacja poradnikowa, a nie podręcznik medyczny. Zawarte w niej informacje mają pomóc w podejmowaniu świadomych decyzji dotyczących zdrowia i nie zastępują leczenia zalecanego przez lekarza. W razie wystąpienia jakichkolwiek problemów zdrowotnych należy zasięgnąć fachowej porady medycznej. Zawarte w książce wzmianki na temat określonych firm, organizacji bądź instytucji nie oznaczają ich popierania przez autora bądź wydawcę ani tego, że dana firma, organizacja lub instytucja popiera tę książkę, jej autora albo wydawcę. Podane w książce adresy internetowe oraz numery telefonów były aktualne w chwili oddawania publikacji do druku.

Tytuł oryginału: *Wheat Belly: Lose the Wheat, Lose the Weight, and Find Your Path Back to Health*

Copyright © 2011 by William Davis, MD
All rights reserved. Wszelkie prawa zastrzeżone

Copyright © for the Polish edition and translation
by Wydawnictwo Bukowy Las Sp. z o.o., 2013

ISBN 978-83-62478-92-7

PROJEKT OKŁADKI: Mariusz Banachowicz
REDAKCJA: Katarzyna Kondrat
KOREKTA: Bogusława Otfinowska, Lidia Szagdaj
REDAKCJA TECHNICZNA: Adam Kolenda

WYDAWCA:
Wydawnictwo Bukowy Las Sp. z o.o.
ul. Sokolnicza 5/76, 53-676 Wrocław
www.bukowylas.pl, e-mail: biuro@bukowylas.pl

WYŁĄCZNY DYSTRYBUTOR:
Firma Księgarska Olesiejuk
Spółka z ograniczoną odpowiedzialnością S.K.A.
ul. Poznańska 91, 05-850 Ożarów Mazowiecki
tel. 22 721 30 11, fax 22 721 30 01
www.olesiejuk.pl, e-mail: fk@olesiejuk.pl

DRUK I OPRAWA: Opolgraf S.A.

Dawn, Billowi, Lauren i Jacobowi,
moim towarzyszom w tej bezpszennej podróży

WPROWADZENIE

Przewertujcie albumy rodzinne ze zdjęciami swoich rodziców lub dziadków, a być może zaskoczy was to, że wszyscy wydają się na nich szczupli. Kobiety nosiły sukienki zapewne w rozmiarze 34, a mężczyźni mieli 80 centymetrów w pasie. Nadwagę mierzono w pojedynczych kilogramach, otyłość zdarzała się rzadko. Grube dzieci? Prawie nigdy. Talie po 106 centymetrów? Nic z tych rzeczy. Dziewięćdziesięciokilogramowe nastolatki? Z pewnością nie.

Dlaczego gospodynie domowe z lat 50. i 60. ubiegłego wieku były znacznie szczuplejsze niż współcześni ludzie, których widujemy na plażach, w centrach handlowych i w naszych własnych lustrach? Podczas gdy kobiety z tamtych czasów ważyły zazwyczaj 50–55 kilo, a mężczyźni 70 do 80, dziś musimy dźwigać o 20, 30, a nawet 90 kilogramów więcej.

Nasze babcie i mamy wcale dużo nie ćwiczyły. (Wydawało się to czymś niestosownym, jak snucie brudnych myśli w kościele). Ile razy zdarzyło się wam oglądać, jak wasza mama wkłada buty do biegania, żeby przetruchtać pięć kilometrów? Dla mojej matki gimnastyką było odkurzanie schodów. Dziś wychodzę z domu w każdy ładny dzień i widzę, jak dziesiątki kobiet biegają, jeżdżą na rowerach albo chodzą z kijkami, czego czterdzieści lub pięćdziesiąt lat temu praktycznie się nie widywało. A jednak z roku na rok stajemy się grubsi.

Moja żona jest triatlonistką oraz instruktorką, więc każdego roku oglądam kilkakrotnie zawody w tej ekstremalnej dyscyplinie. Triatloniści trenują miesiącami, a nawet latami, żeby przetrzymać wyścig złożony z pływania w odkrytym akwenie na dystansie od 1,6 do 4 kilometrów, jazdy na rowerze na odcinku od 90 do 180 kilometrów i biegu na 20 do 40 kilometrów. Już sam udział w tym wyścigu jest wyczynem, gdyż wymaga spalenia kilku tysięcy kalorii oraz niezwykłej wytrzymałości. Większość triatlonistów przestrzega dość zdrowych nawyków żywieniowych. Dlaczego zatem mniej więcej jedna trzecia tych zagorzałych sportowców, mężczyzn i kobiet, ma nadwagę? Doceniam ich jeszcze bardziej za to, że muszą taszczyć ze sobą dodatkowe piętnaście, osiemnaście czy dwadzieścia kilogramów, ale zważywszy na fakt, że ich trening wymaga bardzo intensywnych i długich ćwiczeń, zastanawiam się, w jaki sposób mogą mieć nadwagę.

Jeżeli zastosujemy konwencjonalną logikę, uznamy, że triatloniści z nadwagą muszą więcej ćwiczyć albo mniej jeść, żeby schudnąć. A ja zamierzam dowieść, że problemem, na jaki trafiają dieta i zdrowie większości Amerykanów, nie jest tłuszcz ani cukier, ani pojawienie się Internetu, ani koniec wiejskiego stylu życia. Jest nim pszenica – albo to, co się nam sprzedaje pod nazwą pszenicy.

Okazuje się, że to, co jemy pod sprytnym przebraniem babeczki z otrębami albo cebulowego chlebka ciabatta, to tak naprawdę nie jest pszenica, tylko produkt genetycznych badań prowadzonych w drugiej połowie XX wieku. Współczesna pszenica ma się do prawdziwej pszenicy w najlepszym razie tak, jak szympans do człowieka. Choć nasi włochaci krewni z rzędu naczelnych dzielą z nami 99 procent genów, to jednak mają dłuższe ręce, sierść na całym ciele i mniej szans na wygranie w którymkolwiek z teleturniejów. Jestem przekonany, że potraficie dostrzec różnice, o jakich decyduje ten pozostały procent. Współczesna pszenica jest jeszcze bardziej oddalona od swego przodka sprzed zaledwie czterdziestu lat.

Uważam, że zwiększone spożycie zbóż – albo mówiąc dokładniej, zwiększone spożycie tej zmienionej genetycznie rośliny nazywanej pszenicą – wyjaśnia kontrast pomiędzy smukłymi, choć prowadzącymi siedzący tryb życia ludźmi z lat 50. i walczącymi z nadwagą ludźmi z XXI wieku, z triatlonistami włącznie.

Wiem, że uznawanie pszenicy za szkodliwy produkt żywnościowy jest czymś takim, jak nazywanie Ronalda Reagana komunistą. Degradowanie ikonicznej podstawy wyżywienia do roli czynnika stanowiącego zagrożenie zdrowotne może się wydawać absurdalne, nawet niepatriotyczne, ale ja udowodnię, że to najpopularniejsze na świecie zboże jest również najbardziej destrukcyjnym składnikiem światowej diety.

Do charakterystycznych, udokumentowanych oddziaływań pszenicy na ludzi należą: pobudzanie apetytu; narażenie mózgu na wpływ egzorfin (odpowiednika endorfin wydzielanych przez organizm); nadmierne podwyższanie poziomu cukru we krwi, prowadzące do cykli przesytu występującego naprzemiennie z odczuciem głodu; proces glikacji, będący podłożem chorób i starzenia się organizmu; stany zapalne; wpływ na wskaźnik pH, prowadzący do niszczenia chrząstki i uszkodzeń kości, oraz aktywacja nieprawidłowych reakcji immunologicznych. Rezultatem konsumpcji pszenicy jest złożona gama stanów chorobowych, poczynając od celiakii – niszczycielskiej choroby rozwijającej się w wyniku kontaktu z pszennym glutenem – aż po wiele zaburzeń neurologicznych, cukrzycę, choroby serca, zapalenie stawów, osobliwe wysypki i paraliżujące urojenia o podłożu schizofrenicznym.

Skoro to, co nazywamy pszenicą, stanowi taki problem, usunięcie go z pożywienia powinno przynosić ogromne i niespodziewane korzyści. Rzeczywiście tak się dzieje. Jako kardiolog, badający i leczący tysiące pacjentów zagrożonych chorobą serca, cukrzycą i niezliczonymi niszczycielskimi skutkami otyłości, na własne oczy widziałem, jak wielkie, przewieszone nad paskiem brzuchy znikają, kiedy korzystające z mojej rady osoby elimino-

wały pszenicę ze swej diety. Zazwyczaj chudły o 10, 15 albo 20
kilogramów w ciągu kilku pierwszych miesięcy. Po gwałtownej
utracie wagi, uzyskanej bez większego wysiłku, następowało na
ogół wiele korzyści zdrowotnych, które zadziwiają mnie nawet
dziś, mimo że już widziałem to zjawisko tysiące razy.

Byłem świadkiem dramatycznych zmian w stanie zdrowia pacjentów, jak choćby w wypadku trzydziestoośmioletniej kobiety
z wrzodziejącym zapaleniem jelita grubego, zagrożonej usunięciem okrężnicy. Wyleczyła ją eliminacja pszenicy – jej okrężnica
pozostała nietknięta. Dwudziestosześcioletni mężczyzna, który
niemal stał się niesprawny, gdyż ledwie był w stanie chodzić z powodu bólu stawów, doznał pełnej ulgi i znowu mógł chodzić oraz
biegać, kiedy wykreślił pszenicę ze swojego menu.

Przy całej niezwykłości powyższych przypadków istnieje wiele naukowych badań, dowodzących, że pszenica jest źródłem tych
chorób – i sugerujących, że jej usunięcie z diety może przynieść
ulgę bądź całkowicie zlikwidować objawy. Przekonacie się, że
bezwiednie wybraliśmy wygodę, obfitość i niskie koszty, oddając
w zamian zdrowie, o czym świadczą okrągłe brzuchy, grube uda
i podwójne podbródki. Wiele argumentów, które przedstawiam
w następnych rozdziałach, zostało dowiedzionych badaniami
naukowymi, których wyniki są ogólnie dostępne. Zadziwiająco
wiele z tego, czego się dowiedziałem, zostało zademonstrowane
w badaniach klinicznych już kilkadziesiąt lat temu, tylko jakoś
nigdy nie wypłynęło na powierzchnię medycznej lub społecznej
świadomości. Ja po prostu dodałem dwa do dwóch i uzyskałem
wyniki, które możecie uznać za zdumiewające.

TO NIE TWOJA WINA

W filmie *Buntownik z wyboru* Will Hunting, grany przez
Matta Damona, obdarzony niezwykłym geniuszem, ale będący
siedliskiem demonów przeszłości, wybucha płaczem, kiedy psy-

cholog Sean Maguire (Robin Williams) powtarza wciąż na nowo: „To nie twoja wina".

Podobnie wielu z nas, widząc szpetny pszenny brzuch, zaczyna się obwiniać: zbyt wiele kalorii, za mało wysiłku fizycznego, za mało ograniczeń. Lecz trafniej byłoby powiedzieć, że to rada, aby jeść więcej „zdrowych produktów pełnoziarnistych", pozbawiła nas kontroli nad naszymi apetytami oraz skłonnościami, sprawiając, że jesteśmy grubi i niezdrowi, pomimo naszych wysiłków i najlepszych chęci.

Porównuję tę powszechnie akceptowaną radę do mówienia alkoholikowi, że skoro jeden lub dwa drinki nie mogą zaszkodzić, to dziewięć lub dziesięć może przynieść jeszcze większy pożytek. Korzystanie z tego zalecenia ma katastrofalne konsekwencje dla zdrowia.

To nie twoja wina.

Jeżeli stwierdzasz, że wszędzie nosisz ze sobą wystający, niewygodny pszenny brzuch, bezskutecznie usiłując go wepchnąć w zeszłoroczne dżinsy; jeśli wciąż powtarzasz swojemu lekarzowi, że nie odżywiasz się źle, a mimo to wciąż masz nadwagę i stan przedcukrzycowy oraz wysokie ciśnienie i cholesterol; albo jeśli rozpaczliwie starasz się ukryć swoje męskie piersi, pomyśl o pożegnaniu z pszenicą.

Eliminując pszenicę, wyeliminujesz problem.

Co masz do stracenia poza pszennym brzuchem, męskimi piersiami i wielkim tyłkiem?

CZĘŚĆ PIERWSZA

PSZENICA
– NIEZDROWE ZBOŻE

ROZDZIAŁ 1

JAKI BRZUCH?

Lekarz akademicki z zadowoleniem przyjmuje ustanowienie standardu bochenka chleba, opracowanego na podstawie najlepszych naukowych badań (…) Taki produkt może być elementem diety zarówno osób chorych, jak i zdrowych, a jego wpływ na trawienie i rozwój jest niewątpliwy.

Dr Morris Fishbein
redaktor naczelny „Journal of the American
Medical Association", 1932

W minionych wiekach wydatny brzuch był domeną osób uprzywilejowanych, oznaką bogactwa i sukcesu, symbolem tego, że nie musisz czyścić swojej stajni ani orać własnego pola. Dziś otyłość uległa demokratyzacji – każdy może mieć wielki brzuch. W połowie XX wieku twój tato nazywał tę krągłość brzuchem piwnym. Ale skąd u troskliwych matek, ich dzieci oraz połowy twoich przyjaciół i sąsiadów, którzy nie piją piwa, wzięły się piwne brzuchy?

Nazywam to brzuchem pszennym, choć równie dobrze mógłbym określić ten stan precelkowym mózgiem, obwarzankowym jelitem albo ciasteczkową buzią, ponieważ nie ma w organizmie układu, którego pszenica by nie dotyczyła. Jednak jej wpływ na talię jest najbardziej widoczny i charakterystyczny jako zewnętrzny wyraz groteskowych zniekształceń, których ludzie doznają, jedząc to zboże.

Pszenny brzuch to skutek nagromadzenia tłuszczu, związany z wieloletnim spożywaniem produktów żywnościowych, które wywołują wydzielanie insuliny, hormonu odpowiedzialnego za magazynowanie tłuszczu. Niektóre osoby gromadzą tłuszcz w pośladkach i biodrach, jednak większość ludzi magazynuje jego nadmiar w środkowej części swojego ciała. Ten „centralny" albo „trzewny" tłuszcz jest wyjątkowy – w przeciwieństwie do tkanki tłuszczowej w innych rejonach ciała, wywołuje stany zapalne, zaburza reagowanie na insulinę i wysyła niewłaściwe sygnały metaboliczne do pozostałej części organizmu. U mężczyzny z pszennym brzuchem tłuszcz trzewny wytwarza również estrogen, co powoduje powstawanie „męskich piersi".

Jednak skutki spożycia pszenicy nie objawiają się jedynie na powierzchni ciała. To zboże sięga również głębiej, praktycznie do każdego narządu organizmu, od jelit, wątroby, serca i tarczycy, aż po mózg. Prawdę mówiąc, nie ma narządu, na który pszenica nie mogłaby wpływać w jakiś potencjalnie szkodliwy sposób.

ZADYSZKA I POTY W CENTRUM USA

Zajmuję się profilaktyką kardiologiczną w Milwaukee. Podobnie jak wiele innych miast Środkowego Zachodu, jest to dobre miejsce do życia i posiadania rodziny. Służby miejskie działają całkiem nieźle, biblioteki są pierwszorzędne, moje dzieci chodzą do znakomitych szkół publicznych, a liczba mieszkańców jest na tyle duża, że można cieszyć się wielkomiejską kulturą, chociażby świetną orkiestrą symfoniczną i muzeum sztuki. Żyją tu dość przyjaźnie nastawieni ludzie. Ale... są g r u b i.

Nie chcę tu powiedzieć, że są nieco zbyt pulchni. Chodzi mi o to, że są naprawdę, naprawdę grubi. Mam na myśli zadyszkę i poty po przejściu jednego biegu schodów. Mam na myśli osiemnastolatki ważące 110 kilogramów, samochody terenowe przechylające się ostro na stronę kierowcy, wózki inwalidzkie o podwójnej szerokości, sprzęt szpitalny niemogący obsłużyć pacjentów, którzy ważą 160 kilo albo więcej. (Oni nie tylko nie mieszczą się w tomografie albo innym urządzeniu diagnostycznym; nawet gdyby się zmieścili, i tak nie udałoby się zobaczyć czegokolwiek. To tak, jakby ktoś próbował ocenić, czy cień w mętnym oceanie jest flądrą czy rekinem).

Dawno, dawno temu człowiek ważący ponad 100 kilogramów był rzadkością, dzisiaj to powszechny widok pośród mężczyzn i kobiet krążących po centrach handlowych, widok równie monotonny, jak stoiska z dżinsami. Emeryci mają nadwagę albo są otyli, podobnie jak ludzie dojrzali, młodzi, nastolatki, a nawet dzieci. Grubi są pracownicy umysłowi i fizyczni. Ci, którzy prowadzą siedzący tryb życia, są grubi i sportowcy też. Grubi są biali i czarni, Latynosi i Azjaci. Grubi są mięsożercy i wegetarianie. Amerykanów nęka otyłość na skalę nigdy wcześniej w historii ludzkości niespotykaną. Żadna grupa demograficzna nie uciekła przed epidemią otyłości.

Zapytajcie kogokolwiek w Departamencie Rolnictwa Stanów Zjednoczonych (United States Department of Agriculture – USDA) lub ministra zdrowia, a dowiecie się, że Amerykanie są grubi, ponieważ piją za dużo słodzonych napojów oraz piwa, jedzą za dużo frytek i za mało ćwiczą. I to rzeczywiście może być prawda. Ale to raczej nie jest cała prawda.

W rzeczywistości wielu ludzi z nadwagą całkiem nieźle orientuje się w zagadnieniach zdrowotnych. Zapytajcie kogoś, kto waży ponad 110 kilogramów: „Jak sądzisz, co doprowadziło do tak znacznej tuszy?". Być może zdziwicie się, że wiele z tych osób nie odpowie wam: „Piję słodzone napoje, jem ciastka i oglądam telewizję przez cały dzień". Większość stwierdzi coś w rodzaju: „Nie wiem, co się dzieje. Ćwiczę pięć razy w tygodniu. Ograniczyłem tłuszcze i jem więcej zdrowych produktów pełnoziarnistych. A jednak wygląda na to, że nie mogę przestać tyć!".

JAK DO TEGO DOSZŁO?

Ogólnonarodowy trend do redukcji spożycia tłuszczu i cholesterolu oraz zwiększenia liczby kalorii przyjmowanych w postaci węglowodanów doprowadził do osobliwej sytuacji, w której produkty oparte na pszenicy nie tylko stały się powszechniejsze w naszych dietach, ale zaczęły w nich dominować. Dla większości Amerykanów każdy posiłek i każda przekąska składają się z produktów zawierających mąkę pszenną. To może być danie główne, przystawka albo deser – a najprawdopodobniej i jedno, i drugie, i trzecie.

Pszenica stała się narodowym symbolem zdrowia. Mówiło się nam: „Jedzcie więcej zdrowych produktów pełnoziarnistych" i przemysł spożywczy ochoczo na to przystał, tworząc „zdrowe dla serca" wersje wszystkich naszych ulubionych wyrobów pszennych, wypełnione po brzegi pełnym ziarnem.

Smutna prawda wygląda tak, że rozpowszechnienie produktów pszennych w amerykańskiej diecie dorównuje wzrostowi obwodów naszych talii. Narodowy Instytut Serca, Płuc i Krwi (National Heart, Lung, and Blood Institute), w ramach prowadzonego w 1985 roku ogólnokrajowego programu edukacyjnego na temat cholesterolu, wydał zalecenie ograniczenia spożycia tłuszczu i cholesterolu. Zbiega się ono dokładnie z gwałtownym wzrostem wagi u mężczyzn i kobiet. Jak na ironię, właśnie w 1985 roku Centrum Kontroli i Profilaktyki Chorób (Centers for Disease Control and Prevention – CDC) rozpoczęło prowadzenie statystyk wagi ciała, starannie dokumentując eksplozję otyłości i cukrzycy, która wtedy nastąpiła.

Dlaczego spośród wszystkich zbóż ludzie wybierają akurat pszenicę? Ponieważ jest ona wyraźnie dominującym źródłem glutenu w ludzkiej diecie. Poza propagatorami naturalnych diet, takimi jak Euell Gibbons, większość ludzi nie jada zbyt wiele żyta, jęczmienia, orkiszu, pszenżyta, bulguru, kamutu oraz innych, mniej powszechnych źródeł glutenu. Spożycie pszenicy przewyższa konsumpcję innych zbóż zawierających tę mieszankę białek w stosunku przekraczającym sto do jednego. Pszenica ma też unikatowe cechy, które nie występują w innych zbożach, a sprawiają, że jest szczególnie niebezpieczna dla naszego zdrowia. Omówię je w następnych rozdziałach. Skupiam się na pszenicy, gdyż w dietach ogromnej większości Amerykanów sformułowanie „narażenie na gluten" można zastąpić słowami „narażenie na pszenicę". Z tego względu często używam pszenicy jako określenia wszystkich zbóż zawierających gluten.

Wpływ, jaki wywiera na zdrowie *Triticum aestivum*, czyli zwyczajna pszenica, z której wypieka się chleb, oraz jej genetyczni krewniacy, jest szeroki, a jego osobliwe skutki występują od ust po odbyt i od mózgu po trzustkę. Można je zauważyć i u gospodyni domowej z Appalachów, i u arbitrażysty z Wall Street.

Jeżeli zakrawa to na wariactwo, okażcie cierpliwość. Piszę te słowa z czystym, wolnym od pszenicy sumieniem.

ŻYWIENIOWY JĘK

Jak większość dzieci z mojego pokolenia, urodzonego w połowie XX wieku i wychowanego na chlebie oraz herbatnikach, mam długie i osobiste związki z pszenicą. Razem z siostrami byliśmy prawdziwymi znawcami płatków śniadaniowych. Tworzyliśmy własne mieszanki z różnych gatunków tych przysmaków i skwapliwie wypijaliśmy słodkie, pastelowo zabarwione mleko, które pozostawało na dnie miseczek po ich zjedzeniu. Nasze Wielkie Amerykańskie Doświadczenie z Przetworzoną Żywnością nie kończyło się, rzecz jasna, na śniadaniu. Do szkoły mama pakowała mi zazwyczaj kanapki z masłem orzechowym albo mortadelą, które miałem zjadać przed batonikami i herbatnikami w polewie czekoladowej. Czasami dorzucała też ciasteczka Oreo albo biszkopty przekładane słodką masą. Wieczorami uwielbialiśmy „telewizyjne obiadki", gotowe dania pakowane na foliowych talerzykach. Mogliśmy dzięki nim pałaszować kurczaki w cieście, kukurydziane babeczki i jabłkowy pudding, nie odrywając się od oglądania ulubionych programów.

Na pierwszym roku college'u, uzbrojony w nielimitowany karnet do stołówki, objadałem się goframi i naleśnikami na śniadanie, fettuccine alfredo na lunch oraz makaronem i włoskim chlebem na obiad. Makowe muffinki albo biszkoptowa babka na deser? No jasne! Nie dość, że w wieku dziewiętnastu lat dorobiłem się sporej opony w talii, to jeszcze przez cały czas czułem się wyczerpany. Przez następnych dwadzieścia lat walczyłem z tym, wypijając dziesiątki litrów kawy, żeby przezwyciężyć wszechogarniające otępienie, które nie ustępowało bez względu na to, ile godzin spałem każdej nocy.

Jednak to wszystko tak naprawdę do mnie nie docierało, dopóki nie spojrzałem na zdjęcie, które moja żona pstryknęła podczas wakacji z naszymi dziećmi, mającymi wówczas dziesięć, osiem i cztery lata. To było na wyspie Marco, na Florydzie, w 1999 roku.

Na tej fotografii spałem sobie na piasku, a mój obwisły brzuch rozlewał się na obie strony. Podwójny podbródek spoczywał na moich złożonych sflaczałych rękach.

Wtedy naprawdę to do mnie dotarło: nie miałem do zrzucenia kilku zbędnych kilogramów. Nagromadziłem wokół swego pasa dobre 15 kilo niepotrzebnej tkanki. Co musieli myśleć moi pacjenci, kiedy doradzałem im w sprawach diety? Nie byłem wcale lepszy od lekarzy z lat 60. XX wieku, którzy zaciągając się papierosami, mówili swoim pacjentom, jak mają prowadzić zdrowszy tryb życia.

Dlaczego nosiłem na brzuchu te zbędne kilogramy? W końcu każdego dnia przebiegałem 5–8 kilometrów, stosowałem rozsądną, zrównoważoną dietę, bez nadmiernych ilości mięsa oraz tłuszczów, unikałem niezdrowych potraw i przekąsek, starając się zamiast tego spożywać mnóstwo zdrowych produktów pełnoziarnistych. Co się więc działo?

Oczywiście miałem swoje podejrzenia. Nie mogłem nie zauważać, że wtedy, gdy zjadałem na śniadanie tosty, gofry albo bajgle, musiałem przez kilka godzin walczyć z sennością i otępieniem. A jeśli zjadłem omlet z trzech jaj z serem, czułem się świetnie. Jednak kilka podstawowych badań laboratoryjnych zbiło mnie z tego tropu. Trójglicerydy: 350 mg/dl; HDL („dobry”) cholesterol: 27 mg/dl. A byłem diabetykiem z poziomem cukru na czczo wynoszącym 161 mg/dl. Biegałem nieomal każdego dnia, a mimo to miałem nadwagę i cukrzycę. W mojej diecie musiał tkwić jakiś fundamentalny błąd. Pośród wszystkich zmian, jakie w niej wprowadziłem w imię zdrowia, najbardziej znaczące było zwiększenie spożycia zdrowych produktów pełnoziarnistych. Czy to możliwe, że właśnie zboża były źródłem mojej tuszy?

Chwila, w której zacząłem to mgliście podejrzewać, rozpoczęła moją podróż w przeszłość szlakiem okruchów: od otyłości i wszystkich problemów zdrowotnych, które mi ona przyniosła. Jednak dopiero wtedy, gdy zacząłem obserwować jej szersze skutki, występujące na skalę przekraczającą moje osobiste doznania, doszedłem do wniosku, że naprawdę dzieje się coś interesującego.

WNIOSKI Z BEZPSZENNEGO EKSPERYMENTU

Ciekawy fakt: pełnoziarnisty chleb pszenny (indeks glikemiczny 72) podwyższa poziom cukru we krwi w tym samym stopniu albo nawet bardziej niż zwyczajny cukier, czyli sacharoza (indeks glikemiczny 59). (Glukoza najbardziej zwiększa poziom cukru, dlatego jej indeks glikemiczny wynosi 100. Poziom, do jakiego określony produkt żywnościowy podwyższa ilość cukru w porównaniu z glukozą, wyznacza jego indeks glikemiczny). Toteż gdy obmyślałem strategię mającą pomóc moim otyłym pacjentom ze skłonnością do nadwagi skutecznie ograniczać poziom cukru we krwi, uznałem za logiczne, że najszybszym i najprostszym sposobem osiągnięcia wyników będzie wyeliminowanie produktów podnoszących ów poziom w największym stopniu – innymi słowy, nie cukru, tylko pszenicy. Wręczałem im prostą ulotkę, opisującą, w jaki sposób uczynić dietę zdrową, zastępując produkty na bazie pszenicy innymi, o niskim indeksie glikemicznym.

Po trzech miesiącach moi pacjenci wracali na kolejne badania krwi. Tak jak oczekiwałem, poza nielicznymi wyjątkami, ich poziom cukru (czyli glukozy) we krwi rzeczywiście spadł z wartości cukrzycowych (126 mg/dl lub wyższych) do normalnego. Owszem, diabetycy stali się n i e d i a b e t y k a m i. To prawda – cukrzycę często można wyleczyć, a nie tylko opanować, poprzez usunięcie z diety węglowodanów, a zwłaszcza pszenicy. Wielu moich pacjentów zrzuciło ponadto dziesięć, piętnaście, a nawet dwadzieścia kilogramów.

Jednak w osłupienie wprawiło mnie to, czego się nie spodziewałem.

Pacjenci donosili o ustąpieniu objawów refluksu oraz cyklicznych skurczów i biegunki związanej z zespołem jelita drażliwego. Mieli więcej energii, poprawiała się ich koncentracja i lepiej sypiali. Znikły u nich wysypki, nawet te, które utrzymywały się od wielu lat. Ich bóle reumatyczne złagodniały lub całkiem ustąpiły, co pozwoliło im ograniczyć bądź całkowicie wyeliminować paskudne leki stosowane do ich uśmierzania. Objawy astmy stały się mniej dotkliwe albo ustąpiły całkowicie, dzięki czemu wielu mogło odrzucić inhalatory. Ci, którzy uprawiali sporty, twierdzili, że uzyskują coraz lepsze rezultaty.

Szczuplejsi. Pełniejsi energii. Myślący jaśniej. Ludzie o zdrowszych jelitach, stawach i płucach. Jeden za drugim. Z pewnością te wyniki były wystarczającym powodem do tego, żeby odmawiać sobie pszenicy.

Jeszcze dobitniej przekonały mnie liczne przypadki, w których ludzie rezygnowali z pszenicy, a potem pozwalali sobie na jej okazjonalne spożywanie – kilka precelków, kanapka na przyjęciu. W ciągu paru minut wielu z nich dostawało biegunki bądź doznawało obrzęku i bólu stawów albo zadyszki. Te objawy pojawiały się i znikały.

To, co zaczęło się jako prosty eksperyment zmierzający do ograniczenia poziomu cukru we krwi, przyniosło zrozumienie przyczyn wielu zaburzeń zdrowotnych i utratę wagi. Do dziś jestem tym zdumiony.

REZYGNACJA Z PSZENICY

Dla wielu ludzi pomysł usunięcia pszenicy z diety jest – przynajmniej od strony psychologicznej – równie bolesny, jak myśl o leczeniu kanałowym bez znieczulenia. W wypadku niektórych osób ten proces może w istocie mieć nieprzyjemne skutki uboczne, podobne jak rezygnacja z papierosów albo alkoholu. Lecz ta procedura musi być przeprowadzona, aby pacjent mógł wrócić do zdrowia.

W książce *Dieta bez pszenicy* poddaję analizie twierdzenie, iż źródłem problemów zdrowotnych Amerykanów, od zmęczenia, poprzez zapalenie stawów i dolegliwości żołądkowo-jelitowe, aż po otyłość, są niewinnie wyglądające babeczki z otrębami albo cynamonowe bajgle z rodzynkami, które przygryzają do kawy każdego ranka.

Ale jest dobra wiadomość: istnieje lekarstwo na dolegliwość zwaną pszennym brzuchem – bądź, jeśli wolicie, precelkowym mózgiem, obwarzankowym jelitem lub ciasteczkową buzią.

Konkluzja: wyeliminowanie tego produktu, który jest elementem ludzkiej kultury znacznie dłużej niż Larry King[*] występuje w radiu, sprawi, że będziecie smuklejsi, bystrzejsi, sprawniejsi i szczęśliwsi. Zwłaszcza utrata wagi może następować o wiele szybciej, niż się tego spodziewaliście. A ponadto możecie selek-

---

[*] Znany amerykański dziennikarz, który przeprowadził ponad 40 tysięcy wywiadów – przyp. red.

tywnie tracić najbardziej widoczną, insulinooporną, cukrzyco-
twórczą, wywołującą stany zapalne i wprawiającą w zakłopotanie
tkankę – tłuszcz trzewny. To proces, który można przebyć praktycznie bez odczuwania głodu bądź odmawiania sobie czegokolwiek, osiągając szeroką gamę korzyści zdrowotnych.

Ale dlaczego należy eliminować akurat pszenicę, a nie na
przykład cukier albo wszelkie zboża w ogóle? W następnym
rozdziale wyjaśniam, dlaczego akurat ona, pośród wszystkich
innych współczesnych zbóż, posiada wyjątkową zdolność szyb-
kiego zamieniania się w cukier krążący we krwi. A przy tym ma
słabo zbadany skład genetyczny i uzależniające właściwości, które
sprawiają, że się nią przejadamy. Pszenica jest łączona dosłownie
z dziesiątkami osłabiających dolegliwości wykraczających poza
nadwagę, a mimo to przeniknęła do każdego nieomal aspektu
naszej diety. Rzecz jasna, dobrym pomysłem wydaje się także
ograniczenie spożycia rafinowanego cukru, gdyż substancja ta
ma niewielkie lub żadne właściwości odżywcze, a również wpływa niekorzystnie na poziom cukru we krwi. Ale jeżeli zależy
wam na spektakularnych wynikach, wyeliminowanie pszenicy
jest najłatwiejszym i najskuteczniejszym krokiem, jaki możecie
podjąć, żeby chronić swoje zdrowie i zmniejszyć obwód w talii.

ROZDZIAŁ 2

TO NIE SĄ BABECZKI TWOJEJ BABCI – SKĄD SIĘ WZIĘŁA WSPÓŁCZESNA PSZENICA

...jest tak dobry jak dobry chleb.
Miguel Cervantes
Don Kichot

Pszenica, w większym stopniu niż jakikolwiek inny artykuł spożywczy (łącznie z cukrem, tłuszczem i solą), została wpleciona w tkankę amerykańskich doświadczeń żywieniowych, jeszcze zanim w radiu i telewizji pojawiły się popularne seriale. Zboże to stało się tak wszechobecnym składnikiem diety prawie każdego Amerykanina, i to na tak wiele sposobów, że wydaje się podstawą naszego stylu życia. Czymże byłby talerz jajecznicy bez tostu, lunch bez kanapek, piwo bez precelków, piknik bez hot dogów, dip bez krakersów, wędzony łosoś bez bajgli czy szarlotka bez chrupiącej skórki?

JEŚLI DZIŚ WTOREK, TO MUSZĄ BYĆ BUŁECZKI

Pewnego razu zmierzyłem długość stoiska z pieczywem w moim supermarkecie: 21 metrów.

To 21 metrów białego chleba, grahama, chleba wieloziarnistego, chleba z siedmiu zbóż, chleba żytniego, pumpernikla, chleba
na zakwasie, chleba francuskiego, chleba włoskiego, paluchów,
obwarzanków białych, obwarzanków z rodzynkami, z serem,
z czosnkiem, chleba owsianego, chleba z siemieniem lnianym,
chleba pita, bułek, kajzerek, bułeczek z makiem, bułek do ham-
burgerów i czternastu odmian bułek do hot dogów. A nie wliczam
tutaj ciastek i dodatkowych 12 metrów półek z rozmaitymi pszennymi „wyrobami artystycznymi".

No i jest jeszcze stoisko z przekąskami, gdzie na klientów czeka
ponad 40 gatunków krakersów i 27 odmian precelków. W dziale
piekarniczym można dostać bułkę tartą i grzanki. W witrynie mle-
czarskiej stoją dziesiątki pojemników z bułeczkami, tartami owocowymi albo rogalikami, które można „samemu" upiec w domu.

Płatki śniadaniowe wypełniają swój własny świat, zajmując
na ogół całą alejkę w supermarkecie, od podłogi do najwyższej
półki pod sufitem.

Spory fragment ekspozycji stanowią pudełka i torebki makaronów: spaghetti, lazanie, penne, kolanka, muszelki, makaron
pełnoziarnisty, zielony makaron ze szpinakiem, pomarańczowy
makaron z pomidorami, makaron jajeczny, cienkie nitki i szerokie wstążki.

A co z mrożonkami? Szafy chłodnicze pękają w szwach od
setek dań z makaronem i kluskami oraz dodatków do klopsów
i pieczeni.

Prawdę mówiąc, poza działem z detergentami i mydłem trudno znaleźć półkę, na której nie byłoby produktów pszennych. Czy
można obwiniać Amerykanów o to, że pozwolili pszenicy zdominować swoją dietę? W końcu występuje ona praktycznie we
wszystkim.

Jako uprawa pszenica odniosła sukces na bezprecedensową
skalę, a obsiewany nią areał ustępuje jedynie kukurydzy. Należy
bez wątpienia do najczęściej konsumowanych zbóż na świecie,
gdyż dostarcza 20 procent spożywanych kalorii.

A przy tym jest z całą pewnością przykładem finansowego sukcesu. Nie potrafilibyśmy nawet policzyć, na ile sposobów producent może przekształcić surowiec kosztujący 5 centów w efektowny, przyjazny dla konsumenta produkt o wartości 3,99 dolara. I to przy aprobacie Amerykańskiego Stowarzyszenia Serca! W większości wypadków marketing tych produktów kosztuje drożej niż ich składniki.

Spożywanie żywności wytworzonej częściowo lub w całości z pszenicy – produkty na śniadanie, lunch i obiad oraz przekąski – stało się regułą. Prawdę mówiąc, ta reguła zadowala amerykański Departament Rolnictwa, Radę Produktów Pełnoziarnistych, Radę Pszenicy, Amerykańskie Stowarzyszenie Dietetyczne, Amerykańskie Stowarzyszenie Cukrzycy i Amerykańskie Stowarzyszenie Serca, gdyż daje im pewność, że ich przesłanie, nakazujące jeść więcej „zdrowych produktów pełnoziarnistych", zyskało szerokie i ochocze poparcie.

Dlaczego więc ta, wydawałoby się, dobroczynna roślina, która zapewniała byt całym pokoleniom ludzi, nagle zwróciła się przeciwko nam? Po pierwsze, to nie jest to samo zboże, z którego nasi przodkowie wypiekali swój chleb powszedni. Przez wiele stuleci pszenica ewoluowała w naturalny sposób, zmieniając się w umiarkowanym stopniu, lecz w ciągu ostatnich pięćdziesięciu lat przeszła radykalną przemianę dzięki naukowcom zajmującym się rolnictwem. Jej odmiany były hybrydyzowane, krzyżowane i poddawane introgresji w celu stworzenia zboża odpornego na warunki środowiska, takie jak susza, oraz na patogeny, na przykład grzyby. Przede wszystkim jednak dokonywano genetycznych zmian zmierzających do powiększenia plonów z hektara. Przeciętny zbiór na północnoamerykańskiej farmie jest dziś ponad dziesięć razy większy niż sto lat temu. Tak ogromny postęp wymagał drastycznych zmian w kodzie genetycznym, polegających między innymi na zredukowaniu dawnych „złocistych falujących łanów" do dzisiejszej sztywnej, 45-centymetrowej, wysokowydajnej pszenicy karłowatej. Jak się przekonacie, takie fundamentalne przemiany genetyczne miały swoją cenę.

W ciągu zaledwie kilkudziesięciu lat, które upłynęły od zniesienia prohibicji, w pszenicy dokonano niezliczonych transformacji. Postęp genetyki na przestrzeni ostatniego półwiecza umożliwił ludzką interwencję w uprawę, której gwałtowne tempo zdystansowało powolny, następujący z roku na rok wpływ natury na hodowlę tego zboża. Zmiany odbywały się w postępie geometrycznym. Pod względem genetycznym nowoczesna babeczka z makiem uzyskała swój obecny stan dzięki ewolucyjnemu przyspieszeniu, przy którym z naszym rozwojem wyglądamy jak *Homo habilis*, tkwiący gdzieś we wczesnym plejstocenie.

OD NATUFIJSKIEJ OWSIANKI DO PĄCZKÓW Z DZIURKĄ

„Chleba naszego powszedniego daj nam dzisiaj".

To cytat z Biblii. W Księdze Powtórzonego Prawa Mojżesz opisuje ziemię obiecaną jako krainę „pszenicy, jęczmienia, winorośli". Chleb jest centrum religijnego rytuału. Żydzi świętują Paschę praśną macą dla upamiętnienia ucieczki Izraelitów z Egiptu. Chrześcijanie spożywają opłatki symbolizujące ciało Chrystusa. Muzułmanie uważają praśny chleb naan za święty i wymagają, aby przechowywać go w pozycji pionowej i nigdy nie wyrzucać w miejscu publicznym. W Biblii chleb jest metaforą udanych zbiorów, czasu obfitości, uwolnienia od głodu, a nawet zbawienia.

Czyż nie dzielimy się chlebem z przyjaciółmi i rodziną? Czyż dostojnych gości nie witamy chlebem i solą? „Pozbawić kogoś chleba" to tyle, co odebrać mu coś niezbędnego do życia. Pieczywo jest nieomal uniwersalną podstawą wyżywienia: ćapati w Indiach, tsoureki w Grecji, pita na Bliskim Wschodzie, aebleskiver w Danii, naan bya w Birmie czy lukrowane pączki w Stanach Zjednoczonych.

Pogląd, iż produkt spożywczy tak bardzo podstawowy, tak głęboko zakorzeniony w ludzkim doświadczeniu, może nie służyć nam zbyt dobrze, jest, no cóż, niepokojący i sprzeczny z najstarszymi opiniami na temat pszenicy oraz chleba. Jednak dzisiejszy chleb w niewielkim stopniu przypomina bochenki wyciągane z pieców naszych przodków. Tak samo jak współczesny cabernet sauvignon jest bardzo odmienny od surowego produktu fermentacji z IV wieku p.n.e., który gruzińscy winiarze zakopywali w podziemnych kopcach, tak samo zmieniła się również pszenica. Chleb – a także inne produkty wytworzone z pszenicy – żywił ludzi przez całe stulecia, jednak pszenica naszych przodków nie jest tym samym zbożem, które dociera na nasze stoły podczas śniadania, obiadu i kolacji. Z pierwotnych szczepów dzikich traw zbieranych przed wiekami powstało ponad 25 000 jej odmian, a praktycznie każda z nich jest wynikiem ludzkiej interwencji.

Pod koniec plejstocenu, około roku 8500 p.n.e., na wiele tysięcy lat przed pojawieniem się chrześcijan, żydów bądź muzułmanów, zanim powstały imperia egipskie, greckie i rzymskie, Natufijczycy prowadzili na wpół koczownicze życie, przemierzając Żyzny Półksiężyc (tereny współczesnej Syrii, Jordanii, Libanu, Izraela oraz Iraku) i uzupełniając swoją łowiecko-zbieracką dietę miejscowymi roślinami. Zbierali samopszę, przodka współczesnej pszenicy, rosnącą dziko na otwartych równinach. Posiłki z mięsa gazel, dzików, ptactwa i koziorożców były uzupełniane daniami z ziaren zbóż oraz owoców. Pozostałości odkopane w miejscach takich jak osada Tell Abu Hureyra, na terenie dzisiejszej środkowej Syrii, świadczą o wprawnym wykorzystywaniu narzędzi, na przykład sierpów i moździerzy do rozdrabniania ziarna, a także jam do przechowywania zebranej żywności. Resztki ziaren pszenicy odnaleziono na stanowiskach archeologicznych Tell Aswad, Jerycho, Nahal Hemar, Navali Cori i w innych miejscach. Pszenicę rozkruszano ręcznie, a następnie jedzono w postaci papki.

Współczesna wersja chleba spulchnianego przez drożdże miała się pojawić dopiero za kilka tysięcy lat.

Natufijczycy zbierali dziką samopszę i niewykluczone, że celowo przechowywali nasiona z myślą o wysianiu ich w następnym sezonie w wybranych przez siebie miejscach. W końcu ziarna te stały się podstawowym składnikiem ich diety, ograniczając konieczność polowań i zbieractwa. Przejście od zbierania dzikich zbóż do ich uprawy było fundamentalną przemianą, która ukształtowała ich późniejsze obyczaje migracyjne, a także przyczyniła się do rozwoju narzędzi, języka i kultury. Wyznaczała ona początek rolnictwa – stylu życia, który wymagał długotrwałego osiedlania się w mniej więcej tym samym miejscu i stanowił punkt zwrotny w historii ludzkiej cywilizacji. Uprawa zbóż i innych roślin dawała nadwyżki żywności, które umożliwiały specjalizację, powstanie rządów i wszystkich innych wypracowanych przejawów kultury (tam, gdzie rolnictwo było nieobecne, rozwój kulturowy zatrzymał się na poziomie przypominającym życie neolityczne).

Przez większą część tych dziesięciu tysięcy lat, kiedy pszenica zajmowała poczesne miejsce w jaskiniach, szałasach, chatkach z suszonej cegły i na stołach ludzi, zmiany w obrębie tego gatunku następowały stopniowo, aż to, co na początku było zbieraną pszenicą samopszą, a potem płaskurką, w końcu stało się uprawianym gatunkiem *Triticum aestivum*. Pszenica z XVII wieku była pszenicą z XVIII wieku, która z kolei była prawie taka sama, jak pszenica z XIX i pierwszej połowy XX wieku. Jadąc wozem zaprzężonym w woły, można było wówczas zobaczyć złociste łany falujące w podmuchach wiatru. Nieudolne wysiłki ludzi uprawiających pszenicę, obejmujące prowadzone rok po roku na chybił-trafił eksperymenty hodowlane, skutkowały prostymi modyfikacjami, czasami udanymi, ale zazwyczaj chybionymi. Nawet wytrawne oko miałoby trudności z odróżnieniem pszenicy z początków XX wieku od jej poprzedniczek z wcześniejszych stuleci.

W ciągu XIX i na początku XX wieku, podobnie jak w ciągu kilkuset poprzednich lat, pszenica zmieniła się nieznacznie. Mąka Pillsbury's Best XXXX, z której moja babcia wypiekała swoje słynne śmietankowe muffinki w 1940 roku, niewiele się różniła od mąki jej prababki sprzed sześćdziesięciu lat czy, prawdę rzekłszy, od mąki jej poprzedniczek żyjących dwieście lat wcześniej. Proces mielenia poddany został w XX wieku mechanizacji, co pozwalało uzyskiwać więcej drobnej mąki, ale podstawowy skład tego produktu pozostawał w zasadzie taki sam.

To wszystko skończyło się w drugiej połowie XX stulecia, kiedy rozwój metod hybrydyzacji doprowadził do transformacji tego zboża. To, co obecnie jest uznawane za pszenicę, uległo przemianie – nie dzięki siłom takim jak susza bądź choroby ani na skutek darwinowskiej walki o byt, tylko w wyniku ludzkiej interwencji. W rezultacie pszenica przeistoczyła się bardziej niż Joan Rivers[*]. Rozciągano ją, zszywano, cięto i zszywano ponownie, aby wreszcie uzyskać coś, czego nieomal nie da się rozpoznać w porównaniu z oryginałem, choć nadal określa się to tym samym mianem: pszenica.

Współczesna komercyjna produkcja pszenicy nastawiona jest na uzyskanie takich jej cech, jak większa wydajność, niższe koszty uprawy i masowe wytwarzanie towaru o jednolitych parametrach. A przy tym praktycznie nikt nie pyta o to, czy te cechy sprzyjają ludzkiemu zdrowiu. Twierdzę, że w którymś momencie historii pszenicy, być może pięć tysięcy lat temu, ale bardziej prawdopodobne, że pięćdziesiąt lat temu, to zboże uległo przemianie.

W rezultacie dzisiejszy bochenek chleba, herbatnik lub naleśnik różnią się od swoich odpowiedników sprzed tysiąca lat, są odmienne nawet od tego, co robiły nasze babcie. Te wyroby mogą wyglądać tak samo, mogą nawet bardzo podobnie smakować, ale istnieją pomiędzy nimi różnice biochemiczne. Niewielkie zmia-

---

[*] Amerykańska aktorka i gospodyni programów telewizyjnych – przyp. red.

ny w strukturze białek pszenicy mogą decydować o wystąpieniu
niszczycielskiej reakcji immunologicznej na te białka bądź braku
takiej reakcji.

PSZENICA PRZED WKROCZENIEM GENETYKI

Pszenica w wyjątkowy sposób potrafi dostosować się do różnych środowisk – jest uprawiana od Jerycha, leżącego 260 m poniżej poziomu morza, aż po górskie rejony Himalajów, czyli
3000 metrów nad poziomem morza. Pod względem szerokości
geograficznej jej zasięg jest również ogromny – od Norwegii,
65° szerokości północnej, do Argentyny, 45° szerokości południowej. W Stanach Zjednoczonych pszenica jest uprawiana na 24
milionach hektarów gruntów ornych, co daje obszar wielkości
stanu Ohio. Na całym świecie jej uprawy zajmują powierzchnię
dziesięć razy większą, dwukrotnie przekraczającą łączny areał
całej Europy Zachodniej.

Pierwszą dziką, a następnie uprawianą odmianą była samopsza, prababcia współczesnej pszenicy. Spośród wszystkich gatunków tej rośliny ma ona najprostszy kod genetyczny, liczący
zaledwie 14 chromosomów. Około 3300 roku p.n.e. odporna, to-
lerująca zimno samopsza była popularnym zbożem w Europie.
Działo się to w epoce tyrolskiego człowieka lodu, pieszczotliwie
zwanego Ötzim. Badanie zawartości jelit tego późnoneolityczne-
go łowcy, zabitego przez jakichś napastników i pozostawionego
pośród górskich lodowców we włoskich Alpach, dzięki czemu
jego ciało uległo naturalnej mumifikacji, ujawniło częściowo
strawione pozostałości samopszy, spożytej w postaci praśnych
placków, a także resztki innych roślin oraz mięsa jelenia i kozio-
rożca[1].

Wkrótce po rozpoczęciu uprawy samopszy na Bliskim
Wschodzie pojawiła się odmiana pszenicy zwana płaskurką,
pochodząca od samopszy i niespokrewnionej z nią dzikiej tra-

wy o nazwie *Aegilops speltoides*[2]. Trawa ta dodała swój kod genetyczny do kodu samopszy, w wyniku czego powstała bardziej złożona pszenica płaskurka, posiadająca 28 chromosomów. Rośliny takie jak pszenica potrafią zachowywać sumę genów swoich przodków. Wyobraźcie sobie, co by to było, gdyby podczas aktu, który doprowadził do waszego powstania, wasi rodzice nie mieszali swoich chromosomów, płodząc potomstwo mające ich 46, tylko dodawali 46 chromosomów mamusi do 46 chromosomów tatusia. Mielibyście 92 chromosomy. Oczywiście u gatunków wyższych do tego nie dochodzi. Taka addytywna kumulacja chromosomów w roślinach nazywana jest poliploidyzacją.

Samopsza i jej ewolucyjna następczyni płaskurka zachowały popularność przez kilka tysięcy lat – na tyle długo, by zyskać miano podstawowych produktów żywnościowych i religijnych symboli. I to pomimo faktu, że w porównaniu ze współczesną pszenicą przynosiły dość marne plony i w mniejszym stopniu nadawały się do pieczenia lub gotowania. (Z grubej, gęstej mąki, którą z nich uzyskiwano, można było robić tylko liche placki oraz papki). Płaskurka to zapewne ta pszenica, o której mówił Mojżesz; w Biblii wspomniany jest również orkisz. Do początków Imperium Rzymskiego przetrwała jeszcze jedna znana nam odmiana pszenicy.

Sumerowie, którym przypisuje się stworzenie pierwszego języka pisanego, pozostawili nam dziesiątki tysięcy tabliczek pokrytych pismem klinowym. Piktograficzne znaki na kilku z nich, datowanych na rok 3000 p.n.e., zawierają przepisy na chleby i ciasta. Wszystkie robiono z pszenicy płaskurki, rozdrabnianej w moździerzu przy użyciu tłuczka lub w ręcznie obracanych żarnach. Aby przyspieszyć żmudny proces mielenia, do ziarna często dodawano piasku, który ścierał zęby sumeryjskich amatorów chleba.

Płaskurka była uprawiana w starożytnym Egipcie, a jej cykl wzrostu pasował do okresowych wylewów Nilu. Uważa się, że to Egipcjanie nauczyli się sprawiać, żeby chleb „rósł", dodając do niego drożdży. Uciekając w pośpiechu z Egiptu, Żydzi nie zdążyli zabrać zakwasu, przez co musieli spożywać przaśny chleb z pszenicy płaskurki.

W którymś momencie podczas tysiącleci poprzedzających czasy biblijne 28-chromosomowa płaskurka (*Triticum turgidum*) skrzyżowała się w naturalny sposób z inną trawą, *Triticum tauschii*, dzięki czemu powstała licząca 42 chromosomy *Triticum aestivum*, roślina genetycznie najbliższa tej, którą obecnie nazywamy pszenicą. Jako że skrywa ona w sobie chromosomową zawartość trzech odrębnych roślin w postaci 42 chromosomów, jest najbardziej złożona pod względem genetycznym, a tym samym najbardziej „plastyczna" genetycznie. Ta cecha bardzo się przysłużyła przyszłym genetykom w nadchodzących tysiącleciach.

Triticum aestivum, dzięki wyższym plonom i lepszym właściwościom piekarniczym, wyparła stopniowo swych przodków, samopszę i płaskurkę. Przez wiele następnych stuleci ten gatunek pszenicy zmienił się nieznacznie. W połowie XVIII wieku Karol Linneusz, szwedzki botanik i twórca systemu klasyfikacji organizmów, naliczył pięć różnych odmian rodzaju *Triticum*.

W Nowym Świecie pszenica nie wyewoluowała w sposób naturalny, tylko została przywieziona przez Krzysztofa Kolumba i jego żeglarzy, którzy w 1493 roku posiali kilka jej ziaren na wyspie Portoryko. W 1530 roku hiszpańscy odkrywcy przywieźli ziarna pszenicy do Meksyku przez przypadek – w worku z ryżem, a z czasem przenieśli jej uprawę na południowy zachód Ameryki. Bartholomew Gosnold, żeglarz, który nadał nazwę przylądkowi Cod i odkrył wyspę Martha's Vineyard, przywiózł pszenicę do Nowej Anglii w roku 1602, a nieco później przybyła ona także z pielgrzymami na pokładzie statku „Mayflower".

W taki oto sposób pszenica wędrowała przez wieki po całym globie, ulegając w tym czasie jedynie łagodnym i ograniczonym zmianom ewolucyjnym.

PRAWDZIWA PSZENICA

Jak wyglądała pszenica uprawiana dziesięć tysięcy lat temu i zbierana ręcznie z dzikich pól? To proste pytanie zaprowadziło mnie na Środkowy Wschód USA – a dokładniej, na małą organiczną farmę w zachodnim Massachusetts.

Spotkałem tam Elishevę Rogosę. Eli jest nauczycielką przedmiotów ścisłych, ale także farmerką, orędowniczką zrównoważonego rolnictwa i założycielką organizacji Heritage Wheat Conservancy (www.growseed.org), która stawia sobie za cel ocalenie dawnych roślin i ich uprawę z zastosowaniem zasad organicznych. Po dziesięciu latach spędzonych na Bliskim Wschodzie w ramach jordańsko-izraelsko-palestyńskiego projektu GenBank, zmierzającego do zebrania antycznych, nieomal wymarłych odmian pszenicy, Eli powróciła do Stanów Zjednoczonych z nasionami pochodzącymi od pierwotnych roślin z Egiptu i Kanaanu. Od tamtej pory zajmuje się uprawą starożytnych zbóż, które zapewniały wyżywienie jej przodkom.

Moja znajomość z panią Rogosą zaczęła się od wymiany e-maili, która nastąpiła po tym, jak poprosiłem ją o kilogram ziarna pszenicy samopszy. Eli nie mogła się powstrzymać przed udzielaniem mi informacji na temat swej unikatowej uprawy, która w końcu nie była zwyczajnym hodowaniem dawnego zboża. Twierdziła, że smak chleba z samopszy jest „bogaty, delikatny i bardziej złożony", w przeciwieństwie do chleba ze współczesnej pszenicy, który jej zdaniem smakuje jak tektura.

Eli jeży się, słysząc, że produkty pszenne mogą być niezdrowe. Uważa, że przyczyną niepożądanych skutków zdrowotnych wywoływanych przez pszenicę są prowadzone w ostatnich dziesięcioleciach działania zmierzające do zwiększenia plonów i zysków. Jej zdaniem rozwiązanie mogą stanowić pierwotne trawy, samopsza i płaskurka, uprawiane w warunkach organicznych zamiast współczesnej, przemysłowej pszenicy.

Dziś samopsza, płaskurka oraz pierwotne, dzikie i uprawne odmiany *Triticum aestivum* zostały zastąpione przez tysiące stworzonych przez człowieka wariantów tego gatunku, a także *Triticum durum* (do produkcji makaronów) oraz *Triticum compactum* (bardzo drobne mąki stosowane do wyrobu ciastek i innych produktów). Obecnie, żeby znaleźć samopszę albo płaskurkę, trzeba szukać nielicznych dziko rosnących roślin albo niewielkich obszarów ich upraw na Bliskim Wschodzie, w południowej Francji i północnych Włoszech. Dzięki współczesnym hybrydyzacjom wymyślonym przez człowieka gatunki rodzaju *Triticum* zawierają obecnie setki, a może i tysiące genów odróżniających je od pierwotnej samopszy, która powstała w sposób naturalny.

Dzisiejsza pszenica *Triticum* jest produktem hodowli zmierzającej do uzyskania wyższych plonów oraz roślin o takich cechach, jak odporność na choroby, susza i wysokie temperatury. Prawdę mówiąc, ludzie zmodyfikowali pszenicę do tego stopnia, że jej współczesne szczepy nie są w stanie przetrwać w stanie dzikim bez ludzkiego wsparcia w postaci nawozów azotowych i środków zwalczających szkodniki[3]. (To tak, jak z pewnymi gatunkami zwierząt domowych, które mogą istnieć tylko dzięki ludzkiej pomocy, bo inaczej giną).

Różnice między pszenicą Natufijczyków a tym, co w XXI wieku nazywamy pszenicą, byłyby widoczne na pierwszy rzut oka. Pierwotna samopsza i płaskurka miały łuski, a ich ziarna mocno przylegały do łodygi. We współczesnej pszenicy ziarna są „nagie", dzięki czemu łatwiej oddzielają się od źdźbła. Przez to młocka, czyli proces oddzielania ziarna od niejadalnych plew, jest łatwiejsza i bardziej wydajna. Cecha ta wynika z mutacji genów Q i Tg[4]. Jednak inne różnice są jeszcze bardziej oczywiste. Współczesna pszenica jest znacznie niższa. W miejsce falujących łanów przyszły odmiany karłowate i półkarłowate, o wysokości od 40 do 60 centymetrów – jeszcze jeden skutek eksperymentów hodowlanych zmierzających do zwiększenia plonów.

TO, CO DZIŚ MAŁE, JUTRO BĘDZIE WIELKIE

Odkąd ludzie uprawiają ziemię, starają się na różne sposoby powiększyć plony. Poślubienie kobiety z posagiem w postaci kilku hektarów ziemi było przez wiele lat podstawowym sposobem zwiększenia zbiorów. Uzupełnieniem posagu często bywało kilka kóz i worek zboża. W XX wieku wprowadzono maszyny rolnicze, które zastąpiły zwierzęta pociągowe i zwiększyły wydajność oraz zbiory przy jednoczesnym zmniejszeniu wkładu pracy. Przyniosło to dalszy wzrost plonów z hektara. Podczas gdy w Stanach Zjednoczonych produkcja wystarczała zazwyczaj do zaspokojenia popytu (przy czym dystrybucję ograniczała raczej bieda niż brak zasobów), wiele innych krajów świata nie było w stanie wyżywić swoich mieszkańców, co skutkowało szerzeniem się głodu.

W obecnych czasach ludzie próbują zwiększać zbiory poprzez tworzenie nowych odmian, krzyżowanie różnych zbóż i traw oraz wytwarzanie odmian genetycznych w laboratoriach. Hybrydyzacja obejmuje takie techniki, jak introgresja oraz krzyżowanie wsteczne, w ramach którego potomstwo danej odmiany jest kojarzone ze swoimi rodzicami albo z innymi szczepami pszenicy, bądź nawet innymi trawami. Tego typu wysiłki opisał (jako pierwszy) już w 1866 roku austriacki ksiądz i botanik Gregor Mendel, nie podejmowano ich jednak na serio aż do połowy XX wieku, kiedy lepiej zrozumiano takie koncepcje, jak heterozygotyczność i dominacja genu. Od czasu pierwszych prób Mendla genetycy wypracowali skomplikowane metody uzyskiwania pożądanych cech, choć nadal te działania wiążą się z dużą liczbą prób i błędów.

Znaczna część współczesnych, celowo wyhodowanych odmian pszenicy powstała w Międzynarodowym Ośrodku Uszlachetniania Kukurydzy i Pszenicy (International Maize and Wheat Improvement Center – IMWIC), położonym u podnóży Sierra Madre Wschodniej, na wschód od Meksyku. Zalążkiem tej instytucji stał się rozpoczęty w 1943 roku program badawczy, prowadzony we współpracy Fundacji Rockefellera i meksykańskiego rządu, który chciał doprowadzić Meksyk do rolniczej samowystarczalności. Program ten rozwinął się w imponujący sposób i obecnie w jego ramach prowadzone są ogólnoświatowe

próby zwiększenia plonów kukurydzy, soi oraz pszenicy. Przy-
świeca mu szlachetny cel ograniczenia głodu na świecie. Meksyk dostarczył sprawnego poligonu do hybrydyzacji roślin, gdyż
tamtejszy klimat gwarantuje dwa sezony uprawowe w roku, co
skraca o połowę czas potrzebny do uzyskania nowych odmian.
Do roku 1980 te wysiłki doprowadziły do powstania tysięcy nowych odmian pszenicy, z których najbardziej wydajne zaczęto od
tamtej pory uprawiać na całej kuli ziemskiej, od krajów Trzeciego
Świata po nowoczesne, uprzemysłowione państwa, ze Stanami
Zjednoczonymi włącznie.

Jeden z praktycznych problemów rozwiązanych w ramach
działań IMWIC dotyczył tworzenia się kłosów o ogromnych rozmiarach w wyniku intensywnego nawożenia pól pszenicy prepa-
ratami obfitującymi w azot. Ciężkie kłosy bowiem przechylały
źdźbła (agronomowie nazywają to wyleganiem), zabijając rośliny
i utrudniając zbiór. Rozwiązaniem okazało się genetyczne skrócenie łodygi. Pracujący w IMWIC genetyk Norman Borlaug, ab-
solwent Uniwersytetu Stanu Minnesota, jest uważany za twórcę
dającej wyjątkowo duże plony pszenicy karłowatej. Jej łodyga jest
krótsza i bardziej masywna, co pozwala roślinie utrzymać piono-
wą pozycję i zapobiega jej wyleganiu pod ciężarem kłosa. A przy
tym wysokie źdźbła są niewydajne. Niska pszenica szybciej osiąga dojrzałość, co oznacza skrócenie czasu uprawy i zmniejszenie
ilości nawozu wykorzystywanego przez roślinę do wytwarzania
bezużytecznej słomy.

Dokonania doktora Borlauga w zakresie hybrydyzacji pszenicy przyniosły mu tytuł „Ojca Zielonej Rewolucji", a także prezy-
dencki Medal Wolności, Złoty Medal Kongresu i Pokojową Nagrodę Nobla w 1970 roku. Kiedy w 2009 roku zmarł, „Wall Street
Journal" pisał na jego temat: „W stopniu większym niż jakikolwiek inny człowiek Borlaug dowiódł, że przy wytyczaniu prawdziwych granic wzrostu przyroda nie może się równać z ludzką
pomysłowością". Doktor Borlaug doczekał się realizacji swych
marzeń – jego wysokowydajna pszenica karłowata rzeczywiście

pomogła rozwiązać problem światowego głodu. W Chinach na przykład plony pszenicy wzrosły pomiędzy 1961 a 1999 rokiem ośmiokrotnie.

Dziś pszenica karłowata, dzięki swej nadzwyczajnej produktywności, praktycznie zastąpiła wszystkie inne odmiany tego zboża w Stanach Zjednoczonych i znacznej części świata. Według Allana Fritza, kierownika katedry uprawy pszenicy na Uniwersytecie Stanu Kansas, ponad 99 procent upraw pszenicy na całym świecie stanowią dziś odmiany karłowate i półkarłowate.

NIEDOBRA HODOWLA

Osobliwe niedopatrzenie w przeżywającej dynamiczny rozwój działalności hodowlanej, na przykład tej prowadzonej w IMWIC, polegało na tym, że pomimo radykalnych zmian w składzie genetycznym pszenicy i innych upraw nie wykonywano żadnych badań związanych z wpływem nowych genetycznych odmian na bezpieczeństwo ludzi lub zwierząt. Skupiano się przede wszystkim na zwiększeniu plonów. Genetycy byli pewni, że hybrydyzacja daje bezpieczne produkty, nadające się do konsumpcji przez ludzi, a kwestia światowego głodu była tak pilna, że efekty rolniczych eksperymentów wprowadzano do zasobów żywnościowych bez uwzględniania spraw ludzkiego bezpieczeństwa jako drugiej strony równania.

Zakładano, że hybrydyzacja i inne działania hodowlane prowadzą do powstania roślin, które zasadniczo nadal są „pszenicą", dlatego nowe odmiany będą doskonale tolerowane przez spożywające je społeczeństwo. Prawdę mówiąc, agronomowie kpią z poglądu, że hybrydyzacja może tworzyć mieszańce niezdrowe dla ludzi. W końcu te metody, aczkolwiek w bardziej prymitywnej postaci, były stosowane od wieków w odniesieniu do roślin, zwierząt, a nawet ludzi. Jeżeli skrzyżujesz dwie odmiany pomidorów, to nadal otrzymasz pomidory, prawda? W czym problem? Kwestia spraw-

CZY DOBRE ZBOŻE STAŁO SIĘ ZŁE?

Biorąc pod uwagę genetyczny dystans, jaki wytworzył się pomiędzy współczesną pszenicą a jej ewolucyjnymi poprzedniczkami, warto się zastanowić, czy starożytne zboża, takie jak samopsza i płaskurka, można spożywać bez niepożądanych skutków wiązanych z innymi produktami pszennymi.

Postanowiłem wystawić samopszę na próbę i zmieliłem na mąkę kilogram jej ziarna. Zmieliłem również konwencjonalną pszenicę uprawianą metodami organicznymi. Upiekłem chleb z obu rodzajów mąki, używając jedynie wody i drożdży, bez żadnych cukrów bądź aromatów. Mąka z samopszy wyglądała bardzo podobnie do konwencjonalnej, ale po dodaniu wody i drożdży różnice stały się oczywiste. Jasnobrązowe ciasto było mniej rozciągliwe i elastyczne od tego ze zwykłej pszenicy. Trudniej też było je formować. Ponadto inaczej pachniało, raczej jak masło orzechowe, a nie jak współczesne ciasto o neutralnym zapachu. Słabiej rosło i uniosło się tylko troszeczkę, zamiast podwoić swoją objętość, jak tego oczekujemy po dzisiejszym chlebie. No i, jak twierdziła Eli Rogosa, wypiek rzeczywiście miał inny smak – wyraźniejszy, orzechowy, pozostawiający wrażenie cierpkości. Potrafiłem sobie wyobrazić ten bochenek chleba z samopszy na stołach Amorytów i Mezopotamczyków z III wieku p.n.e.

Jestem uczulony na pszenicę, toteż w imię nauki przeprowadziłem własny eksperymencik – jednego dnia zjadłem 12 dekagramów chleba z samopszy, a drugiego tyle samo pełnoziarnistego chleba z pszenicy organicznej. Przygotowałem się na najgorsze, bo w przeszłości moje reakcje były dość nieprzyjemne.

dzania bezpieczeństwa tych hybryd dla ludzi i zwierząt nigdy nie została poruszona. W wypadku pszenicy zakładano nawet, że różnice w zawartości i strukturze glutenu oraz modyfikacje enzymów i innych białek, a także cechy wywołujące podatność lub odporność na różnorakie choroby roślin nie będą miały konsekwencji dla ludzi.

Sądząc po wynikach badań genetyków roślinnych, takie założenia mogą być bezpodstawne albo po prostu błędne. Analiza ekspresji białek w hybrydzie pszenicy w porównaniu z jej dwiema odmianami macierzystymi wykazała, że choć około 95 procent

Oprócz obserwowania zwyczajnych reakcji fizycznych po zjedzeniu każdego rodzaju chleba, sprawdziłem też swój poziom cukru we krwi. Różnice były uderzające.

Na początku mój poziom cukru wynosił 84 mg/dl. Po zjedzeniu chleba z samopszy wzrósł do 110 mg/dl. Mniej więcej takiej reakcji mogłem oczekiwać po spożyciu dowolnych węglowodanów. Jednak potem nie odczuwałem żadnych zauważalnych skutków – żadnej senności, nudności, nic mnie nie bolało. Krótko mówiąc, czułem się świetnie.

Następnego dnia powtórzyłem całą procedurę, tym razem zjadając 12 dekagramów zwykłego chleba z pszenicy organicznej. Początkowy poziom cukru – 84 mg/dl. Poziom cukru po spożyciu chleba – 167 mg/dl. Co więcej, wkrótce poczułem nudności i nieomal zwróciłem swój lunch. Mdłości utrzymywały się przez trzydzieści sześć godzin, a towarzyszyły im skurcze żołądka, które zaczęły się prawie natychmiast i trwały przez długi czas. Tej nocy spałem niespokojnie, choć miałem barwne sny. Następnego ranka nie byłem w stanie jasno myśleć ani zrozumieć naukowych periodyków, które próbowałem czytać. Każdy akapit musiałem odczytywać cztery lub pięć razy, więc w końcu zrezygnowałem. Dopiero półtorej doby po zjedzeniu chleba zacząłem znowu czuć się normalnie.

Przeżyłem swój pszeniczny eksperymencik, ale byłem pod wrażeniem różnic w reakcjach na dawną i współczesną pszenicę w moim pełnoziarnistym chlebie. Bez wątpienia działo się tu coś dziwnego.

Rzecz jasna, mojego osobistego doświadczenia nie można uznać za próbę kliniczną. Lecz nasuwa ono pytania o to, czym różni się starożytna pszenica sprzed dziesięciu tysięcy lat i bez genetycznej interwencji człowieka od współczesnej wersji tego zboża.

białek występujących w potomstwie nie różni się od białek rodziców, 5 procent to białka wyjątkowe, niespotykane u ż a d n e g o z rodziców[5]. Zwłaszcza białka glutenu pszenicy przechodzą w procesie hybrydyzacji znaczące przemiany. W jednym z eksperymentów związanych z krzyżowaniem, w potomstwie rozpoznano czternaście nowych białek glutenu nieobecnych u żadnej z roślin macierzystych[6]. Co więcej, w porównaniu z odmianami pszenicy sprzed wieku nowe szczepy *Triticum aestivum* cechuje wyższa ekspresja genów białek glutenu wiązanych z celiakią[7].

Pomnóż te zmiany przez dziesiątki tysięcy krzyżowań, którym poddawano pszenicę, a zrozumiesz, do jak dramatycznych przeobrażeń mogło dojść w cechach przekazywanych genetycznie, takich jak struktura glutenu. Zauważ także, iż modyfikacje genetyczne wprowadzane w wyniku hybrydyzacji miały zasadniczo fatalne skutki dla samych roślin, gdyż tysiące nowych odmian pszenicy nie dawały sobie rady, kiedy pozwalano im rosnąć w stanie dzikim. Do przetrwania niezbędna im była ludzka pomoc[8].

W krajach Trzeciego Świata nowe rolnictwo, zwiększające zbiory pszenicy, zostało początkowo przyjęte sceptycznie. Budziło bowiem zastrzeżenia, w większości należące do kategorii „My tak tego nie robimy". Dr Borlaug, heros hybrydyzacji pszenicy, odpowiadał na krytyki wysokowydajnych odmian, twierdząc, że na skutek gwałtownego wzrostu światowej populacji nowoczesne rolnictwo jest „koniecznością". Cudowna zwyżka plonów w nękanych głodem Indiach, Pakistanie, Chinach, Kolumbii oraz innych krajach szybko zamknęła usta malkontentom. Zbiory rosły w postępie geometrycznym, zamieniając niedobory w nadwyżki, dzięki czemu produkty zawierające pszenicę stawały się tanie i powszechnie dostępne.

Czy można winić rolników za to, że preferowali wysokowydajne odmiany karłowate? W końcu wielu drobnych plantatorów ma problemy finansowe. Jeżeli mogą zwiększyć zbiory z hektara nawet dziesięciokrotnie, i to przy krótszym okresie wegetacyjnym oraz łatwiejszych żniwach, dlaczego nie mieliby tego zrobić?

W przyszłości genetyka może zmienić pszenicę jeszcze bardziej. Naukowcy nie muszą już hodować nowych odmian i liczyć na właściwą wymianę chromosomów, zaciskając kciuki. Zamiast tego mogą celowo dodawać lub usuwać pojedyncze geny, tworząc odmiany z myślą o odporności na choroby i pestycydy, tolerancji chłodów lub suszy, bądź wszelkich innych cechach determinowanych genetycznie. Nowe odmiany można w szczególności przystosowywać do określonych nawozów lub pestycydów. To proces bardzo opłacalny dla agrobiznesu oraz producentów nasion i środków chemicznych, takich jak Cargill, Monsanto i ADM, gdyż konkretne odmiany nasion można chronić patentami, a tym samym zwiększać sprzedaż odpowiadających im substancji chemicznych i uzyskiwać dodatkowe dochody.

Genetyczne modyfikacje są oparte na założeniu, że pojedynczy gen można wstawić w odpowiednie miejsce bez zakłócania ekspresji pozostałych genów. Choć taka koncepcja wydaje się rozsądna, opisywany proces nie zawsze przebiega tak gładko. W ciągu pierwszych dziesięciu lat produkcji zmodyfikowanej żywności nie wymagano żadnych badań na zwierzętach ani testów bezpieczeństwa, gdyż uważano, że praktyka ta nie różni się od hybrydyzacji, która miała być ponoć dobroczynna. Ostatnio naciski społeczne doprowadziły do tego, że agencje nadzorujące, takie jak wydział żywnościowy Federalnego Urzędu Żywności i Leków, zaczęły wymagać badań przed wypuszczeniem na rynek produktów modyfikowanych genetycznie. Krytycy tych działań powołują się jednak na analizy przedstawiające potencjalne problemy z uprawami poddawanymi genetycznym modyfikacjom. U zwierząt karmionych w warunkach laboratoryjnych soją odporną na glifosat (jest to ziarno przystosowane genetycznie w ten sposób, że rolnik może swobodnie, bez szkody dla zbiorów, opylać uprawy herbicydem o nazwie Roundup) stwierdzono zmiany w tkankach wątroby, trzustki, jelit i jąder, w porównaniu ze zwierzętami żywionymi niepoddaną modyfikacjom soją. Uważa się, że te różnice wynikają z nieprzewidzianych przesunięć DNA w pobliżu miejsca wprowadzenia genu, wywołujących w ziarnie produkcję zmienionych białek o potencjalnym działaniu toksycznym[9].

Potrzebne było wprowadzenie modyfikacji genów, żeby myśl o sprawdzaniu bezpieczeństwa zmienianych genetycznie roślin ujrzała wreszcie światło dzienne. Społeczne protesty skłoniły międzynarodową społeczność rolniczą do opracowania wytycznych, takich jak Kodeks Żywnościowy z 2003 roku – wydany wspólnie przez Organizację Narodów Zjednoczonych do spraw Wyżywienia i Rolnictwa (FAO) i Światową Organizację Zdrowia

(WHO) – w celu określenia, jakie nowe uprawy modyfikowane genetycznie powinny być poddawane testom bezpieczeństwa, jakiego rodzaju testy należy prowadzić i co należy mierzyć.

Jednak przed laty, kiedy rolnicy i genetycy przeprowadzali dziesiątki tysięcy eksperymentów z dziedziny hybrydyzacji, nie było żadnych protestów. Nie ma wątpliwości co do tego, że nieprzewidzianym przestawieniom genów, które mogą wywoływać pożądane właściwości – takie jak większa odporność na suszę albo lepsze właściwości ciasta – mogą towarzyszyć zmiany w białkach, które nie są oczywiste dla oka, nosa bądź języka, lecz do tych skutków ubocznych przywiązywano niewielką wagę. Krzyżowanie nadal prowadzi do powstawania nowej, „syntetycznej" pszenicy. Mimo że hybrydyzacji brak precyzji cechującej techniki oparte na modyfikacji genów, może ona jednak nieumyślnie „włączać" lub „wyłączać" geny niemające związku z zamierzonym efektem, wytwarzając jedyne w swoim rodzaju cechy, nie zawsze obecnie rozpoznawalne[10].

Zatem zmiany w pszenicy, które mogą przynosić skutki niepożądane dla ludzi, nie wynikają z wprowadzania bądź usuwania genów, tylko z eksperymentów hybrydyzacyjnych poprzedzających modyfikacje genetyczne. W rezultacie w ciągu minionych pięćdziesięciu lat do ludzkich zasobów żywnościowych trafiły tysiące nowych odmian niepoddanych żadnym próbom sprawdzającym ich bezpieczeństwo. Są to działania o tak ogromnych skutkach dla ludzkiego zdrowia, że powtórzę jeszcze raz: współczesna pszenica, poddana genetycznym zmianom mającym ulepszyć setki, jeśli nie tysiące cech określanych przez geny, trafiła do światowych zasobów żywnościowych ludzkości bez stwierdzenia przez kogokolwiek, czy nadaje się do spożycia przez człowieka.

Ponieważ eksperymenty hybrydyzacyjne nie wymagają dokumentacji, tak jak próby na zwierzętach i ludziach, dokładne określenie, gdzie, kiedy i jak dane krzyżowanie nasiliło niekorzystne działania pszenicy, jest zadaniem niewykonalnym. Nie wiadomo też, czy tylko niektóre czy też wszystkie wytworzone hybrydy pszenicy mogą wywierać niepożądany wpływ na ludzkie zdrowie.

Narastające zmiany genetyczne, które pojawiały się wraz z każdą rundą hybrydyzacji, mogą bardzo wiele zmieniać. Przyjrzyjmy się mężczyznom i kobietom. Choć pod względem genetycznym obie płcie są w znacznym stopniu takie same, różnice między nimi mogą stanowić interesujący temat do rozmowy, nie wspominając o powodach do romantycznych spotkań. Najważniejsze różnice pomiędzy ludzkimi samcami i samicami – zestaw odmienności powstających dzięki jednemu zaledwie chromosomowi, malutkiemu męskiemu chromosomowi Y z jego kilkoma genami – decydują o przekazywaniu życia, stanowią podłoże szekspirowskich dramatów oraz przepaści dzielącej Homera Simpsona* od jego żony Marge.

Podobnie jest z wyhodowaną przez człowieka trawą, którą nadal nazywamy pszenicą. Genetyczne różnice wytworzone przez tysiące dokonywanych przez ludzi krzyżowań składają się na poważne odmienności w składzie, wyglądzie i cechach, istotnych nie tylko dla kucharzy i przetwórców żywności, ale także potencjalnie dla ludzkiego zdrowia.

---

* Główny bohater animowanego serialu *The Simpsons*, głowa rodziny o typowych cechach przedstawiciela amerykańskiej klasy robotniczej, niezdarny i leniwy, ale oddany swojej rodzinie – przyp. red.

ROZDZIAŁ 3

PSZENICA ZDEKONSTRUOWANA

Czy jest to bochenek wieloziarnistego organicznego chleba z wysoką zawartością błonnika czy słodkie ciasteczko – twój organizm nie odróżnia, co właściwie jesz. Wszyscy wiemy, że ciasteczko to wysoko przetworzony przysmak, więc obiegowa opinia podpowiada nam, iż od strony zdrowotnej lepszy jest ten pierwszy produkt, źródło błonnika i witamin z grupy B, bogate w złożone węglowodany.

Tak, ale każda historia ma swoje drugie dno. Zerknijmy na zawartość pszenicy i spróbujmy zrozumieć, dlaczego – bez względu na kształt, kolor, ilość błonnika i organiczną bądź tradycyjną uprawę – może ona płatać ludziom dziwne figle.

PSZENICA – SUPERWĘGLOWODAN

Transformacja udomowionej dzikiej trawy z czasów neolitycznych w cynamonowe bułeczki, faworki lub pączki wymaga kilku bardzo poważnych sztuczek. Tych współczesnych cudeniek nie można by było przyrządzić z dawnej pszenicy. Gdyby ktoś spróbował usmażyć na przykład pączek z konfiturą, używając samopszy, uzyskałby kruszącą się bryłę, która nie mogłaby utrzymać nadzienia i smakowałaby oraz wyglądała, no cóż, nie najlepiej. Dokonując krzyżowania pszenicy w celu zwiększenia plonów, genetycy roślinni dążyli ponadto do wytworzenia hybryd posiadających cechy predestynujące je do stania się przykładowo czekoladowym ciasteczkiem albo siedmiowarstwowym tortem weselnym.

Mąka ze współczesnej *Triticum aestivum* składa się wagowo, średnio rzecz biorąc, w 70 procentach z węglowodanów, a udział białka i niestrawnego błonnika wynosi w niej od 10 do 15 procent. Niewielką pozostałość wagową stanowi tłuszcz, głównie fosfolipidy i wielonienasycone kwasy tłuszczowe[1]. (Co ciekawe, dawna pszenica ma większą zawartość białka. Na przykład w płaskurce stanowi ono 28 lub więcej procent wagi[2]).

Skrobię pszenicy stanowią złożone węglowodany, ukochane przez dietetyków. Słowo „złożone" oznacza, że węglowodany te składają się z polimerów (czyli powtarzalnych łańcuchów) cukru prostego, glukozy, w przeciwieństwie do węglowodanów prostych, takich jak sacharoza, które są jedno- lub dwuelementowymi strukturami cukrowymi. (Sacharoza jest dwucukrem złożonym z glukozy i fruktozy). Obiegowa opinia, głoszona przez dietetyków oraz amerykański Departament Rolnictwa, głosi, że powinniśmy ograniczać spożycie węglowodanów prostych, w postaci słodyczy i napojów bezalkoholowych, na rzecz zwiększenia konsumpcji węglowodanów złożonych.

Pośród złożonych węglowodanów w pszenicy 75 procent stanowi amylopektyna, rozgałęziony łańcuch jednostek glukozy, natomiast pozostałe 25 procent to amyloza, linearny łańcuch glukozy. W ludzkim przewodzie pokarmowym zarówno amylopektyna, jak i amyloza są trawione przez amylazy, enzymy wydzielane przez gruczoły ślinowe i żołądek. Amylopektyna jest skutecznie rozkładana przez amylazę na glukozę, natomiast amyloza jest trawiona mniej skutecznie i częściowo trafia do okrężnicy w swojej pierwotnej postaci. Zatem amylopektyna, węglowodan złożony, jest gwałtownie zamieniana w glukozę i trafia do krwiobiegu, a ponieważ jest trawiona najskuteczniej, ponosi główną odpowiedzialność za wzrost poziomu cukru we krwi wywoływany przez pszenicę.

Inne produkty żywnościowe obfitujące w węglowodany też zawierają amylopektynę, ale innego rodzaju niż ta w pszenicy. Rozgałęziona struktura amylopektyny zmienia się w zależności od jej źródła[3]. Ta, która pochodzi z roślin strączkowych, tak zwana amylopektyna C, jest trawiona najsłabiej, co ma swoje konsekwencje. Pamiętam z dzieciństwa taki oto wierszyk: „Fasola jest zdrowa, co łatwo jest stwierdzić – kto je jej najwięcej, ten najgłośniej...". Niestrawiona amylopektyna trafia do okrężnicy, gdzie symbiotyczne bakterie, które żyją tam sobie szczęśliwie, objadają się skrobią, wytwarzając gazy, takie jak azot i wodór, przez co uniemożliwiają trawienie tych cukrów.

Amylopektyna B znajduje się w bananach i ziemniakach i mimo że jest trawiona łatwiej niż strączkowa amylopektyna C, to jednak w pewnym stopniu opiera się rozkładowi. Najbardziej strawna forma tego wielocukru, amylopektyna A, jest zawarta w pszenicy. Ponieważ jest trawiona najłatwiej, w największym stopniu podnosi poziom cukru we krwi. To wyjaśnia, dlaczego, porównując te same ilości produktów, pszenica podwyższa poziom cukru w stopniu większym niż, powiedzmy, fasolka albo chipsy ziemniaczane. Amylopektyna A z produktów pszennych, złożonych bądź nie, może być uważana za superwęglowodan, bardzo łatwo trawioną postać węglowodanów, która sprawniej zamienia się w cukier krążący we krwi niż niemal wszystkie inne węglowodany, proste lub złożone.

To oznacza, że nie wszystkie węglowodany złożone są jednakowe. Pszenica, zawierająca amylopektynę A, podwyższa poziom cukru we krwi w stopniu większym niż inne węglowodany złożone. Wyjątkowa strawność amylopektyny A pochodzącej z pszenicy sprawia, że w ujęciu wagowym, gram za gram, nie jest ona wcale lepsza, a często bywa gorsza niż proste węglowodany, takie jak sacharoza.

Ludzie zazwyczaj patrzą na mnie niedowierzająco, kiedy mówię im, że pełnoziarnisty chleb podwyższa poziom cukru we krwi bardziej niż sacharoza[4]. Poza niewielką ilością dodatkowego błonnika, zjedzenie dwóch kromek razowego chleba tak naprawdę niewiele się różni, a często bywa nawet gorsze, od wypicia puszki słodzonego napoju albo zjedzenia batonika.

Ta informacja nie jest żadnym odkryciem. Po badaniu przeprowadzonym w 1981 roku na uniwersytecie w Toronto pojawiła się koncepcja indeksu glikemicznego (IG), pozwalającego porównywać wpływ węglowodanów na poziom cukru we krwi – im był on wyższy (w porównaniu z glukozą) po spożyciu określonego produktu, tym wyższy był indeks glikemiczny tego produktu. Pierwotne badanie wykazało, że IG białego chleba wynosi 69, chleba pełnoziarnistego 72, pszennych płatków śniadaniowych 67, natomiast sacharozy (zwyczajnego cukru) tylko 59[5]. Tak, pełnoziarnisty chleb ma wyższy IG niż sacharoza. Okazuje się, że IG batonika Mars – z całą tą czekoladą, cukrem, nadzieniem i karmelem – wynosi 69. To wynik lepszy niż w wypadku razowego chleba. Baton Snickers ma IG wynoszący 41 – znacznie lepszy od chleba.

Prawdę mówiąc, stopień przetworzenia nieznacznie wpływa na poziomu cukru we krwi. Pszenica to pszenica i niezależnie od tego, w jaki sposób zostanie przetworzona, ani od tego, czy produkt jest prosty czy złożony, o wysokiej bądź niskiej zawartości błonnika, powoduje podobny wzrost poziomu cukru. Amylopektyna A pozostanie amylopektyną A bez względu na to, jaką formę się jej nada. U zdrowych, szczupłych ochotników dwie średnie kromki pełnoziarnistego chleba pszennego podnoszą poziom cukru o 30 mg/dl (z 93 do 123 mg/dl), tak samo jak biały chleb[6]. U ludzi z cukrzycą zarówno biały, jak i pełnoziarnisty chleb podwyższa poziom cukru we krwi o 70 do 120 mg/dl w stosunku do poziomu wyjściowego[7].

Pewna obserwacja, również dokonana podczas wspomnianego badania na uniwersytecie w Toronto i potwierdzona w trakcie późniejszych prób, dowiodła, że makaron ma niższą dwugodzinną krzywą glikemii. Pełnoziarniste spaghetti wykazało IG o wartości

42, w porównaniu ze spaghetti z białej mąki, którego IG wynosił 50. Makaron różni się od innych produktów pszennych, co po części zapewne wynika z kompresji, jakiej ulega mąka w trakcie wytłaczania, dzięki czemu trawienie przez amylazę przebiega wolniej. (Makaron wałkowany, taki jak fettuccine, ma podobne właściwości glikemiczne jak makarony wyciskane). Ponadto makarony są zazwyczaj produkowane z *Triticum durum*, a nie z *aestivum*, dzięki czemu są genetycznie bliższe płaskurce. Jednak nawet ten korzystny IG makaronu jest mylący, gdyż wyznacza się go na podstawie zaledwie dwugodzinnej obserwacji, a ten akurat produkt ma ciekawą zdolność do podwyższania poziomu cukru we krwi przez cztery do sześciu godzin po spożyciu, zwiększając go długotrwale nawet o 100 mg/dl u ludzi z cukrzycą[8,9].

Te niezaprzeczalne fakty nie umknęły uwagi naukowców zajmujących się rolnictwem oraz żywieniem, którzy poprzez genetyczne manipulacje próbowali zwiększyć w pszenicy udział tak zwanej skrobi opornej (czyli takiej, która nie jest w pełni trawiona) i zmniejszyć zawartość amylopektyny. Najpospolitszą skrobią oporną jest amyloza, w niektórych celowo wytworzonych odmianach pszenicy stanowi ona od 40 do 70 procent wagi[10].

A zatem produkty pszenne podwyższają poziom cukru we krwi bardziej niż praktycznie wszystkie inne węglowodany, od fasoli po słodkie batoniki. Ma to ważne konsekwencje, gdyż glukozie nieuchronnie towarzyszy insulina, hormon, który umożliwia jej wnikanie do komórek organizmu i przekształcenie się w tłuszcz. Im wyższy jest poziom glukozy we krwi po spożyciu jakiegoś produktu, tym wyższy jest poziom insuliny i tym więcej zostaje odłożonego tłuszczu. Dlatego zjedzenie, powiedzmy, omletu z trzech jajek, który nie powoduje podwyższenia poziomu glukozy, nie zwiększa ilości tłuszczu zgromadzonego przez organizm, a dwie kromki razowego chleba – podwyższające ten poziom do znacznych wartości – uruchamiają insulinę i powodują wzrost ilości tłuszczu, zwłaszcza w rejonie brzucha, czyli tak zwanego tłuszczu trzewnego.

Ciekawe zachowanie glukozy związane z konsumpcją pszenicy nie kończy się na tym. Spowodowany przez amylopektynę A przypływ glukozy oraz insuliny po spożyciu pszenicy to zjawisko trwające 120 minut, wywołujące „wyż" glukozowy, po którym następuje nieunikniony „niż", wynikający ze spadku poziomu glukozy. Ten przypływ i odpływ jest jak huśtawka, w której ramach przez cały dzień co dwie godziny powtarzają się chwile przesytu i głodu. To właśnie „niż" glukozowy jest przyczyną burczenia w brzuchu o 9 rano, dwie godziny po śniadaniu złożonym z płatków pszennych i bułeczki. Potem, o 11, przed lunchem, pojawia się nagły głód, któremu towarzyszą trudności z koncentracją, zmęczenie i roztrzęsienie wywołane hipoglikemią przy najniższym poziomie glukozy.

Ten wzrost poziomu cukru we krwi wystarczy wywoływać u siebie cyklicznie i/lub przez dłuższy czas, a rezultatem będzie dalsza akumulacja tłuszczu. Konsekwencje tego procesu są szczególnie dobrze widoczne w rejonie talii – tak, tak, to właśnie pszenny brzuch. Im większy jest twój brzuch, tym gorzej reagujesz na insulinę, albowiem trzewny tłuszcz pszennego brzucha wykazuje mniejszą wrażliwość lub „oporność" na insulinę. Organizm domaga się coraz wyższego poziomu tego hormonu, co prowadzi do cukrzycy. Ponadto, im większy jest pszenny brzuch u mężczyzn, tym więcej estrogenu wytwarza ich tkanka tłuszczowa i tym większe rosną im piersi. Im większy masz pszenny brzuch, tym więcej następuje reakcji zapalnych, prowadzących do chorób serca oraz raka.

Ze względu na morfinopodobne działanie pszenicy (omówię to w następnym rozdziale) oraz glukozowo-insulinowy cykl wywoływany przez amylopektynę A pszenica jest w praktyce środkiem p o b u d z a j ą c y m apetyt. Dlatego ludzie, którzy wyeliminują to zboże ze swojej diety, spożywają mniej kalorii, o czym opowiem w dalszej części tej książki.

Jeżeli wzrost ilości glukozy, insuliny oraz tłuszczu, wynikający z konsumpcji pszenicy, jest jedną z głównych przyczyn tycia, to eliminacja pszenicy z diety powinna odwrócić to zjawisko. I właśnie tak się dzieje.

Przez wiele lat odnotowywano utratę wagi u pacjentów z celiakią, którzy muszą eliminować ze swoich diet produkty zawierające gluten, aby nie dopuścić do reakcji immunologicznej, zasadniczo prowadzącej u nich do zniszczenia jelita cienkiego. Tak się składa, że wolne od pszenicy, bezglutenowe diety nie zawierają też amylopektyny A.

Jednak utrata wagi spowodowana wyeliminowaniem pszenicy nie ujawnia się natychmiast w badaniach klinicznych. Wiele cierpiących na celiakię osób jest diagnozowanych po całych latach cierpień i rozpoczyna dietę w stanie poważnego niedożywienia, wywołanego biegunką i słabym wchłanianiem składników pokarmowych. Dzięki lepszemu trawieniu tacy chorzy, wychudzeni i niedożywieni, mogą wręcz p r z y b i e r a ć na wadze po odstawieniu pszenicy.

Jeśli jednak spojrzymy na ludzi z nadwagą, którzy usunęli pszenicę ze swojej diety i nie byli poważnie niedożywieni w momencie stawiania diagnozy, staje się jasne, że to ograniczenie pozwoliło im znacząco schudnąć. Przeprowadzone przez Klinikę Mayo i Uniwersytet Stanu Iowa badanie 215 otyłych pacjentów z celiakią wykazało, że w ciągu pierwszych sześciu miesięcy bez pszenicy schudli oni średnio o 12,5 kilograma[11]. W innym badaniu eliminacja pszenicy wpłynęła na zmniejszenie w ciągu roku liczby osób sklasyfikowanych jako otyłe (o wskaźniku masy ciała, czyli BMI [body mass index], wynoszącym 30 lub więcej) o połowę[12]. Co dziwne, utratę wagi, do której prowadziły diety pozbawione pszenicy i glutenu, naukowcy odpowiedzialni za badania przypisywali mniejszej różnorodności spożywanych produktów. (Tak się składa, że pomimo wyeliminowania pszenicy różnorodność konsumowanych potraw może być nadal całkiem znaczna, o czym jeszcze opowiem).

Zalecenie spożywania większej ilości zdrowych produktów pełnoziarnistych prowadzi do zwiększonej konsumpcji amylopektyny A, węglowodanu, który w praktyce nie różni się za bardzo od zawartości cukierniczki wyjadanej łyżeczką, a pod pewnymi względami bywa nawet gorszy.

TAJEMNICZY GLUTEN

Gdyby kazano wam dodać wodę do pszennej mąki, zagnieść z tego ciasto, a następnie płukać uzyskaną kluchę pod bieżącą wodą aż do usunięcia całej skrobi i błonnika, zostałaby wam mieszanina białek nazywana glutenem.

Pszenica jest głównym źródłem glutenu w diecie, zarówno dlatego, że produkty pszeniczne zaczęły w niej dominować, jak i z tego względu, że większość Amerykanów nie przywykła do spożywania dużych ilości jęczmienia, żyta, bulguru lub pszenżyta, czyli innych źródeł glutenu. Toteż ze względów praktycznych, ilekroć wspominam o glutenie, mam na myśli przede wszystkim pszenicę.

Choć wagowo pszenica składa się głównie z węglowodanów w postaci amylopektyny A, to właśnie mieszanina białek zwana glutenem czyni ją tym, czym jest. Gluten jest unikatowym składnikiem pszenicy, który sprawia, że ciasto jest „ciastowate” i rozciągliwe, daje się wałkować, lepić, zwijać i ma wszystkie te cechy, których nie można uzyskać, stosując mąkę ryżową, kukurydzianą lub z jakiegokolwiek innego zboża. Gluten pozwala piekarzowi w pizzerii rozwałkowywać ciasto, podrzucać je do góry i formować w charakterystyczny spłaszczony kształt; sprawia też, że ciasto rozciąga się i rośnie, kiedy fermentacja drożdży wypełnia je bąbelkami gazu. Charakterystyczna ciastowata konsystencja prostej mieszaniny pszennej mąki i wody, czyli właściwość, którą uczeni żywieniowcy nazywają lepkosprężystością i spoistością, to zasługa glutenu. Choć pszenica jest głównie węglowodanem, i tylko w 10–15 procentach białkiem, 80 procent tego białka stanowi gluten. Pszenica bez glutenu utraciłaby swe wyjątkowe cechy, które przekształcają ciasto w obwarzanki, pizzę i placki focaccia.

Oto krótka lekcja na temat substancji, którą nazywamy glutenem (możecie ją zaliczyć do kategorii „poznaj swojego wroga"). Gluteny to zmagazynowane białka pszenicy, umożliwiające jej przechowywanie węgla i azotu, potrzebnych do kiełkowania ziarna i wytwarzania nowych roślin. „Rośnięcie" ciasta, czyli proces, do którego dochodzi w wyniku mariażu pszenicy z drożdżami, nie jest możliwe bez glutenu, dlatego stanowi proces charakterystyczny dla mąki pszennej.

Termin „gluten" obejmuje dwie główne rodziny białek: gliadyny i gluteniny. Gliadyny, grupa białek, która wywołuje najmocniejszą reakcję immunologiczną w celiakii, posiadają trzy podtypy: α/β-gliadyny, γ-gliadyny i ω-gliadyny. Gluteniny, podobnie jak amylopektyny, to wielkie powtarzalne struktury, czyli polimery bardziej podstawowych składników. Ciasto zawdzięcza swoją zwartość dużym, polimerycznym gluteninom. Ich istnienie to genetycznie zaprogramowana cecha, celowo wyselekcjonowana przez plantatorów[13].

Gluten z jednej odmiany pszenicy może diametralnie różnić się budową od glutenu innej odmiany. Na przykład białka glutenu wytwarzanego przez samopszę są inne niż białka glutenu płaskurki, które z kolei różnią się od białek glutenu Triticum aestivum[14,15]. Ponieważ czternastochromosomowa samopsza, zawierająca tak zwany genom (czyli zestaw genów) A, ma najmniej chromosomów, koduje najmniejszą liczbę i różnorodność glutenów. Płaskurka, która ma 28 chromosomów, zawiera genom A z dodanym genomem B i koduje większą rozmaitość glutenu. Triticum aestivum, posiadająca 42 chromosomy oraz genomy A, B i D, wytwarzała największą rozmaitość glutenu, jeszcze zanim ludzie rozpoczęli jakiekolwiek manipulacje z jej uprawą. Działania hybrydyzacyjne z ostatnich pięćdziesięciu lat doprowadziły do wielu dodatkowych zmian w kodujących gluten genach Triticum aestivum. W większości były to celowe modyfikacje genomu D, który odpowiada za wygląd mąki i jej przydatność do pieczenia[16]. Prawdę mówiąc, geny znajdujące się w genomie D są najczęściej wskazywane jako źródło glutenów wywołujących celiakię[17].

A zatem to właśnie genom D współczesnej *Triticum aestivum*, będący przedmiotem najróżniejszych krętactw genetyków roślinnych, zgromadził istotną liczbę zmian w warunkowanych genetycznie cechach białek glutenu. Może też być przyczyną wielu osobliwych zjawisk zdrowotnych, doświadczanych przez ludzi spożywających pszenicę.

NIE CHODZI TYLKO O GLUTEN

Gluten nie jest jedynym potencjalnym złoczyńcą ukrytym w mące pszennej. Pozostałe 20 procent białek w pszenicy, tak zwanych „nieglutenowych", stanowią albuminy, prolaminy i globuliny, które mogą być różne w poszczególnych odmianach. Ogółem istnieje ponad tysiąc tych innych białek, które, między innymi, chronią zboże przed patogenami, zapewniają mu odporność na wodę i pełnią funkcje reprodukcyjne. Są tam aglutyniny, peroksydazy, amylazy, serpiny i oksydazy acylo-CoA, nie wspominając o pięciu formach dehydrogenazy aldehydu 3-fosfoglicerynowego. Nie powinienem zaniedbać wzmianki o β-purothioninie, puroindolinach a i b oraz syntazach skrobi. Pszenica to nie tylko gluten, tak jak kuchnia południowych stanów USA nie ogranicza się wyłącznie do kaszki kukurydzianej.

Tak jakby ten zestaw białek i enzymów nie był wystarczająco bogaty, producenci żywności sięgnęli po enzymy grzybowe, na przykład celulazy, glukoamylazy, ksylanazy i β-ksylozydazy, żeby poprawić proces rośnięcia ciasta oraz strukturę produktów pszennych. Wielu piekarzy dodaje też do ciasta mączkę sojową, aby lepiej się wyrabiało i było bielsze. Wprowadzają w ten sposób jeszcze jeden zestaw białek i enzymów.

W celiakii, która jest powszechnie uznawanym (choć o wiele za rzadko diagnozowanym) przykładem choroby jelit związanej z pszenicą, reakcję immunologiczną wywołuje zwłaszcza α-gliadyna, odpowiedzialna za stan zapalny jelita cienkiego, prowadzący do obezwładniających skurczów brzucha i biegunki. Leczenie jest proste – całkowita rezygnacja z wszystkiego, co zawiera gluten.

Oprócz celiakii występują reakcje uczuleniowe, bądź anafilaktyczne (czyli ciężkie, objawiające się wstrząsem), na białka nieglutenowe zawarte w pszenicy, w tym na α-amylazy, tioredoksynę i dehydrogenazę aldehydu 3-fosfoglicerynowego, a także dziesiątki innych[18]. U wrażliwych osób kontakt z nimi wywołuje astmę, wysypki (atopowe zapalenie skóry i pokrzywkę) oraz dziwny i niebezpieczny stan zwany anafilaksją powysiłkową związaną ze spożyciem pszenicy (*wheat-dependent excercise-induced anaphylaxis* – WDEIA), w którym wysypka, astma lub wstrząs anafilaktyczny pojawiają się w trakcie wysiłku fizycznego. WDEIA jest najczęściej kojarzona z pszenicą (podobny stan mogą wywoływać skorupiaki) i przypisywana rozmaitym ω-gliadynom oraz gluteninom.

Krótko mówiąc, pszenica nie jest wyłącznie węglowodanem złożonym z dodatkiem glutenu i otrębów. Jest to skomplikowany zbiór unikatowych związków biochemicznych, które bardzo się między sobą różnią, stosownie do kodu genetycznego. Patrząc na babeczkę z makiem, nie zdołasz rozpoznać niewiarygodnej rozmaitości gliadyn oraz innych białek, glutenowych i nieglutenowych, które ona zawiera. A wiele z tych związków występuje tylko we współczesnej pszenicy karłowatej, z której upieczono tę babeczkę. Odgryzając pierwszy kęs, poczujesz natychmiast słodycz amylopektyny A, dzięki której twój poziom cukru we krwi poszybuje pod niebo.

A teraz zajmijmy się niesamowicie szeroką gamą skutków zdrowotnych, jakie może wywołać twoja babeczka oraz inne produkty zawierające pszenicę.

CZĘŚĆ DRUGA

NEGATYWNY WPŁYW PSZENICY NA ZDROWIE CAŁEGO ORGANIZMU

ROZDZIAŁ 4

HEJ, CHŁOPIE, KUPISZ TROCHĘ EGZORFIN? UZALEŻNIAJĄCE WŁAŚCIWOŚCI PSZENICY

Uzależnienie. Wycofanie. Urojenia. Halucynacje. Nie opisuję choroby psychicznej ani sceny z filmu *Lot nad kukułczym gniazdem*. Mówię o produkcie, który przynosisz do swojej kuchni, którym dzielisz się z przyjaciółmi i który moczysz we własnej kawie.

Pszenica jest wyjątkowym pokarmem, gdyż w ciekawy sposób wpływa na mózg, wywołując skutki podobne do działania opiatów. To tłumaczy, dlaczego niektórym ludziom niezwykle trudno jest wyeliminować ją z diety. Nie chodzi wyłącznie o brak determinacji, niedogodności czy przełamanie ugruntowanych nawyków; to kwestia zerwania związku z czymś, co przejmuje kontrolę nad twoją psychiką i emocjami w sposób zbliżony do tego, w jaki heroina panuje nad zrozpaczonym narkomanem.

Podczas gdy po kawę i alkohol sięgasz świadomie, dla uzyskania określonego wpływu na swój umysł, pszenica jest czymś, co spożywasz, aby się odżywić, a nie poprawić sobie nastrój. Podobnie jak osoby pijące kool-aid na zebraniach religijnych Jima Jonesa, możesz nawet nie zdawać sobie sprawy z tego, że produkty zbożowe, które spożywasz, zaaprobowane przez wszystkie „oficjalne" agencje, mieszają ci w głowie.

Ludzie, którzy wyeliminowali pszenicę ze swojej diety, stwierdzają zazwyczaj, że w ciągu zaledwie kilku dni bądź kilku tygodni od ostatniego kęsa bułki lub lazanii poprawił im się humor, rzadziej doświadczają nagłych zmian nastroju, potrafią lepiej się koncentrować i głębiej sypiają. Jednak tego rodzaju „miękkie", subiektywne doznania naszych mózgów trudno jest określić liczbowo. Mogą też wynikać z efektu placebo – ludzie po prostu myślą, że czują się lepiej – ale imponuje mi to, jak zgodne są te obserwacje. Podaje je większość osób, kiedy już ustąpią pierwsze skutki odstawienia produktów zbożowych, takie jak zamęt w głowie i zmęczenie. Ja sam zaznałem tych skutków i byłem ich świadkiem u tysięcy ludzi.

Łatwo jest zlekceważyć psychologiczną siłę pszenicy. W końcu jak niebezpieczna może być niewinna muffinka?

„CHLEB TO MOJA KOKAINA!"

Pośród produktów żywnościowych pszenica nie ma sobie równych, jeśli chodzi o potencjał wyjątkowego wpływu na mózg i układ nerwowy. Nie ma co do tego wątpliwości – niektórzy ludzie są od niej uzależnieni. Czasem zdarza się, że uzależnieni wręcz obsesyjnie.

Niekiedy zdają sobie z tego sprawę albo raczej dostrzegają swoje uzależnienie od pewnych pszennych produktów, takich jak makaron albo pizza. Jeszcze zanim powiem im, że wybrany przez nich produkt, od którego się uzależnili, wprowadza ich w stan lekkiej euforii, oni już to wiedzą. Przechodzą mnie ciarki, kiedy dobrze ubrana gospodyni domowa z przedmieścia wyznaje mi zrozpaczona: „Chleb to moja kokaina. Nie mogę z niego zrezygnować!".

Pszenica może narzucać nam wybór produktów, liczbę spożywanych kalorii, pory posiłków i przekąsek. Może wpływać na zachowanie i nastrój, a nawet zdominować nasze myśli. Wielu moich pacjentów, którym sugeruję usunięcie jej z diety, stwierdza, że doznają obsesji na punkcie pszennych produktów do tego stopnia, że całymi tygodniami bezustannie o nich myślą, mówią o nich i ślinią się na samo ich wyobrażenie. „Nie potrafię przestać myśleć o chlebie. Marzę o chlebie!", mówią. U niektórych prowadzi to do gorączkowego spożywania pszenicy i rezygnują z jej eliminacji w kilka dni po rozpoczęciu diety.

Uzależnienie ma oczywiście swoją drugą stronę. Kiedy ludzie biorą rozwód z produktami zawierającymi pszenicę, jakieś 30 procent z nich doznaje czegoś, co można określić jedynie jako głód narkotyczny.

Słyszałem setki opowieści o skrajnym zmęczeniu, zaburzeniach koncentracji, nerwowości, niemożności funkcjonowania w pracy lub w szkole, a nawet depresji w czasie od kilku dni do kilku tygodni po wyeliminowaniu pszenicy. A tymczasem do osiągnięcia całkowitej ulgi wystarczy obwarzanek lub ciasteczko (albo, niestety, cztery obwarzanki, dwa herbatniki, paczka precelków, dwie muffinki i garść czekoladowych ciasteczek, co następnego dnia wywołuje paskudne wyrzuty sumienia). To błędne koło: rezygnujesz z jakiejś substancji, narażając się na zdecydowanie przykre doznania, więc zaczynasz przyjmować ją od nowa i niemiłe doznania ustają – to mi bardzo przypomina uzależnienie i głód narkotyczny.

Ludzie, którzy nie doświadczyli tych skutków, traktują je z lekceważeniem, uważając za mało wiarygodny pogląd, że coś tak przyziemnego jak pszenica może wpływać na centralny układ nerwowy w sposób podobny do nikotyny albo kokainy.

Zarówno objawy uzależnienia, jak i głodu narkotycznego można w tym wypadku udowodnić naukowo. Pszenica oddziałuje nie tylko na normalny, zdrowy mózg, ale także na bezbronny, upośledzony mózg, w którym wywołuje skutki wykraczające poza nałóg i wycofanie. Poznając efekty jej działania na mózg upośledzony, możemy dowiedzieć się, dlaczego i jak można wiązać pszenicę z tymi zjawiskami.

PSZENICA A SCHIZOFRENIA

Pierwsze ważne wnioski na temat skutków, jakie pszenica wywołuje w mózgu, wyciągnięto z badań jej wpływu na ludzi ze schizofrenią.

Schizofrenicy mają ciężkie życie. Z ogromnym trudem odróżniają rzeczywistość od fantazji, często wydaje im się, że są prześladowani, a nawet wierzą, że ich umysły i działania są kontrolowane przez zewnętrzne siły. (Davidowi Berkowitzowi, znanemu też jako „Syn Sama", seryjnemu zabójcy z Nowego Jorku, do ofiar kazał podkradać się pies. Na szczęście, gwałtowne zachowania są u schizofreników rzadkie, ale ten przykład ilustruje potencjalną głębię tej patologii). Po stwierdzeniu schizofrenii nadzieja na normalne życie oraz posiadanie rodziny i dzieci jest znikoma. Chorego czeka pobyt w zakładach zamkniętych, przyjmowanie leków dających okropne skutki uboczne i ciągła walka z mrocznymi demonami we własnym wnętrzu.

Jaki zatem wpływ ma pszenica na bezbronny umysł schizofrenika?

Jako pierwszy wpływu pszenicy na schizofreniczny mózg dopatrywał się psychiatra F. Curtis Dohan, który dokonywał swych obserwacji od Europy aż po Nową Gwineę. Doktor Dohan podjął się tych badań, gdyż zauważył, że podczas drugiej wojny światowej, kiedy na skutek niedoborów żywności chleb był trudno dostępny, mężczyźni i kobiety z Finlandii, Norwegii, Szwecji, Kanady i Stanów Zjednoczonych rzadziej wymagali hospitalizacji z powodu schizofrenii, natomiast po wojnie, kiedy konsumpcja pszenicy znowu wzrosła, zaczęli wymagać ich częściej[1].

Podobną prawidłowość doktor Dohan zaobserwował w łowiecko-zbierackich kulturach epoki kamienia na Nowej Gwinei. Przed pojawieniem się zachodnich wpływów schizofrenia była tam praktycznie nieznana. Zdiagnozowano ją zaledwie u dwóch z 65 000 mieszkańców. Kiedy społeczeństwo nowogwinejskie przejęło zachodnie zwyczaje żywieniowe i wprowadzono tam produkty z uprawianej pszenicy, jęczmienne piwo oraz kukurydzę, częstość występowania schizofrenii wzrosła sześćdziesięciopięciokrotnie[2]. Na tej podstawie rozpoczął obserwacje mające wykazać, czy istnieje związek przyczynowo-skutkowy pomiędzy spożyciem pszenicy a schizofrenią czy też go nie ma.

W połowie lat 60. XX wieku, podczas pracy w szpitalu dla weteranów w Filadelfii, doktor Dohan wraz z kolegami postanowili usunąć wszelkie produkty pszenne z posiłków podawanych pacjentom ze schizofrenią, bez ich wiedzy i zgody. (To były czasy, kiedy świadoma zgoda uczestników badania nie była jeszcze wymagana; dopiero nagłośnienie osławionego eksperymentu Tuskegee z pacjentami chorymi na kiłę wywołało społeczne oburzenie, które doprowadziło do ustanowienia przepisów wymagających takiej zgody). I oto po czterech tygodniach bez pszenicy nastąpiła wyraźna i wymierna poprawa w charakterystycznych objawach choroby – zmniejszyła się ilość halucynacji słuchowych i urojeń, a przypadki oderwania od rzeczywistości były rzadsze. Potem psychiatrzy włączyli z powrotem produkty pszenne do diety swych pacjentów i halucynacje, urojenia oraz oderwania powróciły. Znowu usunęli pszenicę – stan pacjentów się poprawił; przywrócili ją – stan się pogorszył[3].

Obserwacje poczynione na schizofrenikach z Filadelfii zostały potwierdzone przez psychiatrów z Uniwersytetu Sheffield w Anglii, którzy wyciągnęli podobne wnioski[4]. Od tamtej pory pojawiały się nawet doniesienia o całkowitej remisji choroby, na przykład u siedemdziesięcioletniej schizofreniczki, opisanej przez lekarzy z Uniwersytetu Duke. Kobieta ta przez pięćdziesiąt trzy lata cierpiała na urojenia oraz halucynacje i dokonywała prób samobójczych przy użyciu ostrych przedmiotów oraz środków czyszczących, a w ciągu ośmiu dni od odstawienia pszenicy jej psychozy oraz chęci samobójcze całkowicie ustąpiły[5].

Choć wydaje się mało prawdopodobne, żeby kontakt z pszenicą mógł wywoływać schizofrenię, obserwacje doktora Dohana i innych sugerują, że spożycie tego zboża ma związek z wyraźnym nasileniem jej objawów.

Innym stanem chorobowym, w którym pszenica może oddziaływać na bezbronny umysł, jest autyzm. Autystyczne dzieci cierpią z powodu zaburzonej zdolności do kontaktów społecznych i komunikowania się. Częstotliwość występowania tej choroby zwiększyła się w ciągu ostatnich czterdziestu lat: od rzadkich przypadków w połowie XX wieku do 1 na 150 dzieci w XXI stuleciu[6]. Początkowo poprawę zachowań autystycznych po usunięciu z diety glutenu obserwowano na niewielkich grupach[7,8]. Najobszerniejsze jak dotąd badanie kliniczne objęło 55 autystycznych dzieci z Danii. Oficjalne wskaźniki zachowań autystycznych wykazały u nich poprawę po wyeliminowaniu glutenu (połączonym z eliminacją kazeiny z produktów mlecznych)[9].

Choć nadal jest to przedmiot debat, znaczący odsetek dzieci i dorosłych cierpiących na zespół nadpobudliwości psychoruchowej z deficytem uwagi (ADHD) może również reagować na eliminację pszenicy z diety. Jednak tu reakcje są często niejednoznaczne ze względu na wrażliwość pacjentów na inne składniki diety, takie jak cukry, sztuczne słodziki i dodatki oraz nabiał[10].

Wydaje się mało prawdopodobne, żeby kontakt z pszenicą był przyczyną autyzmu lub ADHD, ale – podobnie jak w wypadku schizofrenii – wydaje się, że można go wiązać z nasileniem objawów charakterystycznych dla tych stanów chorobowych.

Choć traktowanie niczego niepodejrzewających pacjentów filadelfijskiego szpitala jak laboratoryjnych szczurów może sprawić, że poczujemy ciarki, patrząc z pozycji świadomych i wyrażających zgodę uczestników badań w XXI wieku, to jednak w obrazowy sposób ilustruje ono wpływ pszenicy na pracę umysłu. Dlaczego zatem pszenica nasila schizofrenię, autyzm i ADHD? Co takiego jest w tym zbożu, że pogarsza ono psychozy i inne nienormalne zachowania?

Badacze z Narodowych Instytutów Zdrowia (National Institutes of Health – NIH) postanowili znaleźć niektóre odpowiedzi.

EGZORFINY – POŁĄCZENIE PSZENICY Z UMYSŁEM

Christine Zioudrou wraz z kolegami z NIH poddali gluten, główne białko pszenicy, symulowanemu procesowi trawienia, aby zobaczyć, co się dzieje, kiedy zjemy chleb lub inny produkt pszenny[11]. Wystawiony na działanie pepsyny (enzym żołądkowy) oraz kwasu solnego (również znajdującego się w żołądku) gluten zostaje rozłożony na mieszaninę polipeptydów. Następnie naukowcy wyodrębnili dominujące polipeptydy i podali je laboratoryjnym szczurom. Odkryto, że polipeptydy te mają osobliwą zdolność do przenikania bariery krew-mózg, która oddziela krwiobieg od mózgu. Ta bariera istnieje nie bez powodu – mózg jest bardzo wrażliwy na szeroką gamę substancji, które trafiają do krwi, a niektóre z nich mogą wywoływać niepożądane skutki, jeśli dostaną się do jądra migdałowatego, hipokampu, kory mózgowej lub innej części mózgu. Uzyskawszy dostęp do mózgu, polipeptydy pszenicy wiążą się z jego receptorem morfiny – tym samym, z którym wiążą się opioidy.

Zioudrou i jej koledzy nazwali te polipeptydy „egzorfinami", co jest skrótem od terminu „egzogenne (zewnętrzne) związki morfinopodobne", w odróżnieniu od endorfin, czyli „endogennych (powstających wewnątrz organizmu) związków morfinopodobnych", które pojawiają się na przykład podczas tak zwanej euforii biegacza. Główny polipeptyd przenikający barierę krew-mózg określono „gluteomorfiną", czyli morfinopodobnym związkiem powstałym z glutenu. Naukowcy domyślali się, że egzorfiny mogą być tymi aktywnymi składnikami pszenicy, które doprowadzają do pogorszenia objawów schizofrenii, zaobserwowanego między innymi w filadelfijskim szpitalu.

Jeszcze bardziej znamienne jest to, że działanie, jakie wywierają na mózg polipeptydy pochodzące z glutenu, jest blokowane przez podanie leku o nazwie nalokson.

Wyobraź sobie, że jesteś uzależnionym od heroiny narkomanem. Dostajesz cios nożem podczas jakiejś sprzeczki przy zakupie kolejnej działki i zostajesz przewieziony karetką na najbliższy oddział pomocy doraźnej. Ponieważ jesteś na haju, kopiesz i wrzeszczysz na personel, który próbuje ci pomóc. Więc ci mili ludzie przywiązują cię pasami do stołu, wstrzykują ci nalokson i natychmiast przestajesz być na haju. Dzięki chemicznej magii nalokson natychmiast przerywa działanie heroiny, a także każdego innego opioidu, takiego jak morfina czy oksykodon.

U zwierząt laboratoryjnych podanie naloksonu blokuje wiązanie się egzorfin pszenicy z receptorem morfiny w komórkach mózgowych. Blokujący opioidy nalokson nie pozwala wnikać do mózgu egzorfinom powstałym z pszenicy. Ten sam środek, który wyłącza heroinę w organizmie narkomana, blokuje też działanie pszenicznych egzorfin.

W prowadzonym przez Światową Organizację Zdrowia badaniu trzydziestu dwóch osób ze schizofrenią, cierpiących na poważne halucynacje słuchowe, wykazano, że nalokson ogranicza te objawy[12]. Niestety, następny krok – porównanie skutków podawania naloksonu schizofrenikom na „normalnej", zawierającej pszenicę diecie i chorym pozbawionym pszenicy – nie został poczyniony. (Badania kliniczne, które mogą prowadzić do wniosków nieprzemawiających za stosowaniem leku, często nie są dokonywane. W tym wypadku, gdyby nalokson pomagał tylko schizofrenikom spożywającym pszenicę, nieunikniony byłby wniosek, że zamiast przepisywać lek, należy wyeliminować pszenicę).

Doświadczenia ze schizofrenią dowodzą, że egzorfiny mogą w wyraźny sposób oddziaływać na mózg. Ci spośród nas, którzy nie cierpią na tę chorobę, nie mają omamów słuchowych po zjedzeniu cebulowego obwarzanka, ale zawarte w nim związki trafiają do naszych mózgów nie inaczej niż u schizofrenika. Powyższe stwierdzenia podkreślają naprawdę wyjątkowe cechy pszenicy, gdyż inne ziarna, na przykład proso albo siemię lniane, nie wytwarzają egzorfin (ponieważ nie zawierają glutenu) ani nie rozwijają obsesyjnych zachowań bądź głodu narkotycznego, zarówno u ludzi z mózgami normalnymi, jak i upośledzonymi.

Oto co wiemy o wpływie pszenicy na mózg: na skutek jej trawienia powstają morfinopodobne związki, które wiążą się w mózgu z receptorami opioidowymi. Pobudza to ośrodek nagrody i wywołuje stan lekkiej euforii. Kiedy to działanie jest blokowane albo gdy nie zostają spożyte żadne produkty wytwarzające egzorfiny, niektórzy ludzie doznają zdecydowanie przykrych objawów głodu narkotycznego.

Co się dzieje, kiedy normalni (to znaczy niecierpiący na schizofrenię) ludzie otrzymują leki blokujące opioidy? W badaniu przeprowadzonym w Instytucie Psychiatrii na Uniwersytecie Karoliny Południowej uczestnicy jedzący pszenicę po podaniu naloksonu spożywali o 33 procent mniej kalorii podczas lunchu i o 23 procent mniej kalorii przy obiedzie (łącznie przy dwóch posiłkach dawało to około 400 kalorii) w porównaniu z osobami otrzymującymi placebo[13]. Na Uniwersytecie Michigan osoby ze skłonnością do objadania się zamknięto na jedną godzinę w pokoju pełnym jedzenia. (Oto pomysł na program telewizyjny pt. *Kto najbardziej utyje*). Uczestnicy, którym podano nalokson, skonsumowali o 28 procent mniej pszennych krakersów, paluszków i precelków[14].

Innymi słowy, wystarczy zablokować nagrodę w postaci euforii, jaką daje pszenica, a spożycie kalorii spadnie, gdyż człowiek nie będzie już doznawał przyjemności, która skłania do ponownej konsumpcji. (Jak można się było spodziewać, przemysł farmaceutyczny zastosował tę strategię przy opracowywaniu leku odchudzającego, który zawiera naltrekson, doustny odpowiednik naloksonu. Specyfik ten ma blokować mezolimbiczny układ nagrody, położony w głębi ludzkiego mózgu i odpowiadający za powstawanie przyjemnych odczuć po podaniu heroiny, morfiny i innych substancji. W miejsce tych miłych doznań mogą pojawić się zaburzenia nastroju i poczucie niezadowolenia, więc naltrekson będzie łączony z bupropionem, lekiem przeciwdepresyjnym, stosowanym przy rzucaniu palenia).

Poczynając od objawów głodu narkotycznego, a na psychotycznych halucynacjach kończąc, nie można pomijać związku pszenicy z osobliwymi zjawiskami neurologicznymi. Podsumujmy:

• Pospolita pszenica wydziela po strawieniu polipeptydy, które mają zdolność wnikania do mózgu i wiązania się z receptorami opioidowymi.
• Działanie polipeptydów z pszenicy, tak zwanych egzorfin, na przykład gluteomorfiny, można zlikwidować za pomocą naloksonu i naltreksonu, leków blokujących opioidy.
• Podane zdrowym ludziom lub osobom z niekontrolowanym apetytem leki blokujące opioidy ograniczają chęć jedzenia, głód i spożycie kalorii, a także pogarszają nastrój. Skutki te wydają się szczególnie widoczne w wypadku produktów zawierających pszenicę.

Pszenica wydaje się jedynym pokarmem, który wywiera silny wpływ na centralny układ nerwowy. Poza środkami odurzającymi, takimi jak etanol (znajdujący się na przykład w twoim ulubionym merlocie albo chardonnayu), jest ona jednym z niewielu produktów żywnościowych, które potrafią zmieniać zachowanie, oddziaływać w przyjemny sposób na emocje i wywoływać objawy głodu narkotycznego po odstawieniu. Abyśmy mogli poznać te działania, potrzebna była obserwacja osób chorych na schizofrenię.

WIECZORNE NAPADY GŁODU POKONANE

Odkąd tylko pamiętam, Larry miał problemy z wagą. I nie potrafił tego zrozumieć: ćwiczył przecież do granic wytrzymałości. 80-kilometrowa jazda na rowerze nie była dla niego niczym niezwykłym, podobnie jak 25-kilometrowy marsz przez las albo przez pustynię. W ramach swojej pracy mógł podziwiać różne części Stanów Zjednoczonych. Często wyjeżdżał na południowy zachód kraju, gdzie urządzał sobie wędrówki trwające nawet po sześć godzin. Szczycił się także swoją zdrową dietą – ograniczył czerwone mięso i oleje, jadł mnóstwo warzyw i owoców, a także, owszem, całą masę „zdrowych produktów pełnoziarnistych".

Poznałem Larry'ego, gdy zgłosił się do mnie z powodu zaburzeń rytmu serca, z którym to problemem łatwo sobie poradziliśmy. Inną kwestię stanowiły wyniki badań jego krwi. Krótko mówiąc, to była katastrofa: glukoza na pograniczu cukrzycy, za wysoki poziom trójglicerydów (210 mg/dl), za niskie HDL (37 mg/dl), a 70 procent jego LDL stanowiły małe cząsteczki, wywołujące chorobę serca. Ważnym problemem było jego ciśnienie, którego wartość skurczowa (górna) osiągała 170 mm Hg, a rozkurczowa (dolna) 90 mm Hg. Ponadto przy wzroście 173 cm Larry ważył 110 kg, czyli miał jakieś 40 kg nadwagi.

„Nie pojmuję tego. Ćwiczę jak szalony. Naprawdę lubię ćwiczyć. A mimo to nie mogę, po prostu nie mogę schudnąć, bez względu na wszystko". Larry opowiedział mi o swych dietetycznych eskapadach, które obejmowały dietę składającą się wyłącznie z ryżu, programy oparte na napojach proteinowych, diety „odtruwające", a nawet hipnozę. Za każdym razem tracił kilka kilogramów, które natychmiast odzyskiwał. Przyznał się jednak do osobliwego braku umiaru: „Mam trudności z apetytem w nocy. Po obiedzie nie mogę oprzeć się temu, żeby czegoś nie dojeść. Staram się podjadać zdrowe rzeczy, na przykład pełnoziarniste precelki albo wielozbożowe krakersy z jogurtowym dipem. Ale czasami jem przez cały wieczór, dopóki nie położę się spać. Nie wiem dlaczego, ale zdarza się, że po prostu nie mogę przestać".

Zaleciłem Larry'emu usunięcie z diety najpotężniejszego środka pobudzającego apetyt – pszenicy. Spojrzał na mnie, jakby chciał powiedzieć: „Jeszcze jeden zwariowany pomysł!". Westchnąwszy głęboko, zgodził się spróbować. Przy czwórce nastolatków w domu usunięcie z półek wszystkich produktów zawierających pszenicę było sporym wyzwaniem, ale Larry i jego żona dokonali tego.

Sześć tygodni później Larry znowu zjawił się w moim gabinecie. Powiedział, że po trzech dniach jego wieczorne napady głodu całkowicie ustąpiły. Zjadał obiad, był syty i nie odczuwał potrzeby dojadania. Zauważył też, że ma znacznie mniejszy apetyt w ciągu dnia i że praktycznie nie odczuwa ochoty na przekąski. Stwierdził ponadto, iż teraz, gdy ma mniejsze łaknienie, jego spożycie kalorii oraz wielkość porcji stanowią ułamek ich dawnej wartości. Nie zmieniając swojego planu ćwiczeń, utracił „tylko" pięć kilogramów. Ale, co ważniejsze, nabrał przekonania, że odzyskał kontrolę nad swoim apetytem i zachciankami, choć wydawało mu się, że stracił ją przed wielu laty.

PSZENICA – ŚRODEK POBUDZAJĄCY APETYT

Kokainiści i nałogowi heroiniści, szprycujący się w ciemnych zakamarkach, bez skrupułów przyjmują substancje, które mieszają im w głowach. A co z praworządnymi obywatelami, takimi jak ty i twoja rodzina? Założę się, że kiedy mówisz o czymś odurzającym, masz na myśli mocną kawę albo wypicie w weekend o jedno piwo za dużo. Tymczasem spożywanie pszenicy oznacza, że mimowolnie połykasz najpospolitszy ze znanych pokarmów oddziałujących na umysł.

Pszenica jest tak naprawdę środkiem pobudzającym apetyt. Sprawia, że chcesz więcej – więcej herbatników, ciasteczek, precelków, cukierków, słodzonych napojów. Więcej obwarzanków, muffinek, placków taco, kanapek, pizzy. Sprawia, że masz apetyt zarówno na produkty pszenne, jak i te, które nie zawierają pszenicy. A ponadto, dla niektórych ludzi, pszenica jest narkotykiem, a w każdym razie wywołuje osobliwe, narkotykopodobne reakcje neurologiczne, które można zwalczać lekami podawanymi przy usuwaniu skutków działania narkotyków.

Jeżeli wzdragasz się na myśl o otrzymywaniu leku takiego jak nalokson, możesz zadać sobie pytanie: „Co będzie, jeżeli zamiast chemicznego blokowania wpływu pszenicy na mózg, po prostu całkowicie przestanę jeść pszenicę?". Zadawałem sobie dokładnie to samo pytanie. Jeśli potrafisz znieść głód narkotyczny (tak zwany „zespół abstynencyjny", choć nieprzyjemny, jest na ogół nieszkodliwy, o ile pominąć rozgoryczenie zirytowanego współmałżonka, przyjaciół i kolegów z pracy), zaobserwujesz, jak maleją napady głodu, spada spożycie kalorii, poprawia się nastrój i samopoczucie, chudniesz, a twój pszenny brzuch się kurczy.

Gdy zrozumiesz, że pszenica, a zwłaszcza egzorfiny z glutenu mogą powodować euforię, uzależniać i pobudzać apetyt, otrzymasz potencjalny środek kontrolowania wagi: rzuć pszenicę, zrzucisz wagę.

ROZDZIAŁ 5

TWÓJ PSZENNY BRZUCH ZACZYNA BYĆ WIDOCZNY – ZWIĄZEK PSZENICY Z OTYŁOŚCIĄ

Być może zdarzyło ci się przerobić ten scenariusz: spotykasz przyjaciółkę, z którą nie widzieliście się od jakiegoś czasu, i wołasz z radością: „Elizabeth! Kiedy masz termin?". Elizabeth po chwili przerwy pyta zaskoczona: „Termin? Nie bardzo wiem, o czym mówisz".

No i już wiesz, że udało ci się palnąć gafę, choć prawdą jest, że pszenny brzuch potrafi do złudzenia przypominać ciążę.

Dlaczego pszenica powoduje gromadzenie tłuszczu akurat na brzuchu, a nie, powiedzmy, na głowie, za lewym uchem albo na pupie? I dlaczego ma to znaczenie, jeśli pominąć niefortunne wpadki typu „nie jestem w ciąży"? I wreszcie, z jakiego powodu eliminacja pszenicy prowadzi do utraty brzusznego tłuszczu?

Zbadajmy wyjątkowe cechy budowy pszennego brzucha.

PSZENNY BRZUCH, WAŁECZKI TŁUSZCZU, MĘSKIE CYCKI I BANDZIOCHY

Oto ciekawe oznaki konsumowania współczesnego zboża, które nazywamy pszenicą. Pomarszczone lub gładkie, owłosione albo nagie, jędrne bądź zwiotczałe – pszenne brzuchy występują w tylu kształtach, kolorach i rozmiarach, co ludzie. Ale łączy je wszystkie ta sama ukryta przyczyna metaboliczna.

Chciałbym dowieść, że produkty wytworzone z pszenicy, bądź ją zawierające, przyczyniają się do tycia. Posunę się do stwierdzenia, że nadmiernie entuzjastyczna konsumpcja pszenicy jest główną przyczyną eksplozji otyłości i cukrzycy w Stanach Zjednoczonych. To jeden z powodów pojawiania się na całym świecie programów telewizyjnych z cyklu *Biggest Loser*[*] i przyczyna, dla której dzisiejsi sportowcy, na przykład baseballiści i trójboiści, są grubsi niż kiedykolwiek przedtem. Kiedy w samolocie nie możesz się ruszyć, bo miażdży cię 130-kilogramowy pasażer siedzący w sąsiednim fotelu, winę za to ponosi pszenica.

Słodzone napoje i siedzący tryb życia oczywiście nasilają ten problem. Jednak dla większości dbających o zdrowie ludzi, którzy unikają takich tuczących smakołyków i zachowań, głównym powodem przybierania na wadze jest pszenica.

Prawdę mówiąc, niewiarygodna żyła złota, jaką dla przemysłu spożywczego i farmaceutycznego stał się wzrost znaczenia pszenicy w amerykańskiej diecie, każe się zastanawiać, czy proces ten nie został w jakiś sposób spowodowany przez człowieka. Czy mogło być tak, że grupa bardzo wpływowych osób spotkała się gdzieś potajemnie w 1955 roku, nakreśliła nikczemny plan masowej produkcji wysokowydajnej i taniej pszenicy karłowatej, ukartowała rozpowszechnienie zaaprobowanego przez rząd zalecenia, aby spożywać „zdrowe produkty pełnoziarniste" i zapoczątkowała „Wielkie Żarcie", które pozwoliło jej sprzedawać przetworzone produkty pszenne za setki miliardów dolarów? A to wszystko doprowadziło do otyłości i konieczności wydawania dalszych miliardów dolarów na leczenie cukrzycy, chorób serca oraz wszystkich innych zdrowotnych konsekwencji nadmiaru wagi? Brzmi to absurdalnie, a jednak w pewnym sensie właśnie tak się stało. Oto w jaki sposób.

---

[*] W Polsce pod tytułem *Co masz do stracenia* – przyp. tłum.

PRIMADONNA PSZENNEGO BRZUCHA

Celeste nie czuła się najlepiej.

Ta 61-letnia kobieta powiedziała mi, że około trzydziestki utyła z 54 kilogramów, które stanowiły jej normalną wagę, do 61. Kiedy miała lat czterdzieści parę, zaczęło się dziać coś dziwnego – choć nie zmieniła w zasadniczy sposób przyzwyczajeń żywieniowych, „spuchła" stopniowo do 82,5 kilograma. „Nigdy aż tyle nie ważyłam", jęknęła.

Jako profesor sztuki współczesnej, Celeste obracała się wśród dość wytwornych ludzi, więc tusza wprawiała ją w ogromne zażenowanie i kompleksy. Toteż słuchała uważnie, kiedy wyjaśniałem jej moje podejście do diety, obejmujące eliminację produktów pszennych.

W ciągu pierwszych trzech miesięcy straciła 9,5 kilograma, co z nawiązką przekonało ją o skuteczności programu. Już w tym momencie musiała szperać w zakamarkach swej szafy, aby odnaleźć rzeczy, których nie mogła nosić przez ostatnich pięć lat.

Celeste przestrzegała diety, która, jak mi wyznała, szybko weszła jej w krew. Nie odczuwała napadów głodu, rzadko miewała ochotę na małe przekąski, bez trudu wytrzymywała od posiłku do posiłku. Zauważyła, że choć czasem praca uniemożliwiała jej zjedzenie lunchu lub obiadu, znosiła bez trudu dłuższe okresy bez jedzenia. Przypomniałem jej, że zdrowe przekąski, na przykład orzechy, krakersy z siemienia lnianego albo sery, pasują do jej programu. Ale ona stwierdziła, że przez większość czasu przekąski nie są jej potrzebne.

W czternaście miesięcy po rozpoczęciu „diety pszennego brzucha" Celeste nie mogła powstrzymać się od uśmiechu, kiedy wchodziła do mojego gabinetu. Ważyła 57,6 kilograma. Ostatni raz miała tyle jako trzydziestoparolatka. Zrzuciła 25 kilo, a jej obwód w talii zmniejszył się o 30 centymetrów, z 99 do 69. Nie dość, że mogła się zmieścić w sukienki rozmiaru 32, to jeszcze nie czuła się speszona, obracając się pomiędzy ludźmi ze swojego środowiska. Nie musiała już chować swojego obwisłego pszennego brzucha pod wieloma warstwami luźnych bluzek. Mogła dumnie nosić najbardziej obcisłą sukienkę koktajlową Oskara de la Renty, której nic nie wybrzuszało.

PÓŁPRAWDY O PEŁNYM ZIARNIE

W kręgach żywieniowców pełne ziarno jest dietetycznym pupilem. W rzeczywistości ten lansowany w Ameryce „zdrowy dla serca" składnik, produkt, którego, zdaniem dietetyków, należy jeść więcej, sprawia, że jesteśmy głodni i grubi – głodniejsi i grubsi niż kiedykolwiek wcześniej w historii ludzkości.

Porównajcie zdjęcia dziesięciu losowo wybranych współczesnych Amerykanów ze zdjęciami dziesięciu Amerykanów z początku XX wieku (bądź dowolnego wcześniejszego momentu, w którym istniała fotografia), a zauważycie uderzający kontrast: Amerykanie są dziś grubi. Według Centrum Kontroli Chorób 34,4 procent dorosłych ma dzisiaj nadwagę (BMI od 25 do 29,9), a kolejne 33,9 procent to ludzie otyli (BMI 30 lub więcej), czyli niespełna jedna osoba na trzy ma normalną wagę[1]. Od roku 1960 szeregi otyłych rosły najgwałtowniej i w ciągu tych pięćdziesięciu lat powiększyły się niemal trzykrotnie[2].

Podczas pierwszych dwustu lat historii naszego narodu niewielu Amerykanów cierpiało na nadwagę lub otyłość. (Większość danych dotyczących BMI sprzed XX wieku, jakimi dziś dysponujemy, pochodzi z pomiarów wagi i wzrostu prowadzonych przez amerykańskie wojsko. Pod koniec XIX wieku przeciętny mężczyzna służący w armii miał BMI poniżej 23,2 bez względu na wiek; w latach 90. XX wieku BMI przeciętnego żołnierza znacznie przekraczał granicę nadwagi[3]. Możemy spokojnie zakładać, że jeśli dotyczy to rekrutów, pośród ludności cywilnej ten wskaźnik wygląda znacznie gorzej). Waga rosła najszybciej, od chwili gdy amerykański Departament Rolnictwa i inne instytucje zaczęły mówić Amerykanom, co mają jeść. A zatem, o ile otyłość narastała stopniowo od lat 60., jej prawdziwe przyspieszenie rozpoczęło się w połowie lat 80.

Badania przeprowadzone w tamtym czasie i później wykazały, że kiedy przetworzone produkty z białej mąki zostają zastąpione produktami pełnoziarnistymi, następuje spadek liczby

przypadków raka okrężnicy, chorób serca i cukrzycy. To rzeczywiście jest prawdą i nie podlega dyskusji.

Zgodnie z ogólnie uznawaną mądrością dietetyczną, jeżeli
coś, co jest dla ciebie niedobre (biała mąka), zostaje zastąpione
czymś m n i e j niedobrym (produktami pełnoziarnistymi), to całe
mnóstwo tej mniej niedobrej rzeczy musi być czymś wspaniałym.
Idąc za tą logiką, jeśli papierosy z wysoką zawartością substancji
smolistych są złe, a papierosy z mniejszą zawartością smoły mniej
złe, cała masa papierosów o niskiej zawartości substancji smolistych powinna ci służyć. Ta analogia jest może niedoskonała, ale
ilustruje, jak błędne przesłanki doprowadziły do rozpowszechnie-
nia się zbóż w naszej diecie. Dorzućcie do tej mieszanki fakt, że
pszenica doznała szeroko zakrojonych przemian genetycznych,
a otrzymacie receptę na stworzenie narodu ludzi otyłych.

Amerykański Departament Rolnictwa i inne oficjalne czynniki opiniotwórcze twierdzą, że ponad dwie trzecie Amerykanów
zmaga się z nadwagą bądź otyłością dlatego, że są mało aktywni
albo żarłoczni. Siedzimy na naszych tłustych pupach, oglądając
zbyt wiele programów telewizyjnych, spędzamy za wiele czasu
w Internecie i za mało ćwiczymy. Pijemy za dużo słodzonych
napojów, jemy za dużo fast foodów i byle jakich przekąsek. To
przecież jasne, że nie da się zjeść tylko jednego chipsa!

Te nawyki są bez wątpienia złe i w końcu muszą fatalnie
wpłynąć na zdrowie. Ale spotykam całe mnóstwo ludzi, którzy
mówią mi, że podchodzą poważnie do oficjalnych zaleceń żywieniowych, unikają fast foodów i niezdrowego jedzenia, ćwiczą
godzinę każdego dnia, a mimo to tyją i tyją, i tyją. Wielu przestrzega wytycznych przedstawionych w piramidzie pokarmowej
Departamentu Rolnictwa (sześć do jedenastu porcji produktów
zbożowych dziennie, z których cztery lub więcej powinny być
pełnoziarniste) oraz zaleceń Amerykańskiego Stowarzyszenia
Serca bądź Amerykańskiego Stowarzyszenia Diabetologicznego.
Jaki jest filar tych wszystkich zaleceń żywieniowych? „Jedz więcej zdrowych produktów pełnoziarnistych".

Czy te organizacje są w zmowie z plantatorami pszenicy oraz wytwórcami ziarna siewnego i środków chemicznych? Tu chodzi o coś więcej. Tak naprawdę zalecenie: „Jedz więcej zdrowych produktów pełnoziarnistych" jest jedynie następstwem hasła „ogranicz tłuszcz", propagowanego przez medyczny establishment od lat 60. ubiegłego wieku. Na podstawie obserwacji epidemiologicznych, sugerujących, iż większe spożycie tłuszczu ma związek z wyższym poziomem cholesterolu i ryzykiem chorób serca, radzono Amerykanom ograniczenie ilości spożywanych tłuszczów, zwłaszcza nasyconych. Lukę kaloryczną, powstałą na skutek zmniejszonej konsumpcji tłuszczu, miały wypełnić produkty zbożowe. Przesłanie: „mniej tłuszczu, więcej zboża" okazało się również niezmiernie zyskowne dla przemysłu spożywczego, gdyż doprowadziło do eksplozji przetworzonych produktów żywnościowych. Surowce do wyrobu większości z nich kosztowały zaledwie kilka centów. Mąka pszenna, skrobia kukurydziana, syrop kukurydziany o wysokiej zawartości fruktozy i barwniki spożywcze to dzisiaj główne składniki produktów zapełniających centralne półki każdego nowoczesnego supermarketu. (Produkty przetworzone w mniejszym stopniu, takie jak warzywa, wyroby mięsne i nabiał, są na ogół umieszczane na obrzeżach tych samych sklepów). Dochody wielkich firm spożywczych wzrosły. Sam tylko koncern Kraft osiąga dziś 48,1 miliarda dolarów zysku rocznie; to wzrost o 1800 procent od końca lat 80. Znaczna część tego dochodu bierze się z przekąsek na bazie pszenicy i kukurydzy.

Tak jak przemysł tytoniowy wytworzył i utrzymał swój rynek dzięki uzależniającym właściwościom papierosów, tak samo spożywana pszenica sprawia, że głodny konsument jest bezradny. Z punktu widzenia sprzedawcy produktów spożywczych pszenica jest idealnym składnikiem towaru: im więcej jej zjesz, tym więcej jej chcesz. Sytuację przemysłu spożywczego poprawiły jeszcze bardziej entuzjastyczne zalecenia amerykańskiego rządu, nakłaniające obywateli do tego, aby jedli więcej „zdrowych produktów pełnoziarnistych".

CO GRUBE, TO LUBE – WYJĄTKOWE WŁAŚCIWOŚCI TŁUSZCZU TRZEWNEGO

Pszenica wywołuje sterowany przez insulinę cykl przesytu i głodu, któremu towarzyszą przypływy i odpływy euforii i wycofania, zaburzenia funkcji neurologicznych oraz uzależnienie, a wszystko to razem prowadzi do odkładania się tłuszczu.

Skrajne wartości cukru oraz insuliny odpowiadają za narastanie tłuszczu zwłaszcza w narządach brzusznych. Jeśli występują one w sposób cykliczny, dochodzi do gromadzenia się tłuszczu trzewnego, a tym samym do powstania przetłuszczonej wątroby, dwóch przetłuszczonych nerek, przetłuszczonej trzustki, grubego i cienkiego jelita, a także dobrze znanego objawu zewnętrznego w postaci pszennego brzucha. (Nawet serce staje się otłuszczone, ale nie można tego zobaczyć poprzez żebra).

Opona otaczająca talię jest widoczną oznaką tłuszczu trzewnego, który okrywa znajdujące się w brzuchu narządy i jest wynikiem powtarzania się przez miesiące, a nawet lata cyklów wysokiego poziomu cukru i insuliny we krwi, poprzedzającego sterowane przez insulinę odkładanie tłuszczu. Ten obwisły fałd otaczający brzuch powstaje w wyniku pęcznienia otłuszczonych narządów wewnętrznych. (Pytanie, dlaczego zaburzony metabolizm glukozowo-insulinowy powoduje akumulację tłuszczu akurat na brzuchu, a nie na lewym ramieniu albo na czubku głowy, wciąż zbija z tropu środowiska medyczne).

Tłuszcz na pośladkach lub udach jest dokładnie tym, co widać, niczym więcej, niczym mniej. Siedzisz na nim, wciskasz go w swoje dżinsy i lamentujesz nad cellulitem, którego jest przyczyną. Oznacza, że spożywasz więcej kalorii, niż wydatkujesz. Konsumpcja pszenicy przyczynia się do powstawania tłuszczu na pośladkach i udach, ale od strony metabolicznej jest to stosunkowo nieszkodliwe.

Tłuszcz trzewny jest inny. Wprawdzie twój partner może z miłością chwytać cię za „schabiki", jednak ten rodzaj tłuszczu ma wyjątkową zdolność wywoływania szerokiej gamy zjawisk zapalnych. Tłuszcz, który wypełnia i otacza pszenny brzuch, to wyjątkowa metaboliczna fabryka, działająca 24 godziny na dobę, przez 7 dni w tygodniu. Fabryka ta wytwarza sygnały zapalne i nieprawidłowe cytokiny, czyli cząsteczki przekazujące sygnały między komórkami, takie jak leptyna, rezystyna i czynnik martwicy nowotworu[4,5]. Im więcej jest trzewnego tłuszczu, tym więcej nieprawidłowych sygnałów zostaje wysłanych do krwiobiegu.

Cały zawarty w organizmie tłuszcz potrafi wytwarzać inną cytokinę, zwaną adiponektyną, ochronną cząsteczkę, która zmniejsza ryzyko choroby serca, cukrzycy i nadciśnienia. Jednak w miarę wzrostu ilości tłuszczu trzewnego jego zdolność do produkcji ochronnej adiponektyny maleje (z powodów, które nie są jasne)[6]. Niedobór adiponektyny, w połączeniu z zawyżonym poziomem leptyny, czynnika martwicy nowotworu, oraz innymi produktami zapalnymi stanowi podłoże nieprawidłowych reakcji insulinowych, cukrzycy, nadciśnienia i chorób serca[7]. Lista innych stanów chorobowych wywoływanych przez tłuszcz trzewny wydłuża się i obecnie obejmuje demencję, reumatoidalne zapalenie stawów oraz raka okrężnicy[8]. Dlatego obwód pasa stanowi niezaprzeczalny wskaźnik ryzyka tych wszystkich chorób, a także umieralności[9].

Tłuszcz trzewny nie tylko zwiększa liczbę sygnałów stanów zapalnych, ale także sam jest stanem zapalnym, gdyż zawiera obfite zbiorowiska zapalnych białych ciałek (makrofagów)[10]. Cząsteczki dokrewne i zapalne wytwarzane przez tłuszcz trzewny uchodzą (poprzez cyrkulację żylną, odprowadzającą krew z jelit) bezpośrednio do wątroby, która w wyniku tego reaguje produkcją kolejnego ciągu sygnałów zapalnych i nieprawidłowych białek.

Innymi słowy, w organizmie człowieka tłuszcz tłuszczowi nie jest równy. Ten zawarty w pszennym brzuchu ma specjalny status. Nie jest zwyczajnym, nieaktywnym składem nadmiaru kalorii pochodzących z pizzy, tylko, w praktyce, gruczołem do-

krewnym, podobnym do tarczycy albo trzustki, ale bardzo dużym
i aktywnym. (Jak na ironię, babcia miała rację, kiedy czterdzieści
lat temu twierdziła, że osoby otyłe mają „problem z gruczoła-
mi"). W przeciwieństwie do innych gruczołów wewnątrzwydziel-
niczych tłuszcz trzewny nie gra zgodnie z zasadami, lecz kieruje
się własnym kodeksem, niesprzyjającym zdrowiu organizmu.

A zatem pszenny brzuch jest nie tylko nieładny, ale także
straszliwie niezdrowy.

NADMIAR INSULINY

Dlaczego pszenica wpływa na masę ciała gorzej niż inne produkty?

Głównym zjawiskiem prowadzącym do wzrostu pszennego
brzucha jest wysoki poziom cukru (glukozy) we krwi, powodujący zwiększenie poziomu insuliny. (Insulina jest wydzielana
przez trzustkę w odpowiedzi na obecność cukru we krwi – im
wyższa jego zawartość, tym więcej potrzeba insuliny, aby wprowadzić go do komórek organizmu, na przykład mięśniowych lub
wątrobowych). Kiedy trzustka nie jest w stanie wytwarzać tyle
insuliny, ile potrzeba w związku ze wzrastającym poziomem cukru, rozwija się cukrzyca. Ale nie musisz być diabetykiem, żeby
dochodziło u ciebie do podwyższenia poziomu cukru i insuliny.
U osób, które nie chorują na cukrzycę, może występować wysoki poziom cukru, potrzebny do rozwoju pszennego brzucha,
zwłaszcza że produkty zawierające pszenicę niezwykle łatwo
przekształcają się w cukier.

Wysoki poziom insuliny we krwi wpływa na akumulację
tłuszczu trzewnego, która dla organizmu jest sposobem przechowywania nadmiaru energii. Kiedy dochodzi do nagromadzenia tłuszczu trzewnego, wywoływany przezeń zalew sygnałów zapalnych sprawia, że tkanki, takie jak mięśnie i wątroba,
w mniejszym stopniu reagują na insulinę. Jest to tak zwana

insulinooporność, która oznacza, że trzustka musi wytwarzać coraz większe ilości insuliny, aby zmetabolizować cukry. W końcu dochodzi do powstania błędnego koła zawierającego cykle zwiększonej insulinooporności, większej produkcji insuliny, większego odkładania tłuszczu trzewnego, ponownie wyższej insulinooporności i tak dalej.

Dietetycy już trzydzieści lat temu stwierdzili, że pszenica zwiększa poziom cukru we krwi bardziej niż biały cukier. Jak wspominaliśmy, indeks glikemiczny (IG) służy dietetykom do mierzenia, o ile poziom cukru we krwi wzrasta w ciągu 90–120 minut po spożyciu określonego produktu. Zgodnie z tą miarą pełnoziarnisty chleb ma IG o wartości 72, a IG zwykłego cukru wynosi 59 (choć w niektórych laboratoriach uzyskiwano rezultaty dochodzące do 65). Dla porównania fasola typu kidney ma IG o wartości 51, grejpfrut – 25, natomiast IG produktów, które nie zawierają węglowodanów, takich jak łosoś i orzechy włoskie, wynosi w zasadzie zero. Spożywanie tych produktów nie wpływa na poziom cukru we krwi. Prawdę mówiąc, poza nielicznymi wyjątkami, niewiele pokarmów ma tak wysoki IG jak produkty pszenne. Z wyjątkiem suszonych owoców obfitujących w cukier, takich jak daktyle i figi, pod względem IG z wyrobami pszennymi mogą się równać tylko takie produkty, jak mąka kukurydziana, mąka ryżowa, mąka ziemniaczana i tapioka. (Warto zauważyć, że są to akurat te węglowodany, których używa się do wyrobu produktów „bezglutenowych". Jeszcze o tym wspomnimy).

Ponieważ pszenny węglowodan, jakim jest wyjątkowo strawna amylopektyna A, powoduje większy wzrost poziomu cukru niż praktycznie każdy inny produkt – większy niż słodki batonik, cukier kryształ lub lody – przyczynia się też do większej produkcji insuliny. Więcej amylopektyny A oznacza wyższy poziom cukru, więcej insuliny, więcej odłożonego tłuszczu trzewnego... i większy pszenny brzuch.

Gdy dorzuci się do tego nieunikniony spadek poziomu cukru (hipoglikemię), naturalne następstwo wysokiego poziomu insuliny, nietrudno będzie zrozumieć, dlaczego tak często dochodzi potem do głodu, któremu trudno się oprzeć – to twój organizm próbuje cię bronić przed zagrożeniami, jakie niesie niski poziom cukru. Rozpaczliwie szukasz czegoś do zjedzenia, żeby podwyższyć poziom cukru, i rozpoczynasz kolejny cykl, który powtarza się co dwie godziny.

Twój mózg odpowiada na euforyczne skutki egzorfin wywołane pszenicą (i możliwość odczucia skutków głodu narkotycznego, jeśli nie dostarczysz sobie następnej „działki"), więc trudno się dziwić, że pszenny brzuch, który otacza twoją talię, staje się coraz większy i większy.

MĘSKIE BIUSTONOSZE SĄ NA PIERWSZYM PIĘTRZE

Pszenny brzuch to nie tylko problem natury kosmetycznej, ale także zjawisko o poważnych konsekwencjach zdrowotnych. Oprócz wytwarzania hormonów zapalnych, takich jak leptyna, tłuszcz trzewny jest również fabryką estrogenu, i to u obu płci. Tego samego estrogenu, który u dziewcząt wchodzących w okres dojrzewania powoduje rozwój cech żeńskich, na przykład poszerzanie się bioder i wzrost piersi.

Aż do klimakterium dorosłe kobiety mają wysoki poziom estrogenu. Jednakże jego nadmiar wywołany przez tłuszcz trzewny w poważnym stopniu zwiększa ryzyko raka piersi, gdyż estrogen w wysokim stężeniu pobudza tkankę piersiową[11]. Stwierdzono, że nadmierna ilość tłuszczu trzewnego u kobiet zwiększa ryzyko wystąpienia raka piersi aż czterokrotnie. Ryzyko raka piersi u otyłych kobiet, które przeszły już menopauzę, jest dwa razy większe niż u szczupłych kobiet na tym samym etapie życia[12]. Choć może się to wydawać niewiarygodne, pomimo wyraźnego związku nie przeprowadzono żadnych badań dotyczących wpływu bezpszennej diety, pozwalającej pozbyć się trzewnego tłuszczu i pszennego brzucha, na częstotliwość występowania raka piersi. A można przewidywać, że gdybyśmy po prostu połączyli ze sobą poszczególne elementy układanki, dostrzeglibyśmy wyraźny spadek zagrożenia tą chorobą.

Mężczyźni, mimo że w porównaniu z kobietami mają jedynie maleńki ułamek estrogenu, są wrażliwi na wszystko, co podwyższa jego poziom. Im większy mają pszenny brzuch, tym więcej estrogenu wytwarza ich trzewna tkanka tłuszczowa. Ponieważ estrogen pobudza rozwój tkanki piersiowej, jego podwyższony poziom może powodować wzrost piersi – tych budzących grozę „męskich cycków". Ci z was, którzy wolą bardziej profesjonalne określenia, nazwą to ginekomastią[13]. Tłuszcz trzewny potrafi również doprowadzić do wzrostu (nawet siedmiokrotnego) hormonu zwanego prolaktyną[14]. Jak sugeruje nazwa (prolaktyna znaczy „stymulująca laktację"), wysoki poziom tego hormonu sprzyja rozwojowi tkanki piersiowej i wytwarzaniu mleka.

Powiększone piersi u mężczyzn stanowią nie tylko żenujący szczegół powierzchowności, z którego może się naśmiewać irytujący siostrzeniec, ale też nieomylny dowód na to, że poziomy estrogenu i prolaktyny są podwyższone w wyniku stanu zapalnego i działalności hormonalnej fabryki zwisającej wokół talii.

Z pomocą mężczyznom zakłopotanym swoimi powiększonymi piersiami spieszą różne branże. Liczba operacji zmniejszających te piersi rośnie w całym kraju w tempie dwucyfrowym. Do innych „rozwiązań" należą specjalna odzież, kamizelki uciskowe i programy ćwiczeń. (Może Kramer z serialu *Seinfeld* nie był aż tak bardzo szalony, kiedy wymyślił męski biustonosz).

Podwyższony estrogen, rak piersi, męskie piersi... a to wszystko z powodu torebki obwarzanków zjedzonych w biurze.

CELIAKIA – LABORATORIUM UTRATY WAGI

Jak już wspomniano, jedyną chorobą, którą ponad wszelką wątpliwość powiązano z pszenicą, jest celiakia. Chorym zaleca się wyeliminowanie z diety wszelkich produktów pszennych, aby nie dopuścić do wystąpienia nieprzyjemnych komplikacji ich choroby. Czego ich doświadczenia mogą nas nauczyć, jeśli chodzi o skutki rezygnacji z pszenicy? Prawdę mówiąc, badania kliniczne osób z chorobą trzewną, które usunęły ze swej diety produkty pszenne zawierające gluten, są skarbnicą wiedzy na temat utraty wagi.

Niedoinformowanie lekarzy na temat celiakii, połączone z jej wieloma nietypowymi przejawami (takimi jak zmęczenie albo migrenowe bóle głowy bez symptomów jelitowych), prowadzi do tego, że średnie opóźnienie pomiędzy wystąpieniem objawów a diagnozą wynosi j e d e n a ś c i e   l a t[15,16]. Dlatego do czasu rozpoznania choroby osoby cierpiące na celiakię mogą popaść w stan poważnego niedożywienia na skutek zaburzonego wchłaniania składników pokarmowych. Dotyczy to zwłaszcza dzieci z chorobą trzewną, które częstokroć mają niedowagę, a przy tym są zbyt słabo rozwinięte jak na swój wiek[17].

Niektórzy celiacy są w znacznym stopniu wychudzeni w momencie, kiedy zostaje określona przyczyna ich choroby. Przeprowadzone w 2010 roku na Uniwersytecie Columbia badanie 369 osób z celiakią objęło 64 uczestników (17,3 procent) z niewiarygodnym wskaźnikiem masy ciała wynoszącym 18,5 lub niższym[18]. (BMI 18,5 w przypadku kobiety mierzącej 163 cm oznacza wagę 47,6 kg, a u 178-centymetrowego mężczyzny 60 kilogramów). Po latach kiepskiego wchłaniania składników odżywczych i kalorii, pogarszanego częstymi biegunkami, osoby cierpiące na celiakię są często wychudzone, niedożywione i z trudem utrzymują wagę.

Wyeliminowanie pszennego glutenu usuwa szkodliwy czynnik, który niszczy nabłonek jelit. Regeneracja tej wyściółki umożliwia lepsze wchłanianie witamin, minerałów i kalorii, toteż na skutek lepszego odżywienia waga wychudzonych, niedożywionych celiaków zaczyna rosnąć.

Celiakia była tradycyjnie uważana za plagę dotykącą dzieci i wyniszczonych dorosłych. Jednak znawcy tej choroby zaobserwowali, że w ciągu ostatnich trzydziestu, czterdziestu lat pacjenci, u których zdiagnozowano celiakię, coraz częściej mają nadwagę albo są otyli. Jedno z niedawnych, obejmujących okres dziesięciu lat, zestawień takich pacjentów wykazało, że 39 procent z nich miało nadwagę (BMI 25 do 29,9), a 13 procent cierpiało na otyłość (BMI ≥ 30)[19]. Zgodnie z tą oceną ponad połowa osób, u których stwierdza się obecnie chorobę trzewną, to ludzie z nadwagą lub otyli.

Jeśli skupimy się tylko na osobach z nadwagą, które nie są poważnie niedożywione w momencie stawiania diagnozy, zauważymy, że chorzy na celiakię tak naprawdę znacząco tracą na wadze z chwilą wyeliminowania pszennego glutenu. W ramach badania prowadzonego przez Klinikę Mayo i Uniwersytet Iowa obserwowano 215 pacjentów chorych na celiakię po wyeliminowaniu glutenu. W ciągu pierwszych sześciu miesięcy u 27,5 procent tych, którzy zaczynali jako osoby otyłe, odnotowano spadek masy ciała wynoszący średnio 12,5 kilograma[20]. We wspomnianym wcześniej badaniu na Uniwersytecie Columbia rezygnacja z pszenicy spowodowała zmniejszenie liczby przypadków otyłości o połowę w ciągu roku, a ponad 50 procent uczestników o początkowym BMI kwalifikującym ich do grupy osób z nadwagą (25 do 29,9) schudło średnio o 11,8 kilograma[21]. Peter Green, główny gastroenterolog biorący udział w tym badaniu i profesor medycyny klinicznej na Uniwersytecie Columbia, twierdzi, że „nie jest jasne, czy to zmniejszona liczba kalorii czy też jakiś inny czynnik" odpowiada za utratę masy ciała przy diecie bezglutenowej. W świetle tego wszystkiego, co zostało dotąd powiedziane, czyż nie jest jasne, że do zrzucenia tej imponującej liczby kilogramów doprowadziła eliminacja pszenicy?

Podobnych obserwacji dokonano u dzieci. Te z nich, które chorują na celiakię, po wyeliminowaniu glutenu zyskują masę mięśniową i na nowo zaczynają normalnie rosnąć, ale mają przy tym mniej tkanki tłuszczowej w porównaniu z dziećmi bez celiakii[22]. (Śledzenie zmian wagi u dzieci jest skomplikowane, bo bezustannie rosną). Inne badanie wykazało, że 50 procent otyłych dzieci z celiakią zbliżyło się do normalnego BMI po wyeliminowaniu pszennego glutenu[23].

Niesamowite jest to, że poza usunięciem glutenu dieta pacjentów z celiakią nie podlega innym ograniczeniom. Nie trzeba narzucać chorym żadnych programów mających na celu utratę wagi – wystarcza wyeliminowanie glutenu. Nie stosuje się żadnego liczenia kalorii, kontrolowania wielkości porcji, ćwiczeń czy jakichkolwiek innych działań odchudzających... Rezygnuje się tylko z pszenicy. Nie ma żadnych zaleceń dotyczących zawartości węglowodanów lub tłuszczu w produktach żywnościowych, jest tylko likwidacja pszennego glutenu. Dla niektórych oznacza to włączenie do swojej diety produktów „bezglutenowych", takich jak chleby, ciastka i herbatniki, w ilościach powodujących wzrost wagi, czasami dramatyczny. (Jak powiemy później, jeżeli waszym celem jest utrata wagi, ważne jest, abyście nie zastępowali jednego tuczącego produktu, pszenicy, zestawem innych tuczących pokarmów w postaci produktów bezglutenowych). Tymczasem w wielu programach bezglutenowych zachęca się chorych do spożywania tego typu żywności. Pomimo tych ułomnych zaleceń dietetycznych jedno pozostaje faktem: celiacy z nadwagą znacząco chudną po wyeliminowaniu pszennego glutenu.

Naukowcy prowadzący wspomniane wyżej badania, choć podejrzewają „inne czynniki", nigdy nie przedstawili hipotezy, że utrata masy ciała wynika z eliminacji produktu, który wywołuje jej ogromny wzrost, to znaczy pszenicy.

Co ciekawe, po przejściu na dietę bezglutenową pacjenci spożywali znacznie mniej kalorii w porównaniu z pacjentami niestosującymi diety, pomimo iż inne produkty nie były ograniczane. Na dietach bezglutenowych dzienne spożycie kalorii było o 14 procent mniejsze[24]. Inne badanie wykazało, że chorzy na celiakię, którzy ściśle przestrzegali eliminacji glutenu, przyjmowali dziennie o 418 kalorii mniej niż ci celiacy, którzy nie stosowali zaleceń i dopuszczali gluten do swojej diety[25]. Dla kogoś, kto spożywa dziennie 2500 kalorii, oznacza to redukcję o 16,7 procent. Domyślacie się, jak to wpływa na wagę?

Znamienne dla uprzedzeń, jakie występują w konwencjonalnym dogmacie żywieniowym, jest to, że naukowcy prowadzący pierwsze ze wzmiankowanych badań określili dietę stosowaną przez uczestników walczących z celiakią jako „niezbilansowaną", ponieważ nie zawierała ona makaronu, chleba ani pizzy, natomiast obejmowała „nieprawidłowe pokarmy naturalne" (owszem, tak to właśnie nazwali), takie jak mięso, jaja i ser. Innymi słowy, badacze dowiedli wartości bezpszennej diety, która ogranicza apetyt i wymaga czerpania kalorii z prawdziwego pożywienia, nie mając takiego zamiaru, a prawdę mówiąc, nawet nie uświadamiając sobie, że tego dokonali. W niedawnym przeglądzie badań nad celiakią, opracowanym przez dwóch wysoko cenionych ekspertów w tej dziedzinie, nie wspomina się o utracie masy ciała na skutek eliminacji glutenu[26]. Ale ten wniosek nasuwa się sam: zrezygnuj z pszenicy, a stracisz na wadze. Autorzy tych badań wydają się lekceważyć utratę masy ciała będącą skutkiem bezglutenowej diety, przypisując ją raczej ograniczeniu różnorodności pokarmów na skutek eliminacji pszenicy, a nie samej eliminacji pszenicy. (Jak się później przekonacie, rezygnacja z pszenicy nie prowadzi do braku różnorodności w diecie; bezpszenny styl życia dopuszcza mnóstwo wspaniałych produktów żywnościowych).

Niezależnie od tego, czy wynika to z braku egzorfin, z ograniczenia cyklu glukozowo-insulinowego, który wywołuje głód, czy z jakiegoś innego czynnika – faktem jest, że wyeliminowanie pszenicy zmniejsza dzienne spożycie o 350 do 400 kalorii – bez żadnych dalszych ograniczeń w liczbie kalorii, ilości tłuszczów, węglowodanów lub wielkości porcji. Żadnych mniejszych talerzy, dłuższego żucia lub częstych, ale małych posiłków. Wystarczy przepędzenie pszenicy ze stołu.

Nie ma powodu, by uważać, że utrata masy ciała na skutek eliminacji pszenicy dotyczy wyłącznie osób cierpiących na celiakię. Zasada ta sprawdza się zarówno u osób wrażliwych na gluten, jak i tych, u których ta wrażliwość nie występuje.

Jeśli ekstrapolujemy skutki wyeliminowania pszenicy u celiaków na ludzi, którzy nie cierpią na chorobę trzewną, jak ja to robiłem u tysięcy pacjentów, zauważymy to samo zjawisko: radykalną i natychmiastową utratę masy ciała, podobną do tej, jaką odnotowywano u otyłych pacjentów chorych na celiakię.

ZRZUĆ PSZENNY BRZUCH

Cztery i pół kilo w dwa tygodnie! Wiem, to brzmi jak kolejna reklama telewizyjna, zachwalająca najnowszy „szybki program odchudzający".

Ale ja widywałem to raz po raz: rezygnujecie z pszenicy w jej niezliczonych postaciach, a tusza zaczyna topnieć, czasami nawet po pół kilograma dziennie. Nie potrzeba żadnych tanich chwytów reklamowych, żadnych specjalnych posiłków ani formuł, żadnych „koktajli zastępujących posiłki" ani „oczyszczających kuracji".

Oczywiście utrata masy ciała w tym tempie jest możliwa tylko przez pewien czas, inaczej zostałaby z was garstka proszku. Lecz na początku szybkość, z jaką się chudnie, może być szokująca – jest nieomal taka, jakby się w ogóle niczego nie jadło. To zjawisko jest dla mnie fascynujące: dlaczego eliminacja pszenicy doprowadza do utraty wagi równie szybko jak głodówka? Przypuszczam, że chodzi tu o powstrzymanie cyklu glukozowo-insulinowego w połączeniu z naturalnym ograniczeniem spożycia kalorii, które z niego wynika. W swojej praktyce widywałem to wielokrotnie.

Odstawienie pszenicy jest często elementem diet niskowęglowodanowych. Przybywa badań klinicznych dowodzących korzyści, jakie przynoszą takie diety[27,28]. Prawdę mówiąc, skuteczność tych programów zasadza się w znacznym stopniu na wyeliminowaniu pszenicy, co wynika również z moich doświadczeń. Ograniczcie węglowodany, a siłą rzeczy zmniejszycie ilość spożywanej pszenicy. Ponieważ to zboże dominuje w dietach większości żyjących dzisiaj dorosłych, rezygnacja z niego usuwa największe

źródło problemów. (Byłem też świadkiem tego, jak niskowęglowodanowe diety zawodzą, bo jedynym pozostawionym węglowodanem były w nich produkty zawierające pszenicę).

Cukier i inne węglowodany też mają swoje znaczenie. Innymi
słowy, jeśli wyeliminujecie pszenicę, ale każdego dnia będziecie
pić słodzone napoje i jeść słodkie batoniki oraz kukurydziane
chipsy, zmarnujecie większość pożytków, jakie przyniesie wam
rezygnacja z tego zboża. Większość rozsądnie myślących osób
wie, że aby schudnąć, trzeba przestać się objadać i opijać produktami bogatymi w cukier. Wygląda na to, że rezygnacja z pszenicy
nie jest rozwiązaniem, które nasuwa się intuicyjnie.

Jej wyeliminowanie jest powszechnie niedocenianą metodą
szybkiej i gruntownej utraty masy ciała, zwłaszcza w postaci
tłuszczu trzewnego. Tysiące razy widywałem skutki utraty pszennego brzucha: odstawiasz pszenicę, a waga spada gwałtownie
i bez wysiłku, często o 20, 30, 50, a nawet więcej kilogramów
w ciągu roku, zależnie od nadmiaru, który występował na początku. Pośród ostatnich trzydziestu pacjentów mojej poradni,
którzy zrezygnowali z pszenicy, średnia utrata masy ciała wynosiła 12,1 kg w ciągu niecałych 6 miesięcy.

Niesamowitą rzeczą, jaką daje wyeliminowanie pszenicy – produktu, który wyzwala apetyt i rodzi uzależnienie – jest początek
całkowicie nowego podejścia do żywienia – jem dlatego, że w ten
sposób dostarczam organizmowi fizjologicznej energii, która jest
mi potrzebna, a nie dlatego, że jakiś składnik pokarmowy naci-
ska „guzik", który włącza mój apetyt, każąc konsumować coraz
więcej i więcej. Lunch w południe będzie cię interesował tylko
w umiarkowanym stopniu, bez trudności ominiesz stoisko piekar-
nicze w sklepie spożywczym i zrezygnujesz z pączków w pokoju
śniadaniowym w swoim biurze. Zerwiesz z wywoływaną przez
pszenicę bezsilnością, która kazała ci jeść więcej i więcej, i więcej.

To całkowicie logiczne: wyeliminowanie produktów prowadzących do nadmiernego wzrostu poziomu cukru i reakcji insulinowych likwiduje cykl głodu i chwilowego przesytu, usuwa

47 KILOGRAMÓW W DÓŁ... I JESZCZE 9

Kiedy poznałem Geno, prezentował znany mi wygląd: był poszarzały, zmęczony, niemal zaniedbany. Przy wzroście 178 centymetrów jego 146 kilogramów dawało spory pszenny brzuch ponad paskiem. Geno przyszedł do mnie po poradę w sprawie programu zapobiegania zawałom, do czego skłonił go nieprawidłowy wynik skanowania serca, wskazujący na stwardnienie tętnic wieńcowych i ryzyko zawału.

Jak można się było spodziewać, tuszy Geno towarzyszyło wiele nieprawidłowych wskaźników metabolicznych, takich jak wysoki poziom cukru we krwi, przekraczający wartość uznawaną za cukrzycę, wysokie trójglicerydy, niski cholesterol HDL oraz kilka innych wartości, przyczyniających się do występowania płytki miażdżycowej i zagrożenia chorobą serca.

Jakoś zdołałem do niego dotrzeć, choć reprezentował na pozór obojętną postawę. Jak myślę, pomogło to, że uzyskałem wsparcie od głównej kucharki i zaopatrzeniowca Geno, czyli jego żony. Początkowo mój pacjent był zaskoczony pomysłem wyeliminowania wszystkich „zdrowych produktów pełnoziarnistych", w tym jego ukochanego makaronu, i zastąpienia ich produktami, które uważał za niejadalne, takimi jak orzechy, jajka, ser i mięso.

Po sześciu miesiącach Geno powrócił do mojego gabinetu. Chyba nie przesadzę, jeśli stwierdzę, iż był odmieniony. Żywy, uważny i uśmiechnięty Geno powiedział mi, że jego życie wygląda teraz inaczej. Nie dość, że schudł o 29 kilo, a obwód jego talii zmalał w ciągu tego półrocza o 36 centymetrów, to jeszcze odzyskał energię z czasów młodości, znowu miał ochotę spotykać się z przyjaciółmi, podróżować z żoną, spacerować i jeździć na rowerze, sypiał głębiej i na nowo odkrył w sobie optymizm. Jego wyniki potwierdzały to wszystko – poziom cukru był w granicach normy, cholesterol HDL podwoił swoją wartość, trójglicerydy spadły z kilkuset miligramów do normalnego poziomu.

Po kolejnych sześciu miesiącach Geno stracił następne 18 kilogramów i ważył teraz 99 – w ciągu jednego roku schudł ogółem o 47 kilogramów.

„Moim celem jest 90 kilo, tyle, ile ważyłem w czasie ślubu", powiedział. „No, to zostało mi jeszcze tylko dziewięć", dodał z uśmiechem.

dietetyczne źródło uzależniających egzorfin i w większym stopniu pozwala zadowolić się mniejszą ilością jedzenia. Tusza znika i organizm wraca do wagi właściwej pod względem fizjologicznym. Osobliwy i szpetny pierścień wokół talii odchodzi w niepamięć. Czas pożegnać się ze swoim pszennym brzuchem.

ŻYJ BEZGLUTENOWO, ALE NIE JEDZ TEGO, CO „BEZGLUTENOWE"

Gluten jest głównym białkiem pszenicy i, jak już wyjaśniłem, odpowiada za niektóre, choć nie wszystkie, niepożądane skutki konsumpcji tego zboża. To gluten wywołuje zmiany zapalne jelit występujące w celiakii, dlatego ludzie chorujący na chorobę trzewną muszą skrupulatnie unikać zawierających go pokarmów. Oznacza to rezygnację z pszenicy, a także innych zbóż niepozbawionych glutenu, takich jak jęczmień, żyto, orkisz, pszenżyto, pszenica kamut i być może także owies*. Osoby z celiakią często szukają „bezglutenowych" pokarmów imitujących produkty zawierające pszenicę. Powstało wiele gałęzi przemysłu, które zaspokajają ich potrzeby, produkując bezglutenową żywność: od chleba, po ciastka i desery.

Jednak w wielu produktach bezglutenowych zamiast mąki pszennej stosuje się skrobię kukurydzianą, ryżową albo ziemniaczaną, bądź tapiokę (skrobię uzyskiwaną z manioku). Jest to szczególnie niebezpieczne dla osób pragnących zrzucić 10, 15 albo więcej kilogramów, bo choć produkty bezglutenowe nie wywołują reakcji odpornościowych czy neurologicznych, tak jak gluten, są przyczyną reakcji glukozowo-insulinowej prowadzącej do tycia. Wyroby pszenne podwyższają poziom cukru oraz insuliny bardziej niż większość innych pokarmów. Lecz pamiętajcie: produkty wytworzone z udziałem mąki kukurydzianej, ryżowej, ziemniaczanej albo tapioki należą do nielicznych po-

---

* Kwestię owsa w diecie bezglutenowej wyjaśniono w dalszej części książki – przyp. red.

karmów, które zwiększają poziom cukru we krwi nawet bardziej niż produkty pszenne.

A zatem żywność bezglutenowa nie jest bezproblemowa. Zapewne to właśnie ona jest przyczyną, dla której niektórzy celiacy z nadwagą nie mogą schudnąć pomimo odstawienia pszenicy. W moim przekonaniu produkty bezglutenowe nie mają do spełnienia żadnej roli poza okazjonalnym sprawieniem przyjemności, gdyż ich wpływ na przemianę materii nie różni się za bardzo od wpływu, jaki wywiera miseczka żelków.

Tak więc w rezygnacji z pszenicy nie chodzi tylko o wyeliminowanie glutenu. Usunięcie jej z diety oznacza wyłączenie pszennej amylopektyny A, odmiany węglowodanu złożonego, która podwyższa poziom cukru we krwi bardziej niż biały cukier lub słodkie batoniki. Lecz nie chcecie przecież zastępować amylopektyny A błyskawicznie wchłanianymi węglowodanami z mąki ryżowej, kukurydzianej lub ziemniaczanej, albo z tapioki. Innymi słowy, nie zamieniajcie kalorii z pszenicy na szybko wchłaniane węglowodany, które powodują wytwarzanie insuliny i odkładanie tłuszczu trzewnego. I unikajcie bezglutenowych produktów, jeśli żyjecie bezglutenowo.

W dalszej części książki omówię kulisy rezygnacji z pszenicy i wyjaśnię, jak sobie radzić ze wszystkim: od doboru zdrowych pokarmów zastępczych po pszenny głód narkotyczny. Pokażę, jak to wygląda na pierwszej linii frontu, gdyż poznałem tysiące ludzi, którym się to udało.

Jednak zanim przejdziemy do szczegółów związanych z eliminacją pszenicy, porozmawiajmy o chorobie trzewnej. Nawet jeżeli nie cierpicie na tę wyniszczającą dolegliwość, zrozumienie jej przyczyn i poznanie metod leczenia będzie przydatną podstawą do myślenia o pszenicy i jej roli w ludzkiej diecie. Ta choroba nie tylko mówi nam wiele o utracie masy ciała, ale dostarcza też innych przydatnych spostrzeżeń zdrowotnych osobom, które nie muszą się z nią zmagać.

Odłóżcie więc tę cynamonową babeczkę i pomówmy o celiakii.

ROZDZIAŁ 6

PSZENICA W JELITACH. POROZMAWIAJMY O CELIAKII

Biedne, niczego niepodejrzewające jelita każdego dnia wykonują swoją pracę, przepychając częściowo strawione reszki twojego ostatniego posiłku przez ponadsześciometrowy odcinek zwany jelitem cienkim, 120 centymetrów jelita grubego i w końcu wyrzucając na zewnątrz to coś, co dominuje w rozmowach większości emerytów. Nigdy nie przestają, żeby odpocząć, tylko po prostu robią swoje, nie prosząc o podwyżkę ani opiekę zdrowotną. Faszerowane jajka, pieczony kurczak lub sałatka ze szpinakiem przekształcają się tam w dobrze znany produkt trawienia, zabarwiony bilirubiną półstały odpad, który w naszym nowoczesnym społeczeństwie spłukuje się po prostu w toalecie bez zadawania zbędnych pytań.

Lecz oto wkracza intruz, który może zakłócić cały ten radosny system – pszenny gluten.

Po kilku milionach lat, w trakcie których *Homo sapiens* i nasi bliżsi przodkowie odżywiali się tymi ograniczonymi zasobami, jakie zapewniało im łowiectwo i zbieractwo, w ludzkiej diecie pojawiła się pszenica. Jej spożycie jest praktyką, która trwa od zaledwie dziesięciu tysięcy lat. To zbyt krótki okres – 300 pokoleń – by wszyscy ludzie przystosowali się do tej wyjątkowej rośliny.

Najdramatyczniejszym dowodem nieudanej adaptacji jest celiakia, choroba trzewna, stanowiąca zaburzenie zdrowia jelita cienkiego przez pszenny gluten. Istnieją wprawdzie inne przykłady
nieudanych przystosowań do pokarmów, takie jak nietolerancja
laktozy, lecz celiakia wyróżnia się dotkliwością reakcji i niesłychanie zróżnicowanymi objawami.

Nawet jeżeli nie cierpisz na celiakię, namawiam cię do dalszego
czytania. *Dieta bez pszenicy* nie jest książką o chorobie trzewnej,
ale nie można rozmawiać o wpływie pszenicy na zdrowie, nie
wspominając o celiakii. Ta choroba jest prototypem nietolerancji
pszenicy, punktem odniesienia, z którym porównujemy wszystkie inne formy tej nietolerancji. Ponadto występuje coraz częściej
– w ciągu ostatnich pięćdziesięciu lat liczba jej przypadków wzrosła
czterokrotnie. Moim zdaniem ten fakt odzwierciedla przemiany,
jakie przeszła sama pszenica. Jeśli nie masz celiakii w wieku lat
dwudziestu pięciu, to wcale nie znaczy, że nie rozwinie się ona
u ciebie dwadzieścia lat później. Ta choroba, poza zaburzaniem
pracy jelit, coraz częściej objawia się w różnych nowych postaciach.
Nawet jeżeli od strony jelitowej twoje zdrowie nie budzi zastrzeżeń
i pod względem udanych wizyt w toalecie możesz konkurować ze
swoją babcią, nie masz pewności, że jakiś inny układ organizmu
nie jest atakowany w celiakiopodobny sposób.

Kwieciste opisy charakterystycznych dla celiaków zmagań
z biegunką zapoczątkował w roku 100 n.e. grecki lekarz Areteusz z Kapadocji, który zalecał chorym post. W ciągu następnych
stuleci nie brakowało teorii usiłujących wyjaśnić, dlaczego cierpiących na chorobę trzewną nękają uporczywe biegunki, skurcze
i niedożywienie. Stawały się one podstawą bezcelowych kuracji,
takich jak podawanie oleju rycynowego, częste lewatywy oraz
jedzenie wyłącznie przypiekanego chleba. Zdarzały się nawet
metody prowadzące do pewnych sukcesów, na przykład dieta
złożona z samych małży, zalecana przez doktora Samuela Gee
w latach 80. XIX wieku, albo dieta w postaci ośmiu bananów
dziennie, doktora Sidneya Haasa[1].

Związku pomiędzy celiakią a konsumpcją pszenicy dopatrzył się w 1953 roku holenderski pediatra Willem-Karel Dicke. Pierwsze podejrzenia wywołała przypadkowa obserwacja matki dziecka z celiakią, która zauważyła, że wysypka jej syna zanika, kiedy nie podaje mu chleba. Podczas trudności aprowizacyjnych pod koniec drugiej wojny światowej, kiedy chleba było mało, doktor Dicke dostrzegał ustępowanie objawów celiakii u dzieci, po czym był świadkiem pogorszenia ich zdrowia, kiedy szwedzkie samoloty z pomocą humanitarną zrzuciły chleb na Holandię. Dokonane przez niego skrupulatne pomiary rozwoju dzieci i zawartości tłuszczu w stolcu potwierdziły, że przyczyną groźnych dla życia kłopotów jest gluten zawarty w pszenicy, jęczmieniu i życie. Eliminacja glutenu prowadziła do imponujących uzdrowień; było to udoskonalenie diet opartych na bananach i małżach[2].

Choć celiakia nie jest najpowszechniejszym przejawem nietolerancji pszenicy, stanowi żywą i dramatyczną ilustrację tego, co zboże to może zdziałać w zetknięciu z nieprzygotowanym ludzkim jelitem.

MOC TKWIĄCA W BUŁCE TARTEJ

Celiakia to poważna sprawa. Trudno doprawdy uwierzyć, że chorobę tak destrukcyjną, potencjalnie śmiertelną, może wywołać coś tak małego i na pozór niewinnego, jak bułka tarta lub grzanka.

Około 1 procenta populacji nie toleruje pszennego glutenu nawet w małych ilościach. Jeśli podacie takiemu człowiekowi gluten, wyściółka jego jelita cienkiego – delikatna bariera, która oddziela powstający kał od reszty organizmu – rozpada się. Prowadzi to do skurczów, biegunki i żółtego zabarwienia stolca, który spływa do miski klozetowej z powodu niestrawionych tłuszczów. Jeśli dopuści się do trwania tych dolegliwości przez lata, chory traci zdolność wchłaniania składników odżywczych i rozwijają się u niego braki żywieniowe, takie jak niedobór białka, kwasów tłuszczowych, witamin B_{12}, D, E i K oraz kwasu foliowego, żelaza i cynku[3].

Zniszczona wyściółka jelita pozwala różnym składnikom pszenicy dostać się do miejsc, w których nie powinny się znaleźć, takich jak krwiobieg. To zjawisko wykorzystuje się do diagnozowania celiakii – w krwi chorego można bowiem znaleźć przeciwciała gliadyny, jednego ze składników glutenu. Ponadto organizm wytwarza przeciwciała przeciwko składnikom samej uszkodzonej wyściółki jelita, takim jak transglutaminaza i endomyzjum, dwa białka mięśnia jelitowego, które również stanowią podstawę dwóch innych testów na przeciwciała służących diagnozowaniu celiakii. Przyjazne na ogół bakterie, które żyją w jelitach, również mogą wysyłać swe produkty do krwiobiegu, inicjując kolejne nieprawidłowe reakcje zapalne i odpornościowe[4].

Jeszcze kilka lat temu celiakię uważano za chorobę rzadką, dotykającą zaledwie jednego na kilka tysięcy ludzi. W miarę poprawy metod diagnostycznych liczba osób z chorobą trzewną wzrosła do 1 na 133. U bezpośrednich krewnych osób z celiakią prawdopodobieństwo, że choroba rozwinie się także w ich przypadku, wynosi 4,5 procent. U tych, którzy mają sugestywne objawy jelitowe, taka możliwość sięga aż 17 procent[5].

Jak się przekonamy, celiakia nie tylko jest częściej wykrywana dzięki lepszym badaniom diagnostycznym, ale także liczba jej przypadków wzrasta. A mimo to stanowi pilnie strzeżony sekret. W Stanach Zjednoczonych częstotliwość 1 na 133 oznacza nieco ponad dwa miliony ludzi z chorobą trzewną, jednak o swojej dolegliwości wie niespełna 10 procent z nich. To, że 1 800 000 Amerykanów nie zdaje sobie sprawy, iż ma celiakię, wynika z faktu, że ta choroba to „wielki imitator" (poprzednio ten zaszczyt przypadał syfilisowi), gdyż objawia się na wiele różnych sposobów. Podczas gdy 50 procent chorych doświadczy z czasem klasycznych skurczów, biegunki i utraty wagi, druga połowa dozna anemii, migrenowych bólów głowy, zapalenia stawów, objawów neurologicznych, bezpłodności, zaburzeń wzrostu (u dzieci), depresji, przewlekłego zmęczenia bądź rozmaitych innych objawów i nieprawidłowości, które na pierwszy rzut oka wydają się nie mieć nic wspólnego z celiakią[6]. U wielu osób może nie wywoływać żadnych objawów, ale ujawni się na dalszym etapie ich życia w postaci upośledzenia neurologicznego, niekontrolowania czynności fizjologicznych lub nowotworu przewodu pokarmowego.

Sposoby, w jakie objawia się celiakia, również bywają zmienne. Do połowy lat 80. XX wieku u dzieci diagnozowano zazwyczaj objawy „upośledzenia rozwoju i wzrostu", biegunkę i rozstrzeń żołądka przed ukończeniem drugiego roku życia. W ostatnim czasie częściej dochodzi do diagnozy z powodu anemii lub przewlekłego bólu brzucha. Bywa i tak, że nie odnotowuje się żadnych objawów, a do rozpoznania dochodzi u dzieci ośmioletnich lub starszych[7,8,9]. W pewnym dużym badaniu klinicznym, przeprowadzonym w szpitalu dziecięcym Stollery w Edmonton, stolicy kanadyjskiej prowincji Alberta, liczba dzieci, u których stwierdzono celiakię, wzrosła jedenastokrotnie pomiędzy rokiem 1998 a 2007[10]. Co ciekawe, 53 procent spośród badanych w tym szpitalu dzieci, które poddano testom przeciwciał, po wyeliminowaniu glutenu twierdziło, że czuje się lepiej, choć nie wykazywały żadnych objawów.

Analogiczne zmiany w celiakii zaobserwowano u dorosłych. Mniejsza liczba uskarżała się na klasyczne objawy w postaci biegunki i bólów brzucha, natomiast u większej liczby stwierdzano anemię, wysypki skórne, takie jak opryszczkowate zapalenie skóry, oraz alergie. Znaczna część badanych nie wykazywała żadnych objawów[11].

Badaczom nie udało się znaleźć wspólnej odpowiedzi na pytanie, dlaczego celiakia się zmieniła albo dlaczego staje się częstsza. Twórcy najpopularniejszej z krążących obecnie teorii dopatrują się przyczyny w tym, że więcej matek karmi piersią. (Tak, ja też się uśmiałem).

Zmienne oblicze celiakii można z pewnością w znacznym stopniu przypisać wcześniejszej diagnostyce, wspieranej szeroko dostępnymi badaniami przeciwciał we krwi. Ale wygląda na to, że w tej chorobie doszło także do fundamentalnych przemian. Czy jej coraz to nowa twarz może wynikać ze zmian w samej pszenicy? Być może twórca pszenicy karłowatej, Norman Borlaug, przewraca się teraz w grobie, ale istnieją dane sugerujące, że w ciągu ostatnich pięćdziesięciu lat rzeczywiście coś się w tym zbożu zmieniło.

Fascynujące badanie przeprowadzone w Klinice Mayo pozwala nam w wyjątkowy sposób spojrzeć na częstotliwość występowania celiakii wśród mieszkańców USA pół wieku temu. Naukowcy, nie posługując się wcale wehikułem czasu, wykorzystali w nim próbki krwi uzyskane pięćdziesiąt lat temu do badania infekcji paciorkowcowych. Próbki zostały pobrane w latach 1948–1954 od ponad 9000 mężczyzn, rekrutów z Bazy Sił Powietrznych Warren (Warren Air Force Base – WAFB) w stanie Wyoming. Po sprawdzeniu wiarygodności próbek zamrożonych przez tak długi czas zbadano je pod kątem obecności markerów celiakii (przeciwciał transglutaminazy i endomyzjum) i porównano wyniki z próbkami dwóch współczesnych grup. Pierwsza wybrana grupa kontrolna składała się z 5500 mężczyzn urodzonych mniej więcej w tym samym czasie co tamci rekruci (średni wiek – 70 lat). W skład drugiej współczesnej grupy kontrolnej wchodziło 7200 mężczyzn w podobnym wieku (średnio 37 lat) co rekruci Sił Powietrznych w chwili pobierania próbek[12].

Podczas gdy nieprawidłowe markery celiakii rozpoznano u 0,2 procent rekrutów z WAFB, u mężczyzn urodzonych w tym samym okresie odsetek ten wynosił 0,8 procent, a u współczesnych młodych mężczyzn 0,9 procent. Pozwala to sądzić, że częstotliwość występowania celiakii u mężczyzn wzrosła z upływem czasu czterokrotnie, a u współczesnych młodych mężczyzn jeszcze bardziej. (Ta częstotliwość jest prawdopodobnie dużo wyższa wśród kobiet, ponieważ na celiakię chorują one częściej, a wszyscy rekruci z WAFB byli mężczyznami). Ponadto prawdopodobieństwo śmierci, zazwyczaj z powodu nowotworu, w ciągu

pięćdziesięciu lat od pobrania próbek było cztery razy większe
u rekrutów z dodatnimi markerami celiakii.

Doktor Joseph Murray, kierujący tym badaniem, zapytany prze-
ze mnie, czy spodziewał się wyraźnego wzrostu częstotliwości celiakii, odparł: „Nie. Początkowo zakładałem, że celiakia po prostu
występowała, tylko my jej nie stwierdzaliśmy. Choć po części było
to prawdą, dane kazały nam sądzić inaczej – ona naprawdę się
n a s i l a. Inne badania, dowodzące, że celiakia może wystąpić po
raz pierwszy u starszych pacjentów, potwierdzają pogląd, że coś
wpływa na populację w każdym wieku i że pojawienie się choroby
nie zależy tylko od sposobu karmienia niemowląt".

Podobnie pomyślane badanie przeprowadziła grupa naukowców
z Finlandii w ramach szerszego studium, zmierzającego do opisania
następujących z wiekiem zmian stanu zdrowia ludzi. Pomiędzy
1978 a 1980 rokiem około 7200 Finów i Finek powyżej trzydziestego
roku życia oddało próbki krwi w celu sprawdzenia markerów celiakii. W latach 2000–2001 próbki krwi oddało kolejne 6700 fińskich
kobiet i mężczyzn, również po trzydziestce. Pomiary poziomów
przeciwciał transglutaminazy i endomyzjum w obu grupach wykazały, że częstotliwość występowania nieprawidłowych markerów
celiakii wzrosła z 1,05 do 1,99 procent, czyli nieomal dwukrotnie[13].

Mamy zatem solidny dowód na to, że wyraźny wzrost liczby
przypadków celiakii (a w każdym razie markerów świadczących
o immunologicznej reakcji na gluten) nie wynika tylko z lepszej ja-
kości badań. Częstotliwość zachorowań wzrosła w ciągu minionych
pięćdziesięciu lat czterokrotnie, a w trakcie ostatnich dwudziestu
lat podwoiła się. Co gorsza, porównywalny wzrost dotyczy cukrzycy typu 1, chorób autoimmunologicznych, takich jak stwardnienie
rozsiane, choroby Leśniowskiego-Crohna oraz alergii[14].

Pojawiają się dowody sugerujące, że większy kontakt z glutenem
z hodowanej obecnie pszenicy może przynajmniej po części stanowić podłoże częstszego występowania celiakii. W ramach badania
przeprowadzonego w Holandii porównano 36 odmian współczesnej
pszenicy z 50 odmianami uprawianymi sto lat temu lub dawniej.

OZNACZANIE PRZECIWCIAŁ

Trzy grupy szeroko dostępnych badań krwi na obecność przeciwciał pozwalają dziś diagnozować celiakię, a w każdym razie stwierdzić z dużym prawdopodobieństwem, że w organizmie rozpoczęła się immunologiczna reakcja na gluten.

Przeciwciała przeciw gliadynie. Krótkotrwałe przeciwciało IgA oraz przeciwciało antygliadynowe o dłuższym okresie trwania IgG są często używane do badań ludzi na obecność celiakii. Choć są powszechnie dostępne, dają mniejsze szanse na zdiagnozowanie wszystkich przypadków, gdyż nie wykrywają celiakii u 20–50 procent osób na nią cierpiących[15].

Przeciwciało transglutaminazy. Tworzenie tego przeciwciała następuje, gdy wywołane przez gluten uszkodzenia wyściółki jelita odsłaniają białka mięśni. Jednym z takich białek jest transglutaminaza. Ilość przeciwciał przeciwko temu białku można mierzyć w krwiobiegu i w ten sposób oceniać trwającą reakcję autoimmunologiczną. W porównaniu z biopsją jelita badanie przeciwciała transglutaminazy ujawnia w przybliżeniu 86–89 procent przypadków celiakii[16,17].

Przeciwciało endomyzjum. Podobnie jak w wypadku transglutaminazy, przeciwciało endomyzjum rozpoznaje kolejne białko tkanki jelitowej wywołujące reakcję immunologiczną. Badanie to, wprowadzone w połowie lat 90. XX wieku, jest coraz częściej uznawane za najdokładniejszy test przeciwciał, gdyż pozwala rozpoznać ponad 90 procent przypadków celiakii[18,19].

Jeżeli już teraz nie jesz pszenicy, powyższe testy mogą dać negatywne wyniki w kilka miesięcy po odstawieniu tego zboża, a po pół roku wyniki testów prawie na pewno będą negatywne lub ograniczone. Zatem badania te są przydatne tylko u osób, które aktualnie spożywają produkty pszenne albo przestały je spożywać bardzo niedawno. Na szczęście można też wykonać kilka innych badań.

HLA DQ2, HLA DQ8. To nie są przeciwciała, tylko genetyczne markery ludzkich antygenów leukocytarnych (*human leukocyte antigens* – HLA), które, jeśli występują, sprawiają, że dany człowiek jest bardziej podatny na rozwój celiakii. Ponad 90 procent ludzi, u których celiakię zdiagnozowano poprzez biopsję jelita, ma któryś z dwóch markerów HLA, najczęściej DQ2[20].

40 procent populacji ma jeden z markerów HLA i/lub markery przeciwciał predysponujące do celiakii, a jednak nie wykazuje żad-

nych objawów ani innych dowodów na to, że ich układ odpornościowy zmierza w złą stronę. Wykazano jednak, że także ta grupa jest zdrowsza po wyeliminowaniu pszennego glutenu[21]. Oznacza to, że bardzo duża część populacji jest potencjalnie wrażliwa na gluten.

Prowokacja odbytnicza. Jest to test polegający na umieszczeniu próbki glutenu w odbycie celem sprowokowania reakcji zapalnej. Pomimo dokładności logistyczne wyzwania, jakie stawia to czterogodzinne badanie, ograniczają jego przydatność[22].

Biopsja jelita cienkiego. Dokonywana endoskopowo biopsja jelita czczego, najwyżej położonej części jelita cienkiego, jest „złotym standardem" określającym dokładność wszystkich innych badań. Jest to badanie wysoce diagnostyczne, wymagające jednak wykonania endoskopii i biopsji. Większość gastroenterologów zaleca przeprowadzenie biopsji jelita cienkiego do potwierdzenia diagnozy, jeśli występują sugestywne objawy, takie jak notoryczne skurcze i biegunki, a badania przeciwciał wskazują na celiakię. Niektórzy eksperci twierdzą jednak (i ja się z nimi zgadzam), że rosnąca wiarygodność testów przeciwciał, na przykład endomyzjum, sprawia, iż biopsja jelita cienkiego jest mniej wskazana, a może nawet niepotrzebna.

Większość znawców celiakii opowiada się za tym, żeby zacząć od badania przeciwciał endomyzjum i/lub transglutaminazy, a jeśli testy dadzą wynik pozytywny, dopiero wówczas wykonać biopsję jelita. W rzadkich sytuacjach, kiedy objawy bardzo wyraźnie wskazują na celiakię, ale testy przeciwciał są negatywne, można jednak rozważyć biopsję.

Obiegowa opinia głosi, że jeśli jedno lub więcej badań przeciwciał wskazuje na nieprawidłowości, ale biopsja jelita daje wynik negatywny, eliminacja glutenu nie jest konieczna. Uważam, że jest to całkowicie błędne przekonanie, gdyż u wielu osób wrażliwych na gluten lub cierpiących na tak zwaną ukrytą celiakię z czasem rozwinie się pełna postać tej choroby albo jakiś inny jej przejaw, na przykład upośledzenie neurologiczne albo gościec przewlekły.

Jeżeli zgadzasz się na usunięcie ze swojej diety pszenicy oraz innych źródeł glutenu, takich jak żyto i jęczmień, badania mogą być niepotrzebne. Jedyna sytuacja, w której są konieczne, to wystąpienie poważnych objawów lub potencjalnych oznak nietolerancji glutenu, wymagające wykluczenia innych przyczyn. Ponadto jeśli wiesz, że nosisz w sobie markery celiakii, możesz również bardziej skrupulatnie unikać glutenu.

Szukając białek glutenu wywołujących celiakię, naukowcy stwierdzili, że we współczesnej pszenicy ich poziomy są wyższe, natomiast poziomy białek niemających związku z celiakią – niższe[23].

Krótko mówiąc, mimo że celiakia jest zazwyczaj diagnozowana u osób cierpiących na utratę wagi, biegunki i bóle brzucha, w XXI wieku możesz mieć sporą nadwagę i problemy z zaparciami albo nawet być człowiekiem szczupłym, regularnie oddającym stolec, a mimo to nosić w sobie tę chorobę. A prawdopodobieństwo, że na nią cierpisz, jest u ciebie większe niż u twoich dziadków.

Okres od dwudziestu do pięćdziesięciu lat można uznać za długi, jeśli rozmawia się o winie albo hipotece, lecz jest to czas o wiele za krótki na to, żeby ludzie mogli zmienić się genetycznie. Termin dwóch badań rejestrujących narastającą częstotliwość występowania przeciwciał celiakii, jednego z roku 1948 i drugiego z 1978, zbiega się z powstaniem różnych odmian pszenicy, a konkretnie pszenicy karłowatej, która jest obecnie uprawiana na większości farm świata.

ZONULINA – W JAKI SPOSÓB PSZENICA WPRASZA SIĘ DO KRWIOBIEGU

Gliadyna, białko pszennego glutenu obecne we wszelkich postaciach pszenicy, od puszystych bułek po najbardziej gruboziarniste wielozbożowe chleby, potrafi sprawić, że jelita stają się przepuszczalne.

A nie powinny takie być. Wiemy już, że w ludzkich jelitach znajdują się najróżniejsze dziwne rzeczy. Niektóre z nich oglądasz podczas porannych wizyt w toalecie. Cudowna transformacja kanapki z szynką albo pizzy pepperoni w elementy niezbędne dla organizmu, połączona z odrzucaniem pozostałości, to proces doprawdy fascynujący. Ale musi on być ściśle regulowany, aby do krwiobiegu trafiały tylko wybrane składniki spożywanych pokarmów i płynów.

Co zatem dzieje się z różnymi paskudnymi związkami chemicznymi, które przez pomyłkę znajdą się we krwi? Jednym z niepożądanych skutków ich obecności jest autoimmunizacja, polegająca na tym, że układ odpornościowy zostaje podstępem skłoniony do działania i atakuje normalne narządy, takie jak tarczyca lub tkanka łączna. Może to prowadzić do chorób autoimmunologicznych, na przykład zapalenia tarczycy zwanego chorobą Hashimoto albo gośćca przewlekłego.

Z tego względu regulowanie przepuszczalności jelit jest zasadniczą funkcją komórek wyścielających delikatną ściankę jelita. Niedawne badania wskazały na pszenną gliadynę jako czynnik wywołujący w jelitach uwalnianie białka zwanego zonuliną, będącego regulatorem przepuszczalności jelit[24]. Działanie zonulin polega na rozmontowywaniu ciasnych połączeń między komórkami jelit, stanowiących w normalnych warunkach bezpieczną barierę. Kiedy gliadyna doprowadza do uwolnienia zonuliny, te ciasne połączenia zostają przerwane i niepożądane związki, takie właśnie jak gliadyna oraz inne pszenne białka, uzyskują dostęp do krwiobiegu. Limfocyty aktywizujące układ odpornościowy, na przykład limfocyty T, rozpoczynają wówczas proces zapalny wymierzony przeciwko „własnym" białkom, inicjując w ten sposób stany chorobowe związane z glutenem i gliadyną, takie jak celiakia, choroby tarczycy i stawów oraz astma. Pszenne białka gliadyny przypominają wytrych otwierający każde drzwi i pozwalający intruzom uzyskiwać dostęp do miejsc, w których nie powinno ich być.

Poza gliadyną niewiele związków potrafi tak zaburzać pracę jelit. Innymi czynnikami wywołującymi uwalnianie zonuliny i prowadzącymi do nieprawidłowej przepuszczalności jelit są infekcje powodujące cholerę i dyzenterię[25]. Różnica jest oczywiście taka, że cholerą bądź czerwonką zarażasz się, spożywając jedzenie lub wodę skażoną fekaliami, natomiast na choroby związane z pszenicą zapadasz po zjedzeniu pięknie opakowanych precelków albo czekoladowego tortu.

CELIAKIA TO NIE TYLKO BIEGUNKA

Przeczytawszy o niektórych długoterminowych skutkach celiakii, możesz stwierdzić, że marzysz o biegunce.

Tradycyjne postrzeganie celiakii obraca się wokół biegunki: nie ma biegunki – nie ma celiakii. Nieprawda. Celiakia to coś więcej niż choroba trzewna objawiająca się biegunką. Może ona wykraczać poza przewód pokarmowy i manifestować się na wiele różnych sposobów.

Gama chorób wiązanych z celiakią jest naprawdę zadziwiająca i sięga od cukrzycy typu 1 po demencję i sklerodermię. Te związki należą też do najsłabiej zbadanych, toteż nie jest do końca jasne, czy na przykład usunięcie glutenu z powodu z podejrzenia wrażliwości na gluten ograniczy lub wyeliminuje rozwój cukrzycy typu 1 – co z pewnością byłoby kuszącą perspektywą. Te stany chorobowe, podobnie jak celiakia, dają pozytywne wyniki testów na różne markery przeciwciał celiakii i są wywoływane przez reakcje odpornościowe oraz zapalne uruchamiane zarówno przez predyspozycje genetyczne (obecność markerów HLA DQ2 i HLA DQ8), jak i kontakt z pszennym glutenem.

Jednym z najbardziej kłopotliwych aspektów chorób wiązanych z glutenem jest to, że jelitowe objawy celiakii mogą się nie ujawnić. Innymi słowy, chory na celiakię może mieć upośledzenie neurologiczne, takie jak zaburzenia równowagi i demencja, a przy tym nie doznawać charakterystycznych kurczy, biegunki i utraty wagi. Brak znamiennych symptomów jelitowych oznacza też, że prawidłowa diagnoza jest rzadko stawiana.

Zamiast nazywać ten stan celiakią bez jelitowych objawów, trafniejsze byłoby określanie go mianem „przekazywanej immunologicznie nietolerancji glutenu". Ponieważ jednak te niejelitowe postaci wrażliwości na gluten rozpoznano pierwotnie, dlatego że ich oznaką są te same markery HLA i odpornościowe co przy celiakii, zwyczajowo mówi się o ukrytej chorobie trzewnej albo o celiakii bez powiązań jelitowych. Przypuszczam, że w miarę jak świat medyczny zacznie uznawać, że przekazywana immunologicznie nietolerancja glutenu to coś znacznie więcej niż celiakia, zaczniemy ją określać mniej więcej w taki sposób, uznając celiakię za podtyp tej choroby.

Do stanów chorobowych wiązanych z celiakią – to znaczy przekazywaną immunologicznie nietolerancją glutenu – należą:

- **Opryszczkowate zapalenie skóry (choroba Duhringa).** Ta charakterystyczna wysypka należy do najpowszechniejszych objawów celiakii, albo przekazywanej immunologicznie nietolerancji glutenu. Jest to swędząca wypukła wysypka, pojawiająca się zazwyczaj na łokciach, kolanach lub plecach. Objawy znikają po usunięciu glutenu[26].

- **Choroby wątroby.** Wiązane z celiakią choroby wątroby mogą przybierać wiele form: od lekko nieprawidłowych wyników badań, poprzez przewlekłe zapalenie wątroby i pierwotną marskość żółciową wątroby aż po raka przewodów żółciowych[27]. Podobnie jak w innych postaciach przekazywanej immunologicznie nietolerancji glutenu objawy jelitowe, takie jak biegunka, często nie występują, pomimo iż wątroba jest częścią układu pokarmowego.

- **Choroby autoimmunologiczne.** Dolegliwości związane z atakami układu odpornościowego na różne narządy, nazywane chorobami autoimmunologicznymi, są częstsze u osób z celiakią. Celiacy są bardziej podatni na rozwój gośćca przewlekłego, zapalenia tarczycy Hashimoto, chorób tkanki łącznej, takich jak toczeń, astmy, zapalnych chorób jelit, na przykład wrzodziejącego zapalenia jelita grubego i choroby Leśniowskiego-Crohna, a także innych chorób

CZY TO NAPRAWDĘ CELIAKIA?
HISTORIA WENDY

Przez ponad dziesięć lat Wendy, trzydziestosześcioletnia nauczy-cielka i matka trójki dzieci, zmagała się bezskutecznie z wrzodzieją-cym zapaleniem jelita grubego. Cierpiała na ciągłe skurcze i biegunki, często miewała krwotoki, co czasem powodowało konieczność trans-fuzji krwi. Przeszła kilka kolonoskopii i musiała przyjmować trzy różne leki, w tym wysoce toksyczny metotreksat, stosowany również w lecze-niu raka i jako składnik pigułek aborcyjnych.

Wendy przyszła do mojego gabinetu z powodu kołatania serca, drobnej dolegliwości niezwiązanej ze wspomnianymi wyżej. Jej stan nie wymagał skomplikowanego leczenia. Powiedziała mi jednak, że ponieważ jej wrzodziejące zapalenie nie reaguje na leki, gastroen-terolog zalecił jej wycięcie jelita grubego połączone z wytworzeniem przetoki krętniczej (ileostomii). To taki otwór w jelicie krętym, na po-wierzchni brzucha, do którego mocuje się woreczek zbierający stolec.

Wysłuchawszy historii medycznej Wendy, zaproponowałem, że-by spróbowała zrezygnować z pszenicy. Nie byłem pewny, czy jej to pomoże, ale skoro miała w perspektywie usunięcie jelita i wykonanie ileostomii, uważałem, że powinna spróbować.

Nie była przekonana, tym bardziej że badano ją wcześniej pod ką-tem celiakii i nic nie stwierdzono. Namówiłem ją jednak na odstawienie pszenicy na cztery tygodnie. Wendy była sceptyczna, ale zgodziła się spróbować.

zapalnych oraz immunologicznych. Wykazano, że gościec przewlekły, mający postać bolesnego i szpecącego zapale-nia stawów, łagodnieje, a czasem nawet całkowicie ustępuje po wyeliminowaniu pszenicy[28]. Szczególnie wysokie u ce-liaków jest zagrożenie autoimmunologicznymi chorobami zapalnymi jelita: wrzodziejącym zapaleniem jelita grubego i chorobą Leśniowskiego-Crohna. Częstotliwość ich wystę-powania jest 68 razy większa niż u osób niechorujących na celiakię[29].

• **Cukrzyca insulinozależna.** U dzieci z cukrzycą typu 1 prawdopodobieństwo wystąpienia przeciwciał będących

Powróciła do mojego gabinetu trzy miesiące później. Nie wyglądało na to, żeby miała na brzuchu jakiś woreczek. Gdy zapytałem, co się stało, opowiedziała mi pokrótce ostatnie wydarzenia.

„No więc najpierw zrzuciłam siedemnaście kilogramów. – Przesunęła ręką po brzuchu, aby mi to pokazać. – A moje wrzodziejące zapalenie prawie ustąpiło. Nie mam już skurczów ani biegunki. Odstawiłam wszystko z wyjątkiem asacolu. Czuję się naprawdę świetnie".

Asacol to pochodna aspiryny, często stosowana przy leczeniu wrzodziejącego zapalenia jelita grubego.

Po roku skrupulatnego unikania glutenu Wendy mogła odstawić także asacol, a objawy nie powróciły. Była wyleczona. Tak, wyleczona. Żadnych biegunek, skurczów, anemii. Żadnych leków ani ileostomii.

Skoro więc nękające Wendy zapalenie okrężnicy dawało ujemne wyniki na przeciwciała celiakii, ale zareagowało na eliminację glutenu – a prawdę mówiąc, zostało przez nią wyleczone – to jak powinniśmy je nazwać? Może celiakią przeczącą przeciwciałom? Albo nietolerancją glutenu przeczącą przeciwciałom?

Gdyby nie ryzykowne zakwalifikowanie stanu Wendy do czegoś, co przypomina celiakię, kobieta straciłaby okrężnicę i przez całe życie ponosiła konsekwencje zdrowotne związane z jej usunięciem, nie wspominając o wstydliwym i niewygodnym korzystaniu z woreczków.

Takie stany chorobowe nie doczekały się jeszcze własnej zgrabnej nazwy, pomimo iż w tak niezwykły sposób reagują na eliminację pszennego glutenu. Doświadczenie Wendy pokazuje, jak wiele niewiadomych skrywa świat wrażliwości na pszenicę. Często są one równie niszczycielskie, jak prosta jest kuracja.

markerami celiakii jest nadzwyczaj wysokie, a ryzyko rozwoju tej choroby może być do dwudziestu razy większe[30]. Nie wiadomo do końca, czy pszenny gluten jest przyczyną cukrzycy, ale naukowcy wysuwają hipotezę, iż w podgrupie obejmującej cukrzycę typu 1 rozwój tej choroby jest wywołany przez kontakt z glutenem[31].

• **Upośledzenie neurologiczne.** Niektóre zaburzenia neurologiczne wiązane z narażeniem na kontakt z glutenem omówimy dokładniej w dalszej części książki. Dziwnie wysoka (50 procent) jest częstotliwość występowania markerów celiakii u osób, które wykazują niewyjaśnioną w inny sposób utratę równowagi i koordynacji (ataksję) albo utratę czucia i kontroli w nogach (neuropatię)[32]. Istnieje nawet przerażający stan chorobowy nazywany encefalopatią glutenową, objawiający się upośledzeniem mózgu, połączonym z bólami głowy, ataksją i demencją, a kończący się śmiercią. Związane z nim nieprawidłowości są widoczne w substancji białej mózgu obrazowanej metodą rezonansu magnetycznego[33].

* **Niedobory żywieniowe.** Anemia z niedoboru żelaza jest niezwykle częsta u osób cierpiących na celiakię i dotyczy do 69 procent z nich. Częste są również niedobory witaminy B_{12}, kwasu foliowego, cynku i witamin rozpuszczalnych w tłuszczach: A, D, E i K[34].

Poza wyżej wymienionymi istnieją dosłownie setki stanów chorobowych, które zostały powiązane z celiakią i/lub przekazywaną immunologicznie nietolerancją glutenu, choć nie występują aż tak często. Dowiedziono, że związane z glutenem reakcje dotykają każdego narządu ludzkiego organizmu. Oczy, mózg, zatoki, płuca, kości... co tylko chcecie – przeciwciała wyzwalane przez gluten mogą się tam znaleźć.

Krótko mówiąc, skutki, jakie wywołuje konsumpcja glutenu, wprawiają w osłupienie. Może nimi zostać zaatakowany każdy narząd, w każdym wieku, i to na nieograniczoną ilość sposobów. Traktowanie celiakii jako zwykłej biegunki, jak to często zdarza się w gabinetach wielu lekarzy, jest ogromnym i potencjalnie zgubnym uproszczeniem.

PSZENICA I SKOKI NA BUNGEE

Jedzenie pszenicy, podobnie jak wspinaczka po lodowcach, jazda na deskorolce w górach i skoki na bungee, jest sportem ekstremalnym. To jedyny szeroko rozpowszechniony produkt żywnościowy charakteryzujący się własnym długoterminowym współczynnikiem umieralności.

Pewne pokarmy, takie jak skorupiaki lub orzeszki ziemne, potrafią wywoływać dotkliwe reakcje alergiczne (np. pokrzywkę lub anafilaksję), które mogą być niebezpieczne dla wrażliwych osób, a w rzadkich wypadkach nawet śmiertelne. Natomiast pszenica jest jedynym powszechnie spożywanym produktem żywnościowym posiadającym własny wymierny współczynnik umieralności, jeśli obserwuje się ją na przestrzeni lat. Według jednej z szeroko zakrojonych analiz, trwającej około 9 lat, oszacowano, że prawdopodobieństwo śmierci u osób z celiakią – lub takich, u których badania przeciwciał dały wynik pozytywny, choć osoby te nie chorowały na celiakię – było o 29,1 procent większe w porównaniu z ogółem populacji[35]. Największą śmiertelność z powodu narażenia na gluten zaobserwowano w grupie dwudziestolatków i osób młodszych. Tuż za nią plasowali się ludzie liczący od dwudziestu do trzydziestu dziewięciu lat. Ponadto śmiertelność wzrastała we wszystkich grupach wiekowych od roku 2000. Wśród ludzi, którzy mieli przeciwciała pszennego glutenu, choć nie chorowali na celiakię, śmiertelność wzrosła ponaddwukrotnie w porównaniu z okresem sprzed roku 2000.

Zielona papryka nie powoduje długoterminowej śmiertelności, podobnie jak dynia, jagody albo ser. Tylko pszenica. I nie musisz mieć objawów celiakii, żeby znaleźć się w grupie ryzyka.

A mimo to właśnie pszenica jest produktem żywnościowym, do którego jedzenia zachęca Amerykanów Departament Rolnictwa. Osobiście nie wierzę w to, żeby Federalny Urząd Żywności i Leków (który obecnie reguluje sprzedaż wyrobów tytoniowych) zażądał umieszczenia na produktach zawierających pszenicę stosownego ostrzeżenia, tak jak na papierosach.

Wyobraźcie sobie:

OSTRZEŻENIE NACZELNEGO LEKARZA KRAJU: Konsumpcja pszenicy we wszelkich postaciach może stwarzać poważne zagrożenie dla zdrowia.

W czerwcu 2010 roku Federalny Urząd Żywności i Leków wydał przepis zobowiązujący producentów wyrobów tytoniowych do usunięcia z opakowań papierosów zwodniczych określeń typu „lekki", „łagodny" i „nisko", gdyż wyroby te są równie szkodliwe, jak wszystkie inne papierosy. Czy nie byłoby ciekawie, gdyby podobne regulacje objęły wyroby z pszenicy i należałoby informować konsumentów, iż pszenica jest pszenicą, bez względu na „pełnoziarnistość", „wielozbożowość" lub „wysoką zawartość błonnika"?

Nasi przyjaciele zza Atlantyku opublikowali niezwykłą analizę 8 milionów mieszkańców Wielkiej Brytanii, wśród których znalazło się ponad 4700 osób cierpiących na celiakię. Każdy celiak był poddany pięciu kontrolnym badaniom. Wszystkich uczestników obserwowano przez trzy i pół roku pod kątem wystąpienia różnych postaci raka. W trakcie trwania badania u uczestników cierpiących na celiakię stwierdzono o 30 procent większe prawdopodobieństwo wystąpienia niektórych postaci nowotworów, przy czym u jednego na trzydziestu trzech celiaków nowotwór rozwinął się w stosunkowo krótkim okresie obserwacji. Większość z tych nowotworów stanowiły guzy żołądkowo-jelitowe[36].

Przeprowadzona w Szwecji obserwacja ponad 12 000 celiaków wykazała podobne, o 30 procent większe ryzyko nowotworów żołądkowo-jelitowych. Ze względu na dużą grupę uczestników stwierdzono, że gama nowotworów, jakie mogą się rozwinąć, jest szeroka i obejmuje chłoniaki jelita cienkiego, nowotwory gardła, przełyku, jelita grubego, układu wątrobowo-żółciowego i trzustki[37]. W ciągu nieomal trzydziestu lat badacze stwierdzili dwukrotnie większą śmiertelność u celiaków w porównaniu z osobami niechorującymi na celiakię[38].

„Ukryta" celiakia oznacza pozytywny wynik przynajmniej jednego badania na obecność przeciwciał tej choroby, ale bez objawów stanu zapalnego jelit wykrywalnego przez endoskopię lub biopsję – co ja nazywam przekazywaną immunologicznie nietolerancją glutenu. Obserwacja 29 000 osób z celiakią w ciągu mniej więcej ośmiu lat wykazała, że u tych, które miały „ukrytą" chorobę trzewną, ryzyko śmiertelnych nowotworów oraz chorób układu krążenia i układu oddechowego było o 30–49 procent większe[39]. Celiakia może być ukryta, ale to nie znaczy, że jej nie ma. Jest jak najbardziej obecna.

Jeżeli celiakia, albo przekazywana immunologicznie nietolerancja glutenu, pozostanie niezdiagnozowana, jej rezultatem mogą być chłoniaki nieziarnicze jelita cienkiego, trudne do leczenia i potencjalnie zabójcze nowotwory. Zagrożenie celiaków tym rakiem jest aż 40 razy większe w porównaniu z osobami niechorującymi na celiakię. Ryzyko to wraca do normy w pięć lat po odstawieniu glutenu. Celiacy nieunikający glutenu mogą być aż 77 razy bardziej zagrożeni chłoniakiem i 22 razy bardziej narażeni na nowotwory ust, gardła i przełyku[40].

Przemyślmy to: pszenica wywołuje celiakię i/lub przekazywaną immunologicznie nietolerancję glutenu, która jest diagnozowana w niewiarygodnie małej liczbie przypadków, bo zaledwie 10 procent chorych wie o swojej dolegliwości. A zatem pozostałe 90 procent o niej nie wie. Nierzadko skutkiem choroby jest nowotwór. Tak, to prawda, pszenica wywołuje raka. I często wywołuje go u osób, które niczego nie podejrzewają.

Kiedy skaczesz z mostu na bungee i wisisz na końcu 60-metrowej liny, wiesz przynajmniej, że robisz coś głupiego. Ale jedzenie „zdrowych produktów pełnoziarnistych"…? Kto by pomyślał, że skoki na bungee są przy tym równie ryzykowne jak gra w klasy?

NIE PRZYJMUJ KOMUNII ZE SZMINKĄ NA USTACH

Pomimo znajomości bolesnych i potencjalnie dotkliwych konsekwencji spożywania pokarmów zawierających gluten, celiacy mają trudności z unikaniem produktów pszennych, choć na pierwszy rzut oka wydaje się to łatwe. Pszenica stała się wszechobecna, jest często dodawana do produktów żywnościowych, leków, a nawet kosmetyków. Jest dziś regułą, a nie wyjątkiem. Spróbuj zjeść śniadanie, a zobaczysz, że tradycyjne produkty śniadaniowe są jak pole minowe naszpikowane glutenem. Naleśniki, gofry, tosty, płatki zbożowe, muffinki, obwarzanki, bułki... Co zostało? Popatrz na drobne przekąski, a trudno ci będzie znaleźć coś bez pszenicy – z pewnością nie będą to precelki, krakersy ani ciasteczka. Weź nowy lek, a możesz dostać biegunki i skurczów wywołanych śladową ilością pszenicy w malutkiej tabletce. Odwiń listek gumy do żucia, a twój organizm zareaguje z powodu mąki zabezpieczającej ją przed klejeniem. Wyczyść zęby, a możesz odkryć, że w paście też jest mąka. Nałóż na usta szminkę, a być może, oblizując wargi, przez nieuwagę połkniesz hydrolizowane białko pszenne, co wywoła podrażnienie gardła albo ból brzucha. Komunia w kościele jest podawana pod postacią opłatka zrobionego z... pszenicy!

U niektórych ludzi wystarczy ta ociupinka pszennego glutenu zawarta w bułce tartej albo kremie do rąk, który dostał się pod paznokcie, żeby wywołać biegunkę i kurcze. Brak staranności w unikaniu glutenu może mieć tragiczne konsekwencje długoterminowe, takie jak chłoniak jelita cienkiego.

Skutek tego wszystkiego jest taki, że celiacy stają się utrapieniem w restauracjach, sklepach spożywczych i aptekach, bo muszą bez przerwy dopytywać się, czy produkty, które chcą nabyć, są bezglutenowe. Częstokroć marnie opłacany sprzedawca albo przepracowany farmaceuta nie ma pojęcia, czy tak jest. Dziewiętnastoletnia kelnerka podająca ci panierowany bakłażan zazwyczaj nie wie, co to znaczy „bezglutenowy", ani jej to nie obchodzi. Przyjaciele, sąsiedzi i krewni uważają cię za fanatyka.

Toteż osoba cierpiąca na celiakię musi przemierzać świat, bezustannie zważając na wszystko, co zawiera pszenicę, lub inne źródła glutenu, takie jak żyto i jęczmień. Ku przerażeniu społeczności celiaków liczba pokarmów i produktów zawierających pszenicę wzrosła w ciągu kilku ostatnich lat, co świadczy o braku

zrozumienia dla powagi i powszechności tej choroby oraz o rosnącej popularności „zdrowych produktów pełnoziarnistych".

Środowisko związane z celiakią stara się pomóc chorym. Towarzystwo Celiakii (www.celiacsociety.com)* prowadzi wykazy,
pozwalające znaleźć bezglutenowe produkty, restauracje i wytwórców. Fundacja Celiakii (www.celiac.org) jest dobrym źródłem wiedzy dla naukowców zajmujących się tym problemem.
Istnieje jednak pewne zagrożenie: niektóre organizacje poma-
gające osobom z chorobą trzewną czerpią dochody z promowa-
nia produktów bezglutenowych, które mogą być zagrożeniem
dla diety – w tym sensie, że choć nie zawierają glutenu, to mogą
działać jak „śmieciowe węglowodany". Tym niemniej wiele informacji dostarczanych przez te organizacje może być pomocnych.
Stowarzyszenie Celiakii i Psylozy (www.csaceliacs.org) jest ini-
cjatywą o charakterze najbardziej oddolnym i najmniej komer-
cyjnym. Prowadzi listę „bezpiecznych" produktów i organizuje
regionalne grupy wsparcia.

„LEKKA" CELIAKIA

Choć celiakia dotyka zaledwie 1 procenta populacji, istnieją
dwa stany chorobowe przewodu pokarmowego, na które cierpi
znacznie większa liczba osób. Są to zespół jelita drażliwego (*irritable bowel syndrome* – IBS) oraz refluks żołądkowy (albo choroba refluksowa przełyku, jeśli zostaje stwierdzony stan zapalny
tego odcinka). Oba mogą reprezentować łagodniejszą formę choroby trzewnej, którą ja nazwę „lekką" celiakią.

IBS, pomimo częstego występowania, jest chorobą słabo zba-
daną. Objawia się skurczami, bólami brzucha i biegunką albo
luźnymi stolcami, występującymi na przemian z zaparciami,

---

* Polskie Stowarzyszenie Osób z Celiakią i na Diecie Bezglutenowej
(www.celiakia.pl) prowadzi punkt informacyjny w Warszawie i forum dysku-
syjne na swojej stronie internetowej – przyp. tłum.

a dotyka od 5 do 20 procent populacji, zależnie od definicji[41]. Można to określić jako zaburzenia jelitowe, które gmatwają życiowy scenariusz i komplikują harmonogram zajęć. Zazwyczaj u chorych wykonuje się wielokrotne endoskopie i kolonoskopie. Ponieważ u cierpiących na IBS nie rozpoznaje się żadnych widocznych patologii, dolegliwość jest często lekceważona albo leczy się ją środkami przeciwdepresyjnymi.

Refluks żołądkowy ma miejsce wtedy, gdy organizm pozwala kwasowi żołądkowemu wnikać do przełyku, co jest skutkiem rozluźnienia dolnego zwieracza przełyku, okrągłego zaworu, który ma zatrzymywać ten kwas w żołądku. Ponieważ przełyk nie jest zbudowany tak, by mógł tolerować kwaśną zawartość żołądka, kwas wywołuje w nim takie same skutki, jakie wywoływałby po wylaniu na lakier twojego samochodu – rozpuszcza powierzchnię. Refluks żołądkowy jest często odbierany jako pospolita zgaga, której towarzyszy gorzki smak w głębi ust.

Istnieją dwie ogólne kategorie obu wspomnianych wyżej chorób: IBS i refluks z pozytywnymi markerami celiakii oraz IBS i refluks bez tych markerów. U osób cierpiących na IBS prawdopodobieństwo pozytywnego wyniku testów na obecność jednego lub większej liczby markerów celiakii wynosi 4 procent[42], natomiast pacjenci z refluksem mają 10 procent szans na pozytywny wynik tych badań[43].

I odwrotnie – 55 procent celiaków ma objawy przypominające IBS, a od 7 do 19 procent ma refluks żołądkowy[44,45,46]. Co ciekawe, u 75 procent osób z celiakią refluks łagodnieje po odstawieniu pszenicy, natomiast u ludzi niecierpiących na celiakię, którzy nie wyeliminują pszenicy, prawie zawsze następuje pogorszenie po zakończeniu kuracji lekami na nadkwasotę przy dalszej konsumpcji glutenu[47]. Czy może tu chodzić o pszenicę?

Wyeliminuj pszenicę, a refluks złagodnieje i objawy IBS staną się mniej dotkliwe. Niestety, obserwacje te nie zostały poddane badaniom ilościowym, choć naukowcy zastanawiali się nad tym, jak poważną rolę odgrywa gluten u osób cierpiących na IBS oraz refluks żołądkowy, a niebędących celiakami[48]. Osobiście wiele setek razy byłem świadkiem całkowitego lub częściowego ustąpienia objawów IBS i refluksu po usunięciu glutenu z diety, bez względu na obecność markerów celiakii lub ich brak.

CELIAKIA TO NIE WYROK

Celiakia to choroba przewlekła. Nawet jeżeli wyeliminuje się gluten na wiele lat, ponowny kontakt z tą substancją sprawi, że celiakia lub inne postaci przekazywanej immunologicznie nietolerancji glutenu powrócą błyskawicznie.

Ponieważ podatność na celiakię jest, przynajmniej częściowo, zdeterminowana genetycznie, choroba ta nie znika dzięki zdrowej diecie, ćwiczeniom, utracie wagi, suplementom żywieniowym, lekom, codziennym lewatywom, uzdrawiającym kamieniom czy przepraszaniu teściowej. Innymi słowy, celiakię ma się na całe życie.

A to oznacza, że nawet sporadyczne, przypadkowe narażenie na gluten ma konsekwencje zdrowotne dla celiaka albo osoby wrażliwej na gluten, chociaż może nie wywołać natychmiastowych objawów, takich jak biegunka.

Lecz celiakia to nie wyrok. Jedzenie niezawierające pszenicy może sprawiać tyle samo przyjemności co wyprodukowane z jej ziarna, a nawet więcej. Wyeliminowanie pszenicy i glutenu, zarówno w wypadku osób z celiakią, jak i bez niej, sprawia, że człowiek zaczyna bardziej doceniać jedzenie i spożywa różne produkty dlatego, że potrzebuje substancji odżywczych, a przy tym cieszy się ich smakiem oraz wyglądem. Nie kierują nim ukryte, niekontrolowane impulsy – takie, jakie wywołuje pszenica.

Nie uważaj celiakii za brzemię. Uznaj ją za wyzwolenie.

ROZDZIAŁ 7

PAŃSTWO CUKRZYCY – PSZENICA I INSULINOOPORNOŚĆ

Kopnąłem ją, zwymyślałem i pokonałem. Spójrzmy prosto w oczy czemuś, co nazywa się cukrzycą.

„PREZES KLUBU CHWALIPIĘTÓW"

Wychowywałem się w Lake Hiawatha, w stanie New Jersey. Kiedy byłem dzieckiem, słyszałem, jak moja matka określa tę lub inną osobę mianem „prezesa klubu chwalipiętów". Przyznawała ten tytuł tym z mieszkańców naszego małego, pięciotysięcznego miasteczka, którzy mieli wysokie mniemanie o sobie. Zasłużył na to na przykład mąż jednej z jej przyjaciółek, który opowiadał na lewo i prawo, że potrafiłby rozwiązać wszystkie bolączki kraju, gdyby został prezydentem – chociaż był bezrobotny, brakowało mu dwóch zębów z przodu i w ciągu ostatnich dwóch lat został dwukrotnie aresztowany za jazdę po pijanemu.

Także pszenica jest liderem grupy, której nie ma czego zazdrościć, najgorszym z bandy węglowodanów, takim, który najszybciej może nas sprowadzić na ścieżkę wiodącą do cukrzycy. Pszenica jest prezesem swojego małego klubu chwalipiętów,

szefem węglowodanów. Choć jest pijakiem z cuchnącym odde-
chem, odzianym w brudną, zeszłotygodniową koszulkę, wszystkie agencje udzielające porad dietetycznych nadają jej specjalny
status „obfitującego w błonnik i złożone węglowodany zdrowego
produktu pełnoziarnistego".

Ze względu na niewiarygodną zdolność pszenicy do gwałtownego podwyższania poziomu cukru we krwi, inicjowania pobudzającego apetyt cyklu glukozowo-insulinowego, wytwarzania uzależniających, oddziałujących na mózg egzorfin i odkładania tłuszczu
trzewnego – jest to jeden z podstawowych produktów, które należy
wyeliminować, jeśli myśli się poważnie o zapobieganiu cukrzycy,
jej ograniczaniu albo zwalczaniu. Możesz zrezygnować z orzechów
włoskich albo pekanów, ale to nie będzie miało wpływu na zagrożenie cukrzycą. Możesz wyeliminować szpinak lub ogórki i to również
nie zmniejszy twojego zagrożenia. Możesz usunąć ze swojego stołu
całą wieprzowinę lub wołowinę i nadal niczego nie uzyskasz.

Ale możesz zrezygnować z pszenicy, a zmiany będą lawinowe,
jak przy efekcie domina – mniejsze wzrosty poziomu cukru, żadnych egzorfin, skłaniających do dalszego jedzenia, żadnego glukozowo-insulinowego cyklu pobudzającego apetyt. A bez tego cyklu
nie ma czynnika nakazującego ci jeść, z wyjątkiem autentycznej
potrzeby dostarczania organizmowi składników pokarmowych.
Kiedy apetyt maleje, spożycie kalorii ulega zmniejszeniu, znika
tłuszcz trzewny, maleje insulinooporność, spada poziom cukru we
krwi. Cukrzycy mogą przestać być cukrzykami, a osoby zagrożone cukrzycą uwalniają się od tego zagrożenia. Wszystkie zjawiska
związane z marnym metabolizmem glukozy zanikają, w tym wysokie ciśnienie krwi, stany zapalne, glikacja białek, małe cząsteczki
LDL oraz trójglicerydy.

Krótko mówiąc, usuń pszenicę, a oszczędzisz sobie całej masy
kłopotów, które w przeciwnym razie doprowadzą cię do cukrzycy
i wszystkich związanych z nią konsekwencji zdrowotnych, w tym
trzech lub czterech, albo i siedmiu leków dziennie, oraz kilku lat
urwanych z życia.

Pomyśl o tym przez chwilę: osobiste i społeczne koszty związane z cukrzycą nie są małe. Statystycznie jedna osoba z cukrzycą generuje od 180 000 do 250 000 dolarów bezpośrednich i pośrednich kosztów opieki zdrowotnej, jeśli zostanie zdiagnozowana około pięćdziesiątki[1], i umiera o osiem lat wcześniej niż ktoś, kto nie ma cukrzycy[2]. To znaczy, że oddajesz tej chorobie aż ćwierć miliona dolarów i połowę czasu, który zabiera ci wychowanie dzieci. A jest to choroba w znacznym stopniu wywołana przez żywność – w szczególności przez określoną listę produktów. Prezesem tego klubu chwalipiętów jest pszenica.

Dane kliniczne dokumentujące wpływ wyeliminowania pszenicy na cukrzycę są poniekąd zamazane, gdyż zboże to zalicza się do szerszej kategorii węglowodanów. Zazwyczaj ludzie dbający o zdrowie, którzy przestrzegają konwencjonalnego zalecenia, aby ograniczyć tłuszcz i jeść więcej „zdrowych produktów pełnoziarnistych", czerpią około 75 procent kalorii w postaci węglowodanów z produktów pszennych. To wystarcza z nawiązką, by zaliczyć pszenicę do klubu chwalipiętów, a ciebie skierować na ścieżkę prowadzącą do wyższych kosztów medycznych, komplikacji zdrowotnych i krótszego życia, wywołanego cukrzycą. Ale to oznacza również, że jeśli powalisz przewodnika stada, cała wataha ucieknie.

WYDALANIE WODY O SMAKU MIODU

Pszenica i cukrzyca są ze sobą ciasno splecione. Pod wieloma względami historia pszenicy jest również historią cukrzycy. Gdzie jest pszenica, tam jest cukrzyca. Gdzie cukrzyca, tam pszenica. Te dwie sprawy są ze sobą związane równie mocno, jak McDonald's i hamburgery. Ale dopiero w dzisiejszych czasach cukrzyca stała się chorobą nie tylko leniwych bogaczy, lecz wszystkich warstw społecznych. Stała się chorobą zwykłych zjadaczy chleba.

Była praktycznie nieznana w epoce neolitu, kiedy Natufijczycy zaczęli zbierać dziką samopszę. Z pewnością nie znano jej w czasach paleolitu, w ciągu milionów lat poprzedzających rolnicze ambicje Natufijczyków. Odkrycia archeologiczne oraz obserwacje współczesnych społeczności łowiecko-zbierackich pozwalają sądzić, że ludzie prawie nigdy nie zapadali na cukrzycę ani nie umierali z powodu związanych z nią komplikacji, zanim w diecie nie pojawiły się zboża[3,4]. Ich wprowadzenie do ludzkiej diety zaowocowało większą liczbą stanów zapalnych, chorobami kości, takimi jak osteoporoza, zwiększoną śmiertelnością noworodków, a także cukrzycą[5].

Egipski papirus Ebera z 1534 roku p.n.e., odkryty w nekropolii w Tebach i dotyczący czasów, kiedy Egipcjanie włączyli pszenicę do swojej diety, opisuje nadmierne wytwarzanie moczu przy cukrzycy. Cukrzycę typu 2 opisał w V wieku p.n.e. indyjski lekarz Suśruta, który nadał jej nazwę *madhumeha*, czyli „miodowy mocz", z powodu słodkiego smaku uryny (tak, tak, diagnozował cukrzycę poprzez kosztowanie moczu), a także tego, że przywabiał mrówki i muchy. Ponadto Suśruta proroczo powiązał cukrzycę z otyłością oraz brakiem ruchu i zalecał jej leczenie za pomocą ćwiczeń.

Grecki lekarz Areteusz określił ten tajemniczy stan mianem *diabeta*, co znaczy „przeciekać" albo „wydalać wodę". Wiele wieków później kolejny kosztujący moczu diagnostyk Thomas Willis dodał określenie *mellitus*, czyli „o smaku miodu". Tak, to jest wydalanie wody o smaku miodu. Pewnie zaczniesz inaczej myśleć o swojej ciotce z cukrzycą.

Poczynając od lat 20. XX wieku w leczeniu cukrzycy dokonano ogromnego skoku dzięki podawaniu insuliny, która okazała się zbawienna dla dzieci cierpiących na typ 1 tej choroby. W ich trzustkach dochodzi do uszkodzeń komórek beta produkujących insulinę, co zaburza ich zdolność wytwarzania tego hormonu. Pozbawiona kontroli glukoza we krwi osiąga niebezpieczne stężenie i działa jak środek moczopędny. Przemiana materii zostaje osłabiona, gdyż ze względu na brak insuliny glukoza nie może wnikać do komórek organizmu. Jeśli choremu nie poda się insuliny, dochodzi do kwasicy ketonowej, po której następuje śpiączka i śmierć. Za odkrycie insuliny kanadyjski lekarz sir Frederick Banting dostał w 1923 roku Nagrodę Nobla. Rozpoczęła się epoka podawania insuliny wszystkim cukrzykom, dzieciom i dorosłym.

Podczas gdy odkrycie insuliny naprawdę ratowało życie dzieciom, w przypadku dorosłych sprawiło, że przez wiele dziesięcioleci błędnie pojmowano tę chorobę. Różnica między typem 1 i 2 nie została określona i dopiero w latach 50. XX wieku stwierdzono z zaskoczeniem, że dorosłym cierpiącym na cukrzycę typu 2 nie brakuje insuliny aż do zaawansowanego stadium choroby. Prawdę mówiąc, większość dorosłych cukrzyków ma wysokie poziomy insuliny (kilka razy wyższe od normalnych). Koncepcja insulinooporności, wyjaśniająca, skąd u dorosłych diabetyków biorą się zawyżone poziomy insuliny, pojawiła się dopiero w latach 80. XX wieku[6].

Niestety, odkrycie insulinooporności nie zdołało oświecić medycznego świata, przez co idea ograniczania w diecie tłuszczu, zwłaszcza nasyconego, zapoczątkowała w całym kraju sezon na węglowodany. Doprowadziło to w szczególności do założenia, iż „zdrowe produkty pełnoziarniste" ocalą zdrowie Amerykanów, zagrożone, jak uważano, przez nadmierne spożycie tłuszczów. Niezamierzonym rezultatem podjętych wówczas działań jest trwający od trzydziestu lat eksperyment, w ramach którego przekonujemy się na co dzień, co spotyka ludzi ograniczających tłuszcze i zastępujących czerpane z nich kalorie „zdrowymi produktami pełnoziarnistymi", na przykład pszennymi.

Efekt? Przybieranie na wadze, otyłość, nabrzmiałe od trzewnego tłuszczu brzuchy, stany przedcukrzycowe i cukrzyca na skalę, jakiej dotąd nie spotykano. Dotyczy to zarówno mężczyzn, jak i kobiet, bogatych i biednych, roślinożerców i mięsożerców, wszystkich ras i ludzi w każdym wieku. Wszyscy „wydalają wodę o smaku miodu".

PEŁNOZIARNISTY NARÓD

Przez całe wieki cukrzyca typu 2 dotykała głównie ludzi z warstw uprzywilejowanych, którzy, aby się pożywić, nie musieli polować, uprawiać ziemi ani przygotowywać własnoręcznie posiłków. Pomyślcie o Henryku VIII, podagrycznym i opasłym, mającym prawie sto czterdzieści centymetrów w talii, obżerającym się co wieczór marcepanami, bochenkami chleba i słodkimi puddingami popijanymi piwem. Dopiero w drugiej połowie XIX oraz w XX wieku, kiedy konsumpcja sacharozy (czyli zwykłego cukru) wzrosła we wszystkich warstwach społecznych, a zwłaszcza wśród klasy pracującej, cukrzyca stała się powszechniejsza[7].

Na przełomie XIX i XX wieku odnotowano wzrost poziomu zachorowań na cukrzycę, który następnie ustabilizował się na wiele lat. Przez większość XX wieku częstość występowania cukrzycy u dorosłych w Stanach Zjednoczonych pozostawała mniej więcej stała – aż do połowy lat 80.

Potem nastąpiła gwałtowna zmiana na gorsze.

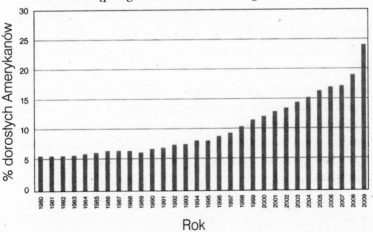

Odsetek dorosłych obywateli USA z cukrzycą w latach 1980–2009. Od końca lat 80. następuje ostra tendencja zwyżkowa, przy czym najgwałtowniejsze skoki odnotowano w roku 2009 i 2010 (nie pokazano). Źródło: Centrum Kontroli i Profilaktyki Chorób (Centers for Disease Control and Prevention).

Dzisiaj cukrzyca jest plagą równie powszechną, jak plotki w tabloidach. W roku 2009 cierpiało na nią 24 miliony Amerykanów, co stanowi gwałtowny wzrost w porównaniu do kilku zaledwie wcześniejszych lat. Liczba amerykańskich cukrzyków rośnie szybciej niż w przypadku jakiegokolwiek innego stanu chorobowego − z wyjątkiem otyłości (o ile uznamy ją za chorobę). Jeśli sami nie jesteście diabetykami, to zapewne macie przyjaciół, którzy nimi są, albo współpracowników, albo sąsiadów. Zważywszy na wyjątkowo dużą częstość występowania cukrzycy wśród osób starszych, wasi rodzice również mogą (lub mogli) być cukrzykami.

A cukrzyca to zaledwie czubek góry lodowej. Na każdego diabetyka przypadają trzy lub cztery osoby w stanie przedcukrzycowym (obejmującym nieprawidłowy poziom glukozy na czczo, zaburzoną tolerancję glukozy i zespół metaboliczny). Zależnie od stosowanej definicji stan przedcukrzycowy dotyczy od 22 do 39 procent wszystkich dorosłych obywateli USA[8]. To wręcz niewiarygodne! Łączna liczba osób z cukrzycą i stanem przedcukrzycowym w 2008 roku wynosiła 81 milionów. To jeden na trzech dorosłych powyżej osiemnastego roku życia[9]. To więcej niż wynosiła ogólna liczba mieszkańców USA − dorosłych i dzieci − w 1900 roku.

Jeśli doliczycie do tego ludzi, którzy jeszcze nie spełniają wszystkich kryteriów stanu przedcukrzycowego, a jedynie wykazują podwyższony poziom cukru po posiłkach, mają wysokie trójglicerydy, małe cząsteczki LDL i słabo reagują na insulinę (wykazują insulinooporność) − a te zjawiska również mogą doprowadzić do choroby serca, katarakty, choroby nerek i w końcu do cukrzycy − to stwierdzicie, że niewiele jest dziś osób, łącznie z dziećmi, które nie zaliczają się do tej grupy.

W tej chorobie nie chodzi tylko o to, że jest się grubym i trzeba zażywać lekarstwa; ona prowadzi do poważnych komplikacji, takich jak niewydolność nerek (40 procent przypadków tej dolegliwości jest wywołanych przez cukrzycę) oraz konieczności amputacji kończyn (cukrzyca jest przyczyną większej liczby amputacji niż jakakolwiek inna choroba, z wyjątkiem stanów pourazowych). Rozmawiamy o sprawach naprawdę poważnych.

To przerażająca cecha współczesności – powszechna demokratyzacja choroby, która dawniej występowała niezwykle rzadko. Co trzeba mówić ludziom, aby położyć jej kres? Więcej ćwicz, mniej podjadaj... i spożywaj więcej „zdrowych produktów pełnoziarnistych"?

ŁOMOT SPUSZCZANY TRZUSTCE

Eksplozji cukrzycy i stanów przedcukrzycowych dorównuje wzrost liczby osób z nadwagą oraz otyłych.

Właściwie należałoby powiedzieć, że eksplozja cukrzycy i stanów przedcukrzycowych została w znacznym stopniu wywołana przez ogrom nadwagi i otyłości, gdyż przyrost wagi prowadzi do zaburzonej wrażliwości na insulinę i większego prawdopodobieństwa odkładania się tłuszczu trzewnego, stanowiących podstawowe warunki rozwoju cukrzycy[10]. Im grubsi stają się Amerykanie, tym większa ich liczba zapada na cukrzycę i stany przedcukrzycowe. W 2009 roku 26,7 procent Amerykanów, czyli 75 milionów ludzi, spełniało kryteria otyłości – ich wskaźnik masy ciała (BMI) wynosił 30 lub więcej – a jeszcze większa liczba zaliczała się do osób z nadwagą (BMI od 25 do 29,9)[11]. W żadnym ze stanów USA nie zdołano jeszcze obniżyć otyłości do 15 procent, wyznaczonych jako cel w wydanym przez lekarza naczelnego USA „Wezwaniu do działań na rzecz zapobiegania i obniżania nadwagi oraz otyłości". Żaden się nawet do tego nie zbliżył. (Biuro lekarza naczelnego wciąż przypomina, że Amerykanie muszą podwyższyć poziom aktywności fizycznej, jeść więcej pokarmów o obniżonej zawartości tłuszczu, a także – owszem – zwiększyć spożycie produktów pełnoziarnistych).

Zgodnie z oczekiwaniami tyciu towarzyszą cukrzyca i stany przedcukrzycowe, choć dokładna waga, przy której zaczynają się one rozwijać, zalicza się do genetycznych składowych ryzyka i może być różna u poszczególnych osób. Jedna kobieta o wzroście 165 cm może zapaść na cukrzycę przy wadze 110 kilogramów, a druga, mierząca tyle samo, już przy 60 kg. Takie wahania są określane genetycznie.

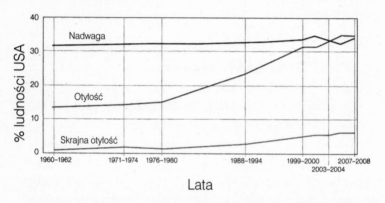

Zmiany w otyłości i nadwadze Amerykanów w latach 1960–2008. Nadwaga jest definiowana jako BMI w przedziale 25–30; otyłość jako BMI ≥30; skrajna otyłość – BMI ≥35. Podczas gdy odsetek Amerykanów z nadwagą nie zmienił się znacząco, przybywa osób otyłych, a liczba skrajnie otyłych też rośnie w alarmującym tempie. Źródło: Centrum Kontroli i Profilaktyki Chorób.

Koszty ekonomiczne takich trendów są oszałamiające. Szczególnie kosztowne jest tycie, zarówno pod względem wydatków na opiekę zdrowotną, jak i wpływu na indywidualne zdrowie obywateli[12]. Niektóre szacunki wykazują, że w ciągu następnych dwudziestu lat aż 16–18 procent wszystkich wydatków na służbę zdrowia pochłoną kwestie związane z nadmierną wagą – nie genetyczne nieszczęścia, wady okołoporodowe, choroby psychiczne, oparzenia czy zespół stresu pourazowego wywołany okropnościami wojny – a jedynie to, że tyjemy. Koszty otyłości Amerykanów przyćmiewają sumy wydawane na raka. Wydamy więcej pieniędzy na walkę z konsekwencjami zdrowotnymi otyłości niż na edukację.

Jest jeszcze jeden czynnik idący w parze ze zmianami zachodzącymi w cukrzycy, stanach przedcukrzycowych i przybieraniu na wadze. Zgadliście – to konsumpcja pszenicy. Bez względu na to, czy wynika to z wygody, smaku czy pojmowania zdrowia, Amerykanie stali się bezbronnymi pszenoholikami. Roczne spożycie produktów pszennych (białego i ciemnego pieczywa, makaronu durum) na osobę wzrosło od 1970 roku o 11,8 kilograma[13]. Uśredniając to spożycie na wszystkich Amerykanów – niemowlęta, dzieci, nastolatków, dorosłych i starców – widzimy, że przeciętny obywatel naszego kraju konsumuje rocznie ponad 60 kilogramów pszenicy. (Zauważcie, że 60 kg mąki pszennej to mniej więcej 200 bochenków chleba, czyli nieco więcej niż pół bochenka dziennie). Oczywiście wielu dorosłych spożywa go więcej, bo żadne niemowlę ani dziecko uwzględnione w obliczeniach nie zjada aż tyle.

Pszenicę jednak jedzą wszyscy – niemowlęta, dzieci, młodzież, dorośli i osoby starsze. Każda grupa spożywa ją w preferowanej przez siebie postaci – jako gotowe posiłki dla niemowląt, krakersy, ciasteczka, kanapki z masłem orzechowym, pizzę, pełnoziarnisty makaron, tosty lub hamburgery – ale w końcu wychodzi na to samo. Równolegle do zwiększonej konsumpcji nastąpiło ciche przejście od mierzącej metr dwadzieścia *Triticum aestivum* do wysokowydajnych odmian pszenicy karłowatej i nowych struktur glutenu, nigdy wcześniej niespożywanych przez ludzi.

Od strony fizjologicznej związek pszenicy z cukrzycą jest całkiem logiczny. Produkty z udziałem tego zboża dominują w naszej diecie i zwiększają poziom cukru bardziej niż praktycznie wszystkie inne pokarmy, podwyższając parametry takie jak HbA1c (wskaźnik odzwierciedlający średni poziom glukozy we krwi w ciągu ostatnich 60–90 dni). Cykl glukozowo-insulinowy każdego dnia osiągający kilkakrotnie wysokie wartości powoduje gromadzenie się tłuszczu trzewnego. Tłuszcz trzewny – czyli pszenny brzuch – jest ściśle powiązany z opornością na insulinę, która z kolei przyczynia się do jeszcze wyższych poziomów glukozy i insuliny[14].

Wczesnemu stadium odkładania się tłuszczu trzewnego i cukrzycy towarzyszy w trzustce 50-procentowy wzrost komórek beta, odpowiedzialnych za produkcję insuliny. Jest to fizjologiczne przystosowanie organizmu do ogromnego zapotrzebowania insulinoopornego organizmu. Jednak ta adaptacja komórek beta ma swoje granice.

Wysoki poziom cukru, na przykład po zjedzeniu muffinki podczas jazdy samochodem do pracy, wywołuje zjawisko zwane „glukotoksycznością", czyli uszkadzanie wytwarzających insulinę komórek beta, wynikające z wysokiego poziomu cukru we krwi[15]. Im wyższy jest poziom cukru, tym więcej następuje zniszczeń w komórkach beta. Ten efekt ma charakter progresywny i zaczyna się od poziomu cukru wynoszącego 100 mg/dl, który wielu lekarzy uznaje za normalny. Po zjedzeniu dwóch kromek pełnoziarnistego chleba z chudą piersią indyka, u dorosłego człowieka niechorującego na cukrzycę poziom cukru będzie zazwyczaj wynosił od 140 do 180 mg/dl, co z nawiązką wystarcza do zniszczenia kilku cennych komórek beta – które nie są zastępowane przez nowe.

Wasze biedne, bezbronne komórki beta trzustki są niszczone także przez proces lipotoksyczności (czyli utratę komórek beta na skutek podwyższonych poziomów trójglicerydów i kwasów tłuszczowych), taki jak ten, który powstaje w wyniku wielokrotnego spożywania węglowodanów. A pamiętajcie, że dieta oparta na węglowodanach prowadzi do zwiększenia liczby cząsteczek VLDL i trójglicerydów, utrzymującej się zarówno tuż po posiłku, jak i między posiłkami, co w znacznie większym stopniu nasila lipotoksyczne wyniszczanie komórek beta trzustki.

Urazy trzustki są jeszcze bardziej pogłębiane przez zjawiska zapalne, takie jak uszkodzenia oksydacyjne, leptyna, różne interleukiny oraz czynnik martwicy nowotworu. Biorą się one z tłuszczu trzewnego, będącego źródłem stanu zapalnego, i są charakterystyczne dla cukrzycy oraz stanów przedcukrzycowych[16].

Z upływem czasu, na skutek podstępnych ciosów zadawanych przez glukotoksyczność, lipotoksyczność i zniszczenia zapalne, komórki beta słabną i umierają, a ich liczba stopniowo spada do niespełna 50 procent wartości początkowej[17]. I wtedy w nieodwracalny sposób rozwija się cukrzyca.

Krótko mówiąc, węglowodany, zwłaszcza te, które najbardziej zwiększają we krwi poziom cukru oraz insuliny – czyli produkty pszenne – inicjują wiele procesów metabolicznych, które w końcu prowadzą do nieodwracalnej utraty zdolności trzustki do wytwarzania insuliny, a zatem do cukrzycy.

ZWALCZANIE WĘGLOWODANÓW WĘGLOWODANAMI?

Śniadanie człowieka paleolitycznego lub neolitycznego mogło się składać z ryb, gadów, ptaków lub innej zwierzyny (nie zawsze gotowanej), liści, korzonków, jagód lub owadów. Dziś będzie to raczej miseczka płatków zrobionych z mąki pszennej, skrobi kukurydzianej, syropu kukurydzianego o wysokiej zawartości fruktozy, płatków owsianych oraz sacharozy. Oczywiście taki produkt nie będzie nosił nazwy „mąka pszenna, skrobia kukurydziana, płatki owsiane, syrop kukurydziany o wysokiej zawartości fruktozy i sacharoza", tylko jakąś inną, bardziej wpadającą w ucho, na przykład „Zdrówko do schrupania" albo „Owocowe kwadraciki". A może to śniadanie będzie się składać z gofrów lub naleśników oblanych klonowym syropem. Albo z tostu posmarowanego dżemem czy też kromki pumpernikla z niskotłuszczowym serem. Dla większości Amerykanów węglowodanowe obżarstwo zaczyna się wczesnym rankiem i trwa przez cały dzień.

Nie powinniśmy być w najmniejszym stopniu zdziwieni tym, że w miarę jak nasze życie staje się coraz mniej wymagające (kiedy ostatnio zdarzyło się wam odrzeć zwierzę ze skóry i poćwiartować je, rąbać drzewo, żeby przetrwać zimę, albo prać ręcznie w potoku swoją przepaskę biodrową?) i coraz łatwiej dostać pyszne, szybko metabolizowane produkty żywnościowe, rezultatem są choroby wynikające z nadmiaru.

Nikt nie staje się diabetykiem dlatego, że za bardzo objada się upolowaną własnoręcznie dziczyzną albo zebranym osobiście dzikim czosnkiem i jagodami... bądź warzywnymi omletami, łososiem, jarmużem, papryką czy ogórkiem. Natomiast u wielu ludzi cukrzyca rozwija się z powodu nadmiaru babeczek, obwarzanków, płatków śniadaniowych, naleśników, wafelków, precelków, krakersów, ciastek, rogalików, pączków i placków.

Jak już wspomnieliśmy, produkty, które w największym stopniu podwyższają poziom cukru we krwi, wywołują też cukrzycę. Ta sekwencja jest prosta: węglowodany powodują uwalnianie insuliny przez trzustkę, co prowadzi do gromadzenia się tłuszczu trzewnego, a ten z kolei wywołuje insulinooporność i stany zapalne. Wysoki poziom cukru, trójglicerydów i kwasów tłuszczowych niszczy trzustkę. Po latach nadmiernej pracy trzustka pada pod ciosami zadawanymi jej przez glukotoksyczność, lipotoksyczność i stany zapalne, w praktyce „wypala się", co skutkuje niedoborem insuliny i wzrostem poziomu cukru we krwi, czyli cukrzycą.

Leczenie cukrzycy odzwierciedla ten ciąg wydarzeń. We wczesnym stadium chorym przepisuje się leki ograniczające insulinooporność, takie jak pioglitazone (Actos). Metformina, również przepisywana na początku, zmniejsza wytwarzanie glukozy przez wątrobę. Kiedy trzustka jest już wyczerpana po latach glukotoksycznych, lipotoksycznych i zapalnych ciosów, i nie może dłużej wytwarzać insuliny, chorym przepisuje się zastrzyki z tym hormonem.

W ramach przeważającego standardu zapobiegania i leczenia cukrzycy, choroby wywoływanej w znacznym stopniu przez spożycie węglowodanów, zaleca się chorym większą konsumpcję... węglowodanów.

Przed laty stosowałem u pacjentów z cukrzycą dietę Amerykańskiego Towarzystwa Diabetologicznego (American Diabetes Association – ADA). Przestrzegając zaleceń spożywania węglowodanów, obserwowałem, jak pacjenci przybierają na wadze, gorzej kontrolują poziom glukozy we krwi, potrzebują więcej leków i doświadczają cukrzycowych powikłań, takich jak choroba nerek i neuropatia. Tak jak Ignaz Semmelweis zdołał nieomal wyplenić gorączkę połogową ze swojego szpitala poprzez zwyczajne mycie rąk, tak ignorowanie zaleceń dietetycznych ADA i ograniczenie spożycia węglowodanów prowadzi do lepszej kontroli poziomu cukru, zredukowania wskaźnika HbA1c, radykalnej utraty masy ciała oraz poprawy wszystkich metabolicznych zaburzeń związanych z cukrzycą, takich jak nadciśnienie i nadmiar trójglicerydów.

ADA doradza cukrzykom zmniejszenie ilości tłuszczu, ograniczenie tłuszczu nasyconego i dołączanie do każdego posiłku od 45 do 60 gramów węglowodanów – najlepiej „zdrowych produktów pełnoziarnistych" – bądź spożywanie od 135 do 180 gramów węglowodanów dziennie, nie wliczając w to przekąsek. W swojej istocie jest to dieta oparta na strachu przed tłuszczem i skoncentrowana na węglowodanach, które dostarczają w niej od 55 do 65 procent kalorii. Gdybym miał podsumować poglądy ADA na dietę, brzmiałoby to tak: dalej, śmiało, jedzcie cukier i produkty podwyższające poziom cukru we krwi, pamiętajcie tylko o tym, żeby brać odpowiednio więcej leków.

Jednak podczas gdy „zwalczanie ognia ogniem" może się sprawdzać w przypadku walki ze szkodnikami szkodników, albo w kontaktach z pasywno-agresywnymi sąsiadami, to nie da się obciążać karty kredytowej ponad limit i nie można radzić sobie z cukrzycą za pomocą węglowodanów.

ADA ma ogromny wpływ na kształtowanie podejścia do żywienia w całej Ameryce. Osobę, u której zdiagnozowano cukrzycę, kieruje się do edukatora cukrzycowego albo do pielęgniarki, która zapoznaje ją z zasadami diety ADA. Jeśli pacjent z cukrzycą trafia do szpitala, lekarz również zapisuje mu „dietę ADA". Takie dietetyczne wskazówki mogą w praktyce odgrywać rolę przepisów „prawa" zdrowotnego. Widywałem pielęgniarki diabetologiczne i edukatorów, którzy, pojąwszy, iż węglowodany po-

POŻEGNANIE Z PSZENICĄ, POŻEGNANIE Z CUKRZYCĄ

Maureen, 63-letnia matka trójki dorosłych dzieci i babcia piątki wnuków, trafiła do mojego gabinetu, aby zasięgnąć porady w sprawie programu zapobiegania chorobom serca. W ciągu poprzednich dwóch lat dwukrotnie cewnikowano jej serce i wstawiono trzy stenty, pomimo iż zażywała lek statynowy na obniżenie cholesterolu.

Jej badania laboratoryjne obejmowały analizę lipoprotein, która poza niskim poziomem cholesterolu HDL, wynoszącym 39 mg/dl, i wysokim poziomem trójglicerydów (233 mg/dl), wykazała nadmiar małych cząsteczek LDL. 85 procent cząsteczek LDL u Maureen sklasyfikowano jako małe. To poważna nieprawidłowość.

Ponadto dwa lata wcześniej, podczas jednej z hospitalizacji, u Maureen zdiagnozowano cukrzycę. Poinformowano ją zarówno o ograniczeniach „zdrowej" diety Amerykańskiego Stowarzyszenia Chorób Serca, jak i o diecie Amerykańskiego Towarzystwa Diabetologicznego. Jej pierwszym lekiem przeciwcukrzycowym była metformina. Jednak po kilku miesiącach Maureen musiała dostać dodatkowe lekarstwo, a potem jeszcze jedno (to ostatnie w postaci zastrzyków, wykonywanych dwa razy dziennie), aby jej poziom cukru utrzymywał się w zalecanym przedziale. Ostatnio jej lekarz wspomniał, że prawdopodobnie będzie musiała przyjmować zastrzyki z insuliny.

wodują cukrzycę, odrzucali rady ADA i zalecali pacjentom ograniczanie konsumpcji tych związków. Ponieważ takie zalecenia są sprzeczne z wytycznymi ADA, medyczny establishment podchodzi do nich sceptycznie i zwalnia „nieuczciwych" pracowników. Nigdy nie lekceważcie konwencjonalnych przekonań, zwłaszcza w medycynie.

Lista produktów zalecanych przez ADA obejmuje:
* pełnoziarniste chleby, na przykład pszenny lub żytni chleb razowy;
* pełnoziarniste płatki zbożowe z dużą zawartością błonnika;
* gotowane płatki owsiane, kukurydziane lub pszenne;
* ryż, makaron, tortille;

Ponieważ małe cząsteczki LDL, niski poziom HDL i wysoki poziom trójglicerydów są blisko powiązane z cukrzycą, poradziłem Maureen, jaką dietę powinna stosować, aby naprawić całą gamę nieprawidłowości. Kamieniem węgielnym tych zaleceń była eliminacja pszenicy. Ze względu na poważny odsetek małych cząsteczek LDL poprosiłem ją również o ograniczenie innych węglowodanów, zwłaszcza mąki kukurydzianej i cukru, a także płatków owsianych, fasoli, ryżu i ziemniaków. (W większości przypadków tak surowe ograniczenia nie są konieczne).

W ciągu pierwszych trzech miesięcy od rozpoczęcia diety Maureen schudła o prawie 13 kilogramów (początkowo ważyła 112 kg). Ta wstępna utrata masy ciała pozwoliła jej przerwać przyjmowanie zastrzyków. Po kolejnych trzech miesiącach zrzuciła następne 7 kilogramów i ograniczyła leki do początkowej metforminy.

Po roku Maureen schudła ogółem o 23 kilogramy i po raz pierwszy od 20 lat zeszła poniżej 90 kilo. Ponieważ jej poziomy cukru konsekwentnie utrzymywały się poniżej wartości 100 mg/dl, zaleciłem jej rezygnację z metforminy. Przestrzegała diety i nadal stopniowo chudła, a jej poziomy cukru we krwi bez trudu utrzymywały wartości pozacukrzycowe.

Jeden rok, 23 kilogramy mniej i Maureen pożegnała się z cukrzycą. O ile nie powróci do dawnych przyzwyczajeń, takich jak mnóstwo „zdrowych produktów pełnoziarnistych", jest w zasadzie wyleczona.

- gotowaną fasolę i groch;
- ziemniaki, groszek, kukurydzę w kolbach, fasolkę szparagową, bataty, kabaczki;
- niskotłuszczowe krakersy i chipsy, precelki i beztłuszczowy popcorn.

Krótko mówiąc, pszenica, pszenica, kukurydza, ryż i pszenica. Zapytajcie któregokolwiek cukrzyka o skutki takiego podejścia do diety, a usłyszycie, że każdy z tych produktów podwyższa poziom cukru do wartości wynoszących 200–300 mg/dl, a nawet bardziej. Według zaleceń ADA , tak właśnie powinno być… Tylko pamiętajcie o mierzeniu poziomu cukru i porozmawiajcie z lekarzem o skorygowaniu dawek insuliny lub leków.

Czy dieta ADA przyczynia się do leczenia cukrzycy? Członkowie towarzystwa głoszą bezsensowny slogan o „działaniu na rzecz leczenia", ale czy n a p r a w d ę w nim pomagają?

Na ich obronę powiem, że moim zdaniem większość ludzi działających w ADA nie jest zła; prawdę mówiąc, wielu z nich pomaga finansować badania nad lekiem na cukrzycę dziecięcą. Ale uważam, że omamił ich mit o cudownych wartościach niskotłuszczowej diety, ten sam, który skierował na boczny tor całe amerykańskie żywienie.

Pomysł leczenia cukrzycy poprzez zwiększone spożycie produktów, które doprowadzają do tej choroby, i regulowanie rozhuśtanych poziomów cukru za pomocą leków utrzymuje się do dziś.

My oczywiście mamy tę przewagę, że możemy oglądać skutki tego kolosalnego dietetycznego *faux pas* z perspektywy czasu, jak kiepski film na wideo. Przewińmy zatem cały ten ziarnisty, rozedrgany obraz – usuńmy z diety węglowodany, zwłaszcza te, których dostarczają nam „zdrowe produkty pełnoziarniste", a cała plejada współczesnych chorób znajdzie się w odwrocie.

DÉJÀ VU – JESZCZE RAZ?

Suśruta, wspomniany wcześniej indyjski lekarz z V wieku p.n.e., zalecał ćwiczenia swoim otyłym pacjentom z cukrzycą, w czasie kiedy jego koledzy diagnozowali schorzenia na podstawie zjawisk przyrodniczych i położenia gwiazd. Francuski lekarz Apollinaire Bouchardat, żyjący w XIX wieku, zauważył, że ilość cukru w moczu jego pacjentów zmalała podczas czteromiesięcznego oblężenia Paryża przez pruską armię w 1870 roku, gdy brakowało żywności, a zwłaszcza chleba. Po wojnie próbował osiągnąć podobny skutek, zalecając swoim pacjentom chorującym na cukrzycę ograniczenie spożycia chleba i innych produktów zawierających skrobię oraz sporadyczne posty. Robił to, pomimo iż inni lekarze doradzali zwiększone spożycie skrobi.

W wieku XX autorytatywne dzieło *Principles and Practice of Medicine* (Zasady i praktyka medycyny), autorstwa Williama Oslera, jednego z czterech założycieli Szpitala Johna Hopkinsa, zalecało diabetykom spożywanie 2 procent węglowodanów. Frederick Banting w swojej publikacji z 1922 roku, opisującej wstępne doświadczenia z wstrzykiwaniem dzieciom chorym na cukrzycę wyciągu z trzustki, odnotowuje, że szpitalna dieta, mająca regulować poziom glukozy w moczu, polegała na ścisłym ograniczeniu węglowodanów do 10 gramów dziennie[18].

Być może nie da się znaleźć leku, opierając się na prymitywnych metodach, takich jak obserwowanie, czy wokół moczu gromadzą się muchy. Gdyby dawni lekarze mieli do dyspozycji nowoczesne narzędzia w postaci testów poziomu cukru we krwi i hemoglobiny A1c, to wierzę, że odnosiliby większe sukcesy w walce z cukrzycą. Współczesne podejście, oparte na zasadzie „ogranicz tłuszcze, jedz więcej zdrowych produktów pełnoziarnistych", sprawiło, że zapomnieliśmy o wnioskach wyciąganych przez bystrych obserwatorów, takich jak Osler i Banting. Jak to się często zdarza, pomysł leczenia cukrzycy poprzez ograniczenie węglowodanów jest lekcją, którą będziemy musieli przerobić od nowa.

A jednak dostrzegam światełko w tunelu. Koncepcja głosząca, iż cukrzycę należy traktować jako chorobę polegającą na nietolerancji węglowodanów, zaczyna zyskiwać popularność wśród społeczności medycznej. Za uznawaniem cukrzycy za skutek uboczny nietolerancji węglowodanów opowiada się głośno wielu lekarzy i naukowców, jak chociażby Eric Westman z Uniwersytetu Duke'a, Mary Vernon, była dyrektorka medyczna Programu Kontroli Wagi na Uniwersytecie w Kansas i prezes Amerykańskiego Towarzystwa Lekarzy Bariatrów, oraz Jeff Volek, pracownik naukowy z Uniwersytetu Connecticut. Westman i Vernon stwierdzają na przykład, że zazwyczaj muszą zmniejszyć dawkę insuliny o 50 procent w pierwszym dniu ograniczania węglowodanów przez pacjenta, aby uniknąć nadmiernego obniżenia poziomu cukru w jego krwi[19].

PSZENICA I CUKRZYCA TYPU 1

Przed odkryciem insuliny cukrzyca typu 1, zwana dziecięcą, prowadziła do śmierci w ciągu kilku miesięcy od wystąpienia. Dokonane przez Fredericka Bantinga odkrycie miało przełomowy charakter. Ale dlaczego w ogóle dochodzi do cukrzycy u dzieci.

Przeciwciała przeciwko insulinie, komórkom beta oraz innym „własnym" białkom powodują autoimmunologiczne zniszczenie trzustki. U dzieci z cukrzycą wytwarzają się również przeciwciała skierowane przeciwko innym narządom organizmu. Jedno z badań wykazało, że 24 procent tych dzieci ma podwyższone poziomy „autoprzeciwciał", to znaczy przeciwciał przeciwko „własnym" białkom, podczas gdy u dzieci bez cukrzycy ten odsetek wynosi 6 procent[20].

Częstość występowania cukrzycy typu 2 u dzieci rośnie na skutek nadwagi, otyłości i braku aktywności, dokładnie z tych samych powodów, co u dorosłych. Ale przybywa również przypadków cukrzycy typu 1. Narodowe Instytuty Zdrowia oraz Centrum Kontroli i Profilaktyki Chorób wspólnie sponsorowały badanie cukrzycy u osób młodych, które wykazało, że w latach 1978–2004 częstość nowych przypadków cukrzycy typu 1 wzrastała o 2,7 procent rocznie. Najszybsze tempo tego wzrostu odnotowano u dzieci mających mniej niż cztery lata[21]. Statystyki medyczne z lat 1990–1999 prowadzone w Europie, Azji i Ameryce Południowej wykazują podobny wzrost[22].

Dlaczego liczba przypadków cukrzycy typu 1 miałaby wzrastać? Nasze dzieci są prawdopodobnie narażone na kontakt z czymś, co wywołuje u nich wyraźnie nieprawidłową reakcję immunologiczną. Niektóre autorytety sugerowały, że proces ten jest wywołany infekcją wirusową, natomiast inne wskazywały na czynniki doprowadzające do reakcji autoimmunologicznych u jednostek predysponowanych genetycznie.

Czy to może być pszenica?

Nie można wykluczyć, że zmiany w genach pszenicy od roku 1960, na przykład te, które doprowadziły do powstania wysokowydajnych odmian karłowatych, są przyczyną ostatniego wzrostu częstości cukrzycy typu 1. Jego wystąpienie zbiega się w czasie ze wzrostem celiakii oraz innych chorób.

Jedna zależność wyraźnie rzuca się w oczy: u dzieci z celiakią prawdopodobieństwo rozwoju cukrzycy typu 1 jest 10 razy większe; dzieci z cukrzycą typu 1 10 do 20 razy częściej od zdrowych mają przeciwciała przeciw pszenicy i/lub chorują na celiakię[23,24]. Te dwa stany chorobowe występują razem z prawdopodobieństwem o wiele za wysokim, żeby mówić o czystym przypadku.

Ponadto bliska relacja pomiędzy cukrzycą typu 1 i celiakią nasila się z czasem. Podczas gdy niektóre dzieci z cukrzycą wykazują oznaki celiakii już w chwili zdiagnozowania tej pierwszej choroby, u kolejnych wystąpią one w następnych latach[25].

Nieuchronnie nasuwa się pytanie: czy brak kontaktu z pszenicą od urodzenia może zapobiec rozwojowi cukrzycy typu 1? W końcu badania na myszach genetycznie podatnych na cukrzycę typu 1 wykazują, że eliminacja pszennego glutenu ogranicza rozwój cukrzycy z 64 do 15 procent[26] i zapobiega typowym dla celiakii uszkodzeniom jelit[27]. Na ludzkich noworodkach i dzieciach nie przeprowadzono takiego badania, więc to kluczowe pytanie pozostaje bez odpowiedzi.

Choć w wielu punktach nie zgadzam się z zasadami Amerykańskiego Towarzystwa Diabetologicznego, w jednym jesteśmy zgodni: dzieci, u których zdiagnozowano cukrzycę typu 1, powinny być badane pod kątem celiakii. Dodałbym, że te badania powinny być powtarzane co kilka lat, aby sprawdzić, czy celiakia nie rozwinęła się w późniejszym okresie dziecięcym, a nawet po osiągnięciu dorosłości. Choć żadna oficjalna agencja tego nie zaleca, sądzę, że nie byłoby przesadą sugerowanie rodzicom dzieci cierpiących na cukrzycę, żeby poważnie pomyśleli o wyeliminowaniu glutenu, zarówno pszennego, jak i pochodzącego z innych źródeł.

Czy rodziny, w których występuje cukrzyca typu 1, u jednego lub u większej liczby członków, powinny od początku unikać pszenicy, aby nie narażać swych dzieci na reakcję autoimmunologiczną, która prowadzi do trwającej przez całe życie choroby zwanej cukrzycą typu 1? Nikt tego nie wie, ale to pytanie naprawdę wymaga odpowiedzi. Rosnąca częstość występowania tej choroby sprawia, że w nadchodzących latach będzie to coraz bardziej paląca kwestia.

Volek ze swoim zespołem wielokrotnie udowadniali, zarówno na ludziach, jak i na zwierzętach, że rygorystyczne ograniczenie węglowodanów powoduje spadek insulinooporności, zaburzeń poposiłkowych i zmniejszenie ilości tłuszczu trzewnego[28,29].

Kilka badań przeprowadzonych w ciągu ostatnich dziesięciu lat wykazało, że redukcja węglowodanów prowadzi do utraty masy ciała i poprawy poziomów cukru u ludzi z cukrzycą[30,31,32]. W jednym z nich, w ramach którego węglowodany ograniczono do 30 gramów dziennie, średnia utrata wagi wyniosła 5,08 kg, a wskaźnik HbA1c (odzwierciedlający średni poziom glukozy we krwi w ciągu ostatnich 60–90 dni) zmalał z 7,4 do 6,6 procent w ciągu roku[33]. Badanie otyłych cukrzyków na Uniwersytecie Temple wykazało, że ograniczenie węglowodanów do 21 gramów dziennie doprowadziło do średniego spadku masy ciała o 1,6 kilograma w ciągu 2 tygodni, a także obniżenia HbA1c z 7,3 do 6,8 procent i 75-procentowej poprawy reakcji na insulinę[34].

Westman zdołał potwierdzić to, czego wielu z nas dowiaduje się z praktyki klinicznej: rzeczywista eliminacja węglowodanów, w tym pszenicy, dominującego węglowodanu „zdrowych" diet, nie tylko poprawia kontrolę poziomu cukru, ale może zlikwidować konieczność przyjmowania insuliny i leków u osób cierpiących na cukrzycę typu 2 – co można nazwać wyzdrowieniem.

W jednym z niedawnych badań prowadzonych przez Westmana 84 otyłych cukrzyków przestrzegało ściśle niskowęglowodanowej diety – żadnej pszenicy, skrobi kukurydzianej, cukru, ziemniaków, ryżu i owoców. Zmniejszyli w ten sposób swoje spożycie węglowodanów do 20 gramów dziennie (podobnie jak w przypadkach opisanych na początku XX wieku przez Oslera i Bantinga). Po sześciu miesiącach obwody ich pasa (świadczące o obecności tłuszczu trzewnego) zmniejszyły się o ponad 12 cm, trójglicerydy spadły o 70 mg/dl, waga zmalała o 11,1 kilograma, a poziom HbA1c obniżył się z 8,8 do 7,3 procent. Ponadto 95 procent uczestników badania mogło ograniczyć dawki leków przeciwcukrzycowych, a 25 procent zdołało je całkowicie w y e l i m i- n o w a ć, łącznie z insuliną[35].

Innymi słowy, w doświadczeniu Westmana – dotyczącym żywienia, a nie leków – 25 procent uczestników przestało być cukrzykami, a przynajmniej ich organizmy na tyle dobrze kontrolowały poziomy cukru we krwi, że wystarczała im właściwa dieta. Pozostali, choć nadal cierpieli na cukrzycę, lepiej kontrolowali poziomy glukozy i potrzebowali mniej insuliny oraz innych leków.

Dotychczasowe badania dowiodły tezy, iż ograniczenie węglowodanów poprawia zachowanie poziomów cukru i zmniejsza podatność na cukrzycę. W skrajnych przypadkach można w y- e l i m i n o w a ć leki przeciwcukrzycowe w ciągu zaledwie sześciu miesięcy. Myślę, że czasami można tu mówić o wyzdrowieniu, o ile nadmiar węglowodanów nie powróci do diety. Pozwólcie, że powtórzę jeszcze raz: jeżeli w trzustce wciąż istnieje wystarczająco wiele komórek beta, jeśli nie zostały one zdziesiątkowane przez długotrwałe narażanie ich na glukotoksyczność, lipotoksyczność i stany zapalne, część, o ile nie większość, osób ze stanami przedcukrzycowymi i z cukrzycą może wyzdrowieć. To sytuacja, do której praktycznie nigdy nie dochodzi przy konwencjonalnych niskotłuszczowych dietach, zalecanych przez Amerykańskie Towarzystwo Diabetologiczne.

Pozwala to sądzić, że z a p o b i e g a n i e cukrzycy, w odróżnieniu od jej l e c z e n i a, wymaga mniejszych wysiłków dietetycznych. W końcu niektóre źródła węglowodanów, takie jak jagody, maliny, brzoskwinie i bataty, dostarczają ważnych składników odżywczych i nie podnoszą przy tym poziomu glukozy we krwi w takim samym stopniu jak „inne" produkty. (Wiecie, o czym mówię).

Co zatem się stanie, jeśli nie będziemy realizować tak surowego programu, jaki narzucił Westman, a jedynie wyeliminujemy najbardziej wszechobecny, dominujący w diecie i podnoszący poziom cukru produkt? Z mojego doświadczenia wynika, że spadnie nam poziom cukru i HbA1c, utracimy tłuszcz trzewny (pszenny brzuch) i uwolnimy się od ryzyka uczestnictwa w ogólnokrajowej epidemii otyłości, stanów przedcukrzycowych i cukrzycy. Cukrzyca mogłaby powrócić do poziomu sprzed 1985 roku, znowu zaczęlibyśmy nosić spodnie i sukienki w rozmiarach z lat 50., a nawet siedzieć wygodnie w samolotach, obok innych osób o normalnej wadze.

„JEŻELI NIE PASUJE, MUSICIE UNIEWINNIĆ"

Kwestia tego, czy pszenica jest winowajcą powodującym otyłość i cukrzycę, przypomina mi proces O.J. Simpsona o morderstwo – dowody znalezione na miejscu zbrodni, podejrzane zachowanie oskarżonego, zakrwawiona rękawiczka łącząca mordercę z ofiarą, motyw, sposobność… A jednak, dzięki sprytnej sztuczce prawnej, Simpson został uniewinniony*.

Wszystko wskazuje na to, że pszenica powoduje cukrzycę: podwyższa poziom cukru w stopniu większym niż jakikolwiek inny produkt, dostarcza licznych okazji do wystąpienia glukotoksyczności, lipotoksyczności i stanów zapalnych oraz sprzyja gromadzeniu się tłuszczu trzewnego. Wszystko to pasuje jak ulał do oskarżenia, iż przyczyniła się do lawiny nadwagi i otyłości narastającej w USA w ciągu ostatnich trzydziestu lat – a jednak została rozgrzeszona ze wszystkich zbrodni przez „Dream Team", zespół złożony z przedstawicieli amerykańskiego Departamentu Rolnictwa, Amerykańskiego Towarzystwa Diabetologicznego, Amerykańskiego Towarzystwa Dietetycznego i innych instytucji, które zgodnie twierdzą, że należy ją spożywać w dużych

---

* Johnnie Cochran, adwokat Simpsona, zakazał swojemu klientowi przyjmowania pewnego leku, dzięki czemu spuchły mu dłonie. Następnie zażądał w sądzie, żeby oskarżony przymierzył ową rękawiczkę, po czym skierował do ławy przysięgłych słowa zacytowane w tytule tego podrozdziału – przyp. tłum.

ilościach. Nie sądzę, żeby Johnnie Cochran, adwokat Simpsona, poradził sobie lepiej.

Czy można unieważnić ten proces?

W procesie, w którym stawką jest ludzkie zdrowie, macie możliwość naprawić szkody, skazując winowajcę i wyrzucając go ze swojego życia.

ROZDZIAŁ 8

KAPIĄCY KWAS – PSZENICA JAKO WIELKA MĄCICIELKA PH

Ludzki organizm jest naczyniem, w którym poziom pH podlega ścisłej regulacji. Wystarczy, że w porównaniu z normalną wartością, wynoszącą 7,4, nastąpi wzrost lub spadek zaledwie o 0,5, a… już po tobie.

Oparte na kwasowości funkcjonowanie organizmu jest precyzyjnie dostrojone. Nasze ciało dba o tę sferę bardziej niż Zarząd Rezerw Federalnych o stopę dyskontową. Na przykład poważne infekcje bakteryjne mogą być śmiertelne dlatego, że ich kwaśne produkty uboczne przewyższają zdolność organizmu do neutralizowania obciążenia kwasowego. Także niewydolność nerek prowadzi do komplikacji zdrowotnych z powodu osłabienia możliwości uwalniania organizmu od kwaśnych produktów ubocznych.

W codziennym życiu pH człowieka utrzymuje wartość 7,4 dzięki skomplikowanemu systemowi kontroli. Produkty przemiany materii, takie jak kwas mlekowy, są kwaśne. Kwasy obniżają pH, wywołując paniczną reakcję organizmu, który stara się to zrekompensować, sięgając do wszelkich dostępnych zasobów zasadowych: od dwuwęglanu krążącego w krwiobiegu, po zasadowe sole wapnia, takie jak węglan wapnia i fosforan wapnia w kościach. Ponieważ utrzymanie normalnego pH jest tak istotne, dla jego zachowania organizm poświęci zdrowie kości. W tym wielkim systemie selekcji, jakim jest twoje ciało, kości zamienią się w papkę, zanim organizm pozwoli pH zboczyć z kursu. Kiedy uda się osiągnąć równowagę zasadową, szczęśliwe będą i kości, i stawy.

Mimo że niebezpieczne są odchylenia pH w obie strony, organizm lepiej sobie radzi z lekkim przesunięciem w stronę zasadowości. Jest to efekt nieznaczny, którego nie odzwierciedla pH krwi, ale można to stwierdzić, mierząc ilość kwasowych i zasadowych produktów w moczu.

Kwasy obciążające pH organizmu mogą się w nim pojawiać także poprzez dietę. Pewne dietetyczne źródła kwasu są oczywiste, na przykład napoje gazowane, które zawierają kwas węglowy. Niektóre z nich, chociażby coca-cola, zawierają również kwas fosforowy. Znaczne obciążenia kwasowe wywoływane przez napoje gazowane mogą skrajnie nadwerężać neutralizujące zdolności organizmu. Ciągłe czerpanie wapnia z kości jest wiązane na przykład z pięciokrotnie większą ilością złamań u nastoletnich dziewcząt, które wypijają najwięcej tych napojów[1].

Pewne produkty mogą nie być jednak tak oczywistymi źródłami kwasów w tym środowisku o ściśle kontrolowanym pH. Bez względu na źródło organizm musi się zabezpieczać przed kwasowym atakiem. Skład diety może wpływać na to, czy efekt netto procesu trawienia będzie się przechylał na stronę kwasowości czy zasadowości.

Białka z produktów zwierzęcych, takich jak kurczak, pieczeń wieprzowa albo kotlet cielęcy, są uznawane za główne kwasowe wyzwanie w ludzkiej diecie, a tym samym w diecie przeciętnego Amerykanina. Kwasy powstające z mięsa, na przykład kwas moczowy albo kwas siarkowy (ten sam, który występuje w akumulatorze twojego samochodu bądź w kwaśnym deszczu), muszą być neutralizowane przez organizm. Przefermentowane produkty bydlęcych sutków (sery!) to kolejna wysoce kwasowa grupa pokarmów. Dotyczy to zwłaszcza serów wysokobiałkowych, o obniżonej zawartości tłuszczów. Krótko mówiąc, każdy produkt żywnościowy pochodzenia zwierzęcego – świeży, przefermentowany, krwisty, dobrze wysmażony, ze specjalnym sosem lub bez niego – stanowi kwasowe wyzwanie[2].

Jednak produkty zwierzęce mogą nie wpływać aż tak niekorzystnie na równowagę pH, jak się to na pierwszy rzut oka wydaje. Niedawne badania sugerują, że obfitujące w białko mięsa działają też w inny sposób, który po części niweczy kwasowe obciążenie. Białko zwierzęce ma działanie wzmacniające kości, dzięki pobudzaniu insulinopodobnego hormonu wzrostu (IGF-1), który wywołuje wzrost i mineralizację kości. (Słowo „insulinopodobny" oznacza tutaj podobną do insuliny budowę, a nie działanie). W sumie białka zwierzęce, pomimo swoich właściwości kwasotwórczych, poprawiają zdrowie kości. Dzieci, nastolatki i osoby starsze, które spożywają więcej białka w postaci mięsa, wykazują większą zawartość wapnia w kościach i wyższe wskaźniki wytrzymałości kości[3].

Warzywa i owoce są natomiast głównym źródłem związków zasadowych w diecie. Praktycznie wszystko, co kupujemy w dziale owocowo-warzywnym sklepu spożywczego, przepchnie pH w stronę zasadowości. Od jarmużu po kalarepę. Konsumpcja warzyw i owoców neutralizuje kwasowe obciążenie organizmu wywołane produktami zwierzęcymi.

ŁAMACZ KOŚCI

Dieta myśliwych-zbieraczy, złożona z mięs, warzyw, owoców oraz stosunkowo neutralnych orzechów i korzeni, sprawiała, że efekt netto był zasadowy[4]. Oczywiście głównym problemem łowcy-zbieracza nie była kontrola pH, tylko unikanie strzał najeźdźców albo spustoszeń, jakie mogła mu przynieść gangrena. Być może więc regulacja podstawy kwasowej nie odgrywała ważnej roli w zdrowiu i długowieczności naszych przodków, którzy rzadko dożywali trzydziestych szóstych urodzin, mimo to ich żywieniowe nawyki stworzyły biochemiczne podstawy przystosowań dietetycznych współczesnych ludzi.

Mniej więcej 10 000 lat temu zasadowa dotąd równowaga pH diety ludzkiej przesunęła się na stronę kwasową wraz z wprowadzeniem zbóż, a zwłaszcza najbardziej dominującego z nich – pszenicy. Dieta współczesnych ludzi, obfitująca w „zdrowe produkty pełnoziarniste", ale uboga w warzywa i owoce, jest bardzo kwasotwórcza i prowadzi do stanu zwanego kwasicą. Z upływem lat kwasica daje się we znaki kościom.

Kości, od czaszki po kość ogonową, podobnie jak Rezerwa Federalna, służą jako skarbnica, tyle tylko że nie przechowują pieniędzy, a sole wapnia. Wapń, identyczny jak ten, który występuje w skałach i muszlach mięczaków, sprawia, że kości są sztywne i mocne. Sole wapnia w kośćcu pozostają w dynamicznej równowadze z krwią oraz innymi tkankami i stanowią podręczne źródło materiału zasadowego do przeciwdziałania kwasowym wyzwaniom. Jednak, podobnie jak w wypadku pieniędzy, jego zasoby nie są nieskończone.

Podczas gdy pierwsze, plus minus, osiemnaście lat życia upływa nam na wzrastaniu i budowaniu kośćca, resztę ziemskiego bytu zabiera nam jego burzenie, a proces ten reguluje pH organizmu. Chroniczna, choć łagodna kwasica metaboliczna, biorąca się z naszej diety, nasila się z wiekiem. Ten proces zaczyna się przed dwudziestką i trwa aż po ósme dziesięciolecie życia[5,6]. Kwasowe pH wyciąga z kości węglan i fosforan wapnia, aby utrzymać pH organizmu na poziomie 7,4. Kwasowe środowisko pobudza też kościogubne komórki, zwane osteoklastami, do tego, żeby pracowały ciężej i rozpuszczały tkankę kostną, uwalniając w ten sposób cenny wapń.

Problem zaczyna się wtedy, gdy notorycznie połykasz wraz z pożywieniem kwasy, a następnie bezustannie sięgasz do zasobów wapnia, aby te kwasy zneutralizować. Chociaż ilość wapnia

zmagazynowana w kościach jest znaczna, to przecież nie jest nie-
ograniczona. W końcu kości zostaną zdemineralizowane, czyli
będzie w nich za mało wapnia. W tym momencie dochodzi do
osteopenii (lekkiej demineralizacji) i osteoporozy (silnej demineralizacji). Kości stają się słabe i ulegają złamaniom[7]. (Słabość
i osteoporoza zazwyczaj idą w parze, gdyż gęstość kości i masa
mięśniowa zmieniają się równolegle). Tak się składa, że człowiek
zażywający suplementy wapniowe, aby powstrzymać utratę masy kostnej, działa równie racjonalnie, jak ktoś, kto rozrzuca po
podwórku na chybił trafił worki cementu i cegły, twierdząc, że
buduje nowy taras.

Nadmiernie zakwaszona dieta da w końcu o sobie znać poprzez złamania kości. Imponująca analiza częstości złamań szyjki kości udowej na całym świecie wykazała zadziwiającą korelację: im wyższy jest stosunek spożywanego białka roślinnego do
zwierzęcego, tym mniej pojawia się złamań biodra[8]. Skala tych
różnic okazała się pokaźna. Tam, gdzie stosunek spożywanych
białek roślinnych do zwierzęcych wynosił 1:1 lub mniej, złamania
bioder zdarzały się 200 razy na 100 000 osób, natomiast w miejscach, gdzie stosunek ten pozostawał w przedziale pomiędzy 2:1
a 5:1, na 100 000 mieszkańców odnotowywano mniej niż 10 tego
typu złamań – to spadek o ponad 95 procent. (Przy najwyższym
spożyciu białka roślinnego do złamań szyjki kości udowej praktycznie nie dochodziło).

Złamania wynikające z osteoporozy nie muszą być następstwem takich zdarzeń, jak potknięcie się na schodach czy upadek
z wysokości. Złamania kręgów mogą nastąpić na skutek zwykłego
kichnięcia, złamania biodra – z powodu błędnej oceny wysokości
krawężnika, a złamania przedramienia – przy wałkowaniu ciasta.

A zatem współczesne modele żywieniowe prowadzą do prze-
wlekłej kwasicy, która z kolei jest przyczyną osteoporozy, kru-
chych kości i złamań. 53,2 procent pięćdziesięcioletnich kobiet
może oczekiwać, że w przyszłości dozna jakiegoś złamania,
u mężczyzn ten odsetek wynosi 20,7 procent[9]. Zestawcie to z za-

grożeniem rakiem sutka, które w tej samej grupie kobiet wynosi 10 procent, i rakiem trzonu macicy (2,6 procent)[10].

Do niedawna uważano, że osteoporoza dotyczy kobiet po menopauzie, pozbawionych działania estrogenu, który chroni kości. Dziś wiadomo, że spadek masy kostnej rozpoczyna się wiele lat przed okresem przekwitania. Pośród 9400 uczestników kanadyjskiego badania osteoporozy kobiety zaczynały wykazywać malejącą gęstość tkanki kostnej w biodrach, kręgach i kościach udowych w wieku lat dwudziestu pięciu, a ostry jej spadek następował około czterdziestki; mniej wyraźny spadek odnotowano u mężczyzn po czterdziestym roku życia[11]. Okazało się, że zarówno mężczyźni, jak i kobiety przechodzą kolejny etap przyspieszonej utraty kości, poczynając od siedemdziesiątki. Po osiemdziesiątce osteoporozę ma 97 procent kobiet[12].

Nawet młodość nie zapewnia zatem ochrony przed utratą tkanki kostnej. Prawdę mówiąc, mniejsza wytrzymałość kości staje się z wiekiem regułą, w znacznym stopniu dzięki chronicznej kwasicy o niskim natężeniu, do której doprowadzamy naszą dietą.

CO NAS ŁĄCZY Z KWAŚNYM DESZCZEM I SAMOCHODOWYMI AKUMULATORAMI?

W przeciwieństwie do innych pokarmów czerpanych z roślin, zboża, jako jedyne roślinne artykuły żywnościowe, wytwarzają kwasowe produkty uboczne. Ponieważ pszenica jest zdecydowanie dominującym zbożem w diecie większości Amerykanów, przyczynia się znacznie do kwasowego obciążenia ich organizmów, powodowanego w głównej mierze przez mięso.

Pszenica należy do najpotężniejszych źródeł kwasu siarkowego i w przeliczeniu na gram dostarcza go więcej niż jakiekolwiek mięso[13]. (Pod względem ilości wytwarzanego kwasu siarkowego przebija ją tylko owies). A ten kwas jest niebezpieczny: jeśli kapnie wam na rękę, dotkliwie was poparzy, a jeśli dostanie się do oka, możecie oślepnąć. (Przeczytajcie ostrzeżenia umieszczone na akumulatorze waszego samochodu). Kwas siarkowy zawarty w kwaśnym deszczu niszczy kamienne pomniki, zabija drzewa i inne rośliny, zaburza procesy rozrodcze wodnych zwierząt. Ten, który powstaje w wyniku konsumpcji pszenicy, jest oczywiście rozcieńczony. Ale nawet w maleńkich ilościach i w małym stężeniu jest to bardzo silny kwas, który szybko niweczy neutralizujące działanie bazy zasadowej.

Zboża, takie jak pszenica, stanowią 38 procent obciążenia kwasowego przeciętnego Amerykanina, co z nawiązką wystarcza do tego, by przechylić szalę na stronę kwasowości. Nawet w diecie ograniczonej do 35 procent kalorii czerpanych z produktów zwierzęcych dodatek pszenicy zmienia ogólny bilans z zasadowego na silnie kwasowy[14].

Jednym ze sposobów oceny utraty wapnia z kości wywołanej przez kwasy jest pomiar poziomu wapnia w moczu. Na uniwersytecie w Toronto zbadano wpływ zwiększonej konsumpcji glutenu na ilość wapnia wydalanego z moczem. Stwierdzono, że większa ilość glutenu podwyższa poziom wapnia o niewiarygodne 63 procent. Zauważono też wzrost markerów resorpcji kości, czyli występujących w krwi substancji, które świadczą o osłabieniu kości, prowadzącym do chorób takich jak osteoporoza[15].

Co zatem się dzieje, kiedy zjadacie spore ilości produktów zwierzęcych, ale nie przeciwważycie obciążenia kwasowego mnóstwem zasadowych produktów roślinnych, takich jak szpinak, kapusta czy zielona papryka? Dochodzi do nadmiaru kwasów. A co się dzieje, kiedy kwasy powstające w wyniku spożycia mięsa nie tylko nie są neutralizowane zasadowymi roślinami, a skala pH zostaje jeszcze bardziej przechylona na stronę kwasową przez produkty zbożowe, na przykład pszenne? Wtedy robi się naprawdę paskudnie, gdyż dieta zaczyna gwałtownie przypominać sytuację stwarzaną przez kwaśny deszcz.

Rezultat? Chroniczne kwasowe brzemię, które niweczy zdrowie waszych kości.

PSZENICA, PERUKA I JAZDA KABRIOLETEM

Pamiętacie Ötziego? Tego tyrolskiego człowieka lodu, odnalezionego wśród lodowców włoskich Alp? Leżał zmumifikowany od chwili swej śmierci, która nastąpiła ponad 5000 lat temu, około roku 3300 p.n.e. Choć w przewodzie pokarmowym Ötziego znaleziono resztki przaśnego chleba z samopszy, większość jedzenia stanowiły mięsa i rośliny. Ötzi żył i umarł 4700 lat po tym, jak ludzie zaczęli włączać do swojej diety zboża, takie jak odporną na chłody samopszę, lecz w jego górskiej społeczności pszenica stanowiła nadal stosunkowo niewielką część pożywienia. Przez większość roku był głównie myśliwym-zbieraczem. Prawdopodobnie właśnie polował, używając łuku i strzał, kiedy spotkała go gwałtowna śmierć z ręki innego myśliwego-zbieracza.

Obfitująca w mięso dieta ludzi takich jak Ötzi stanowiła dla organizmu znaczne obciążenie kwasowe. Spożywali więcej mięsa niż większość współczesnych mieszkańców naszej planety (35–55 procent kalorii w ich diecie pochodziło z produktów zwierzęcych), toteż wytwarzali więcej kwasu siarkowego i kwasów organicznych.

Pomimo dość znacznej konsumpcji pokarmów zwierzęcych, obfitość roślin niebędących zbożami w diecie myśliwych-zbieraczy dostarczała im dużych ilości alkalicznych soli potasu, takich jak cytrynian potasu i octan potasu, co równoważyło obciążenie kwasowe. Ocenia się, że z powodu dużej zawartości roślin zasadowość prymitywnych diet była od sześciu do dziewięciu razy większa niż diet współczesnych[16]. Powodowało to większą zasadowość moczu, którego pH wynosiło od 7,5 do aż 9,0 w porównaniu z przeciętnym współczesnym przedziałem, czyli od 4,4 do 7,0[17].

Jednak na scenę wkracza pszenica i bilans staje się kwasowy, czemu towarzyszy utrata wapnia z kości. W przypadku Ötziego stosunkowo umiarkowana konsumpcja samopszy oznaczała prawdopodobnie, że przez większą część roku jego dieta pozostawała zasadowa. Natomiast w naszym współczesnym świecie obfitości, gdzie na każdym rogu czekają na nas nieograniczone zasoby tanich produktów zawierających pszenicę, szala przechyla się zdecydowanie na stronę kwasu.

Skoro pszenica i inne zboża odpowiadają za przesunięcie bilansu pH w stronę kwasu, to co się stanie, jeśli po prostu usuniecie pszenicę z diety i zastąpicie utracone w ten sposób kalorie innymi pokarmami roślinnymi, na przykład warzywami, owocami, roślinami strączkowymi i orzechami? Wskaźnik pH przesunie się z powrotem w stronę zasadowości, podobnie jak u myśliwych-zbieraczy[18].

A zatem pszenica jest wielką mącicielką, bezwstydną dziewczyną, która omotuje mężczyznę przechodzącego kryzys wieku średniego i rozbija szczęśliwą rodzinę. Pszenica zmienia dietę, która powinna być ogólnie zasadowa, w ogólnie kwasową, powodując ciągłe ubywanie wapnia z kości.

Typowym rozwiązaniem problemów wynikłych z kwasowej diety opartej na „zdrowych produktach pełnoziarnistych" i sprzyjającej osteoporozie jest przepisywanie leków, takich jak Fosamax i Boniva, które ponoć zmniejszają ryzyko osteoporotycznych złamań, zwłaszcza szyjki kości udowej. Wartość sprzedaży leków przeciwko osteoporozie już teraz przekroczyła 10 miliardów dolarów. To poważne kwoty, nawet jak na wynaturzone standardy przemysłu farmaceutycznego.

I oto po raz kolejny pszenica, propagowana przez amerykański Departament Rolnictwa, ujawnia swoje osobliwe, niekorzystne skutki zdrowotne, z których Wielka Farmacja może czerpać nowe i obfite dochody.

DWA PSZENNE BIODRA GODNE TWOJEGO PSZENNEGO BRZUCHA

Czy zauważyliście kiedykolwiek, że ludzie z pszennym brzuchem prawie zawsze cierpią na zapalenie jednego lub więcej stawów? Jeżeli nie, to zwróćcie uwagę, jak często ktoś, kto taszczy przed sobą wielki kałdun, utyka albo krzywi się z powodu bólu biodra, kolana lub pleców.

Choroba zwyrodnieniowa stawów jest najpospolitszą postacią artretyzmu na świecie, częstszą niż gościec przewlekły, dna moczanowa lub jakakolwiek inna odmiana tej choroby. W samym tylko 2010 roku bolesna utrata chrząstki stawowej doprowadziła do wymiany stawu kolanowego lub biodrowego u 773 000 Amerykanów[19].

To niemały problem. Chorobę zwyrodnieniową stawów zdiagnozowano u 46 milionów ludzi, czyli u jednego na siedmiu obywateli naszego kraju[20]. Wielu innych kuśtyka bez oficjalnej diagnozy.

Przez lata uważano powszechnie, że zwyczajne zapalenie stawów biodrowych i kolanowych jest po prostu wynikiem ich zużycia. Że jest to coś podobnego do zbyt wielu kilometrów przejechanych na jednym zestawie opon. Jeśli kobieta waży 50 kilogramów, kolana i biodra wystarczą jej prawdopodobnie na całe życie. U 100-kilogramowej przedstawicielki płci pięknej kolana i biodra są przeciążone, więc się zużywają. Nadwaga w dowolnej części ciała – pośladkach, brzuchu, piersiach, nogach czy rękach – wywiera mechaniczny nacisk na stawy.

Okazało się jednak, że sprawa jest bardziej skomplikowana. Ten sam stan zapalny, którego źródłem jest tłuszcz trzewny, nagromadzony w pszennym brzuchu i powodujący cukrzycę, choroby serca oraz raka, doprowadza też do zapalenia stawów. Dowiedziono, że hormony pośredniczące w stanach zapalnych, takie jak czynnik martwicy nowotworu-alfa, interleukiny i leptyna, powodują zapalenie i uszkodzenia tkanki stawowej[21]. Zwłaszcza leptyna wykazała działania bezpośrednio niszczące stawy. Im większa jest nadwaga (czyli wyższe BMI), tym większa ilość leptyny w płynie stawowym i tym dotkliwsze są uszkodzenia chrząstki oraz stawu[22]. Poziom leptyny w stawach dokładnie odzwierciedla jej poziom we krwi.

O CZŁOWIEKU, KTÓRY ZACZĄŁ NOWE ŻYCIE PO WYELIMINOWANIU PSZENICY

Jason jest dwudziestosześcioletnim programistą komputerowym. Bystry chłopak, który błyskawicznie łapie, o co chodzi. Przyszedł do mojego gabinetu ze swoją młodą żoną, bo po prostu chciał być „zdrowy".

Kiedy powiedział mi, że jako niemowlę przeszedł złożoną operację wrodzonej wady serca, przerwałem mu, mówiąc, że źle trafił, gdyż to nie moja dziedzina.

Wyjaśnił, że chciałby być zdrowszy. Sugerował, że prawdopodobnie może wymagać transplantacji serca. Dodał, że wciąż z trudem oddycha i że musiał leżeć w szpitalu z powodu niewydolności serca. Chciałby się dowiedzieć, czy w jakiś sposób może uniknąć transplantacji albo, gdyby jednak musiał ją mieć, czy poczuje się potem lepiej.

Uznałem, że to rozsądne, i wskazałem Jasonowi stół do badań, aby go osłuchać.

Jason wstał z krzesła z grymasem na twarzy i ruszył powolutku w stronę stołu, najwyraźniej odczuwając ból. Na moje pytanie o to, co się dzieje, usiadł na stole do badań i westchnął. Odparł, że wszystko go boli. Wszystkie stawy. I że z ledwością może chodzić. Czasami z dużym trudem wstaje z łóżka.

Badało go trzech reumatologów i żaden nie potrafił stwierdzić, co jest nie tak, więc po prostu zapisywali mu leki przeciwzapalne i przeciwbólowe.

Spytałem, czy myślał o zmianie diety, wyjaśniając, że widziałem wielu ludzi, którzy doznawali ulgi po całkowitym wyeliminowaniu pszenicy. Jason był zaskoczony. „Jak to pszenicy? Na przykład chleba i makaronu?"

Toteż ryzyko zapalenia stawów jest wyższe u osób z pszennym brzuchem, o czym świadczy trzykrotnie większe prawdopodobieństwo wymiany kolana i biodra u osób z ponadprzeciętnym obwodem talii[23]. Wyjaśnia to również, dlaczego stawy, które nie dźwigają dodatkowego ciężaru otyłych osób, na przykład te w dłoniach i palcach, też ulegają zapaleniom.

Utrata wagi, a tym samym tłuszczu trzewnego przynosi większą poprawę w zapaleniu stawów niż można by oczekiwać po

Dodałem jeszcze: białego chleba, chleba pełnoziarnistego i wielozbożowego, obwarzanków, babeczek, precelków, krakersów, płatków śniadaniowych, makaronu, klusek, naleśników i gofrów. To pewnie znaczna część tego, co jadał, ale oprócz tego było jeszcze mnóstwo innych produktów. Dałem mu ulotkę wyjaśniającą, jak prowadzić bezpszenną dietę.

Zachęciłem go: „Spróbuj. Wyeliminuj pszenicę tylko na cztery tygodnie. Jeśli poczujesz się lepiej, będziesz miał rozwiązanie. Jeżeli nie, to być może nie jest to rozwiązanie dla ciebie".

Trzy miesiące później Jason powrócił do mojego gabinetu. Uderzyło mnie to, że wszedł do pokoju swobodnie, bez śladu bólu.

Poprawa, jakiej doznał, była gruntowna i niemal natychmiastowa. Już po pięciu dniach, co wydało mu się niewiarygodne, nic go nie bolało. Nie mógł uwierzyć, że to prawda. Uznał to za zbieg okoliczności, więc zjadł kanapkę. Po pięciu minutach ból powrócił w 80 procentach. Miał szybką nauczkę.

Jeszcze bardziej zdumiało mnie to, że gdy badałem Jasona po raz pierwszy, rzeczywiście cierpiał na lekką niewydolność serca. Jednak podczas tej drugiej wizyty nie wykazywał żadnych oznak tej dolegliwości. Powiedział mi, że oprócz ulgi w bólu jego oddech poprawił się na tyle, że może przebiec krótki dystans, a nawet pograć trochę w koszykówkę, czego nie robił od lat. Zaczęliśmy wycofywać leki, które przyjmował w związku z niewydolnością serca.

Oczywiście jestem wielkim zwolennikiem bezpszennego życia, ale kiedy oglądam sytuacje, w których cała egzystencja ulega odmianie, jak w przypadku Jasona, dostaję gęsiej skórki. Zdumiewa mnie, że istnieje tak proste rozwiązanie problemów zdrowotnych, które praktycznie czyniły z młodego człowieka kalekę.

samym tylko zmniejszeniu obciążeń[24]. W jednym z badań obejmujących otyłe osoby z zapaleniem kości i stawów odnotowano 10-procentowe złagodzenie objawów i poprawę funkcjonowania stawów na każdy 1 procent ubytku tkanki tłuszczowej[25].

Powszechność zapalenia stawów oraz częste oglądanie ludzi rozcierających obolałe ręce i kolana rodzi przekonanie, że ta choroba jest nieodłącznie związana z procesem starzenia się oraz że jest równie nieunikniona, jak śmierć, podatki i hemoroidy. Nieprawda. Stawy mogą nam służyć przez osiemdziesiąt lat i dłużej... dopóki nie zrujnujemy ich licznymi ciosami, takimi jak nadmierne zakwaszenie organizmu oraz obecność cząsteczek zapalnych, na przykład leptyn, biorących się z komórek trzewnej tkanki tłuszczowej.

Kolejnym zjawiskiem, dokładającym się do wywoływanych przez pszenicę ciosów, które stawy muszą znosić przez wiele lat, jest glikacja. Produkty pszenne, jak pamiętamy, w większym stopniu niż jakiekolwiek inne pokarmy podwyższają poziom cukru (to znaczy glukozy) we krwi. Im więcej ich spożywamy, tym częściej wzrasta poziom glukozy we krwi i tym więcej następuje procesów glikacji. A glikacja to nieodwracalne zmiany białek w krwiobiegu i tkankach organizmu, w tym również w stawach, takich jak kolana, biodra i łokcie.

Chrząstka stawowa jest szczególnie podatna na glikację, gdyż jej komórki żyją wyjątkowo długo i nie potrafią się odtwarzać. Kiedy zostaną zniszczone, już nie odzyskują pierwotnego stanu. Te same komórki chrząstki, które pracują w naszych kolanach, kiedy mamy lat dwadzieścia pięć, będą w nich (miejmy nadzieję) działać, gdy będziemy osiemdziesięciolatkami. Dlatego są one podatne na wszelkie biochemiczne wzloty i upadki, jakie się nam przydarzają, łącznie z wahaniami poziomu cukru we krwi. Białka chrząstki, takie jak kolagen i agrekan, które przeszły glikację, stają się nienaturalnie sztywne. Zniszczenia wywołane glikacją narastają, przez co chrząstka staje się łamliwa i twarda, a w końcu zaczyna się kruszyć[26]. Dochodzi do bolesnego zapalenia stawu i jego zniszczenia, czyli do artretyzmu.

Zatem wysoki poziom cukru we krwi nie tylko sprzyja rozwojowi pszennego brzucha, lecz w połączeniu z zapalną działalnością komórek tłuszczu trzewnego i glikacją chrząstki prowadzi do niszczenia tkanki kostnej i chrzęstnej w stawach. Z biegiem lat pojawia się dobrze znany ból oraz obrzęki bioder, kolan i rąk.

Bagietka może wyglądać niewinnie, ale jest znacznie bardziej bezwzględna dla stawów, niż sądzisz.

POWIĄZANIA BRZUCHA ZE STAWEM BIODROWYM

Ludzie z celiakią mogą nauczyć nas wiele na temat utraty masy ciała i oddziaływania pszenicy na mózg, a jeszcze więcej na temat wpływu pszenicy na kości i stawy.

Osteopenia i osteoporoza są częste u celiaków i mogą występować równolegle z objawami jelitowymi, jak i przy ich braku. Dotykają do 70 procent osób z przeciwciałami celiakii[27,28]. Ponieważ osteoporoza jest niezwykle powszechna wśród osób z celiakią, niektórzy badacze twierdzą, że każdy, u kogo stwierdzono osteoporozę, powinien być badany także pod kątem celiakii. Badanie przeprowadzone przez Klinikę Kości Uniwersytetu Waszyngtońskiego wykazało niezdiagnozowaną celiakię u 3,4 procent uczestników z osteoporozą, w porównaniu z 0,2 procent tych, którzy nie mieli osteoporozy[29]. Eliminacja glutenu u celiaków z osteoporozą natychmiast poprawiła wskaźniki gęstości kośćca – bez stosowania leków na osteoporozę.

Do przyczyn niskiej gęstości kości należy ograniczone wchłanianie substancji odżywczych, zwłaszcza witaminy D oraz wapnia, i stan zapalny wywołujący uwalnianie cytokin prowadzących do demineralizacji kości, takich jak interleukiny[30]. Eliminacja pszenicy z diety celiaków z osteoporozą zarówno ograniczyła zapalenie, jak i umożliwiła lepsze wchłanianie składników pokarmowych.

Dotkliwość osłabienia kości ilustrują przyprawiające o ciarki historie, jak choćby ta o kobiecie, która doznała dziesięciu samoistnych złamań kręgosłupa i kończyn w ciągu dwudziestu jeden lat, poczynając od pięćdziesiątego siódmego roku życia. W końcu, kiedy już była osobą niepełnosprawną, zdiagnozowano u niej celiakię[31]. W porównaniu z osobami bez celiakii osoby chore są trzy razy bardziej narażone na złamania[32].

Drażliwa kwestia osób z przeciwciałami gliadynowymi, ale bez objawów jelitowych, odnosi się także do osteoporozy. W jednym z badań 12 procent uczestników cierpiących na osteoporozę miało pozytywne wyniki testów na przeciwciała gliadynowe, choć nie stwierdzono u nich żadnych symptomów czy też oznak choroby trzewnej, to znaczy nietolerancji pszenicy albo uśpionej postaci celiakii[33].

Negatywny wpływ pszenicy może ujawniać się poprzez stany zapalne kości niemające związku z osteoporozą i złamaniami. Gościec przewlekły, dokuczliwa i bolesna postać zapalenia stawów, która zniekształca stawy dłoni, kolana, biodra, łokcie i ramiona, również może się łączyć z wrażliwością na pszenicę. W jednym z badań, którego uczestnicy cierpieli na gościec, ale nie mieli celiakii, przestawiono ich na wegetariańską dietę bezglutenową, po czym u 40 procent z nich odnotowano zmniejszenie objawów gośćca i obniżenie poziomów przeciwciał gliadynowych[34]. Być może przesadą byłoby twierdzić, że pszenny gluten był początkową przyczyną gośćca, ale może on w dużym stopniu nasilać stany zapalne w stawach osłabionych przez inne choroby, takie jak gościec przewlekły.

Według mojego doświadczenia, zapalenie stawów, któremu towarzyszą przeciwciała celiakii, często reaguje na eliminację pszenicy. Niektóre z najradykalniejszych zmian stanu zdrowia, które oglądałem, dotyczyły właśnie ulgi w obezwładniających bólach stawów. Ponieważ u większości tych osób nie udało się stwierdzić typowych przeciwciał celiakii, trudno było oszacować i zweryfikować tę poprawę. Pozostawały subiektywne odczucia cierpiących. Ale może właśnie te zjawiska są najbardziej obiecujące, jeśli chodzi o niesienie ulgi w zapaleniu stawów.

Czy znaczne zagrożenie osteoporozą i zapalnymi chorobami stawów u ludzi z celiakią może świadczyć o nasileniu tego niebezpieczeństwa u osób, które jedzą pszenicę, ale nie chorują na celiakię i nie mają przeciwciał glutenowych? Przypuszczam, że tak, gdyż pszenica w sposób bezpośredni i pośredni działa niszcząco na kości i stawy u każdego człowieka, który ją spożywa, tylko u osób z przeciwciałami przeciw glutenowi, charakterystycznymi dla celiakii, ten wpływ jest wyraźniejszy.

A co by było, gdyby zamiast poddawać się całkowitej wymianie biodra lub kolana w wieku sześćdziesięciu dwóch lat, wybrać całkowitą eliminację pszenicy?

Powoli zaczynamy uświadamiać sobie, jak zaburzona równowaga bazy kwasowej wpływa na szerzej pojmowane zdrowie. Każdy, kto poznał podstawy chemii, rozumie, jak potężnym czynnikiem, decydującym o przebiegu reakcji chemicznych, jest pH. Niewielka zmiana jego wartości może całkowicie zaburzyć bilans reakcji. To samo dotyczy ludzkiego organizmu.

„Zdrowe produkty pełnoziarniste", na przykład pszenne, są w znacznym stopniu przyczyną kwaśnego charakteru współczesnej diety. Tymczasem coraz więcej doświadczeń sugeruje, że dieta faworyzująca produkty alkaliczne może – poza zdrowiem kości – ograniczać związaną z wiekiem utratę tkanki mięśniowej, kamicę nerkową, nadciśnienie towarzyszące spożyciu soli, bezpłodność i niewydolność nerek.

Jeśli usuniemy pszenicę, ograniczymy stany zapalne stawów oraz ilość cukrowych „szczytów", prowadzących do glikacji chrząstki, i przesuniemy bilans pH w stronę zasadowości. To z pewnością lepsze od zażywania leków przeciwzapalnych.

ROZDZIAŁ 9

KATARAKTY, ZMARSZCZKI I WDOWIE GARBY – PSZENICA A PROCESY STARZENIA

> Żeby zachować młodość, należy żyć uczciwie, jeść powoli i kłamać w sprawie swojego wieku.
>
> Lucille Ball, amerykańska aktorka i modelka

Wino i ser zyskują z czasem, ale u ludzi proces starzenia może prowadzić do wszystkiego: od niewinnych kłamstw po ochotę na radykalną operację plastyczną.

Co to znaczy starzeć się?

Choć staramy się opisać określone cechy procesu starzenia, to chyba zgodzimy się wszyscy, iż, podobnie jak w przypadku pornografii, potrafimy go rozpoznać, kiedy go widzimy.

Tempo starzenia się bywa różne u różnych ludzi. Każdy z nas z pewnością zna jakąś osobę, mężczyznę lub kobietę, która mając, powiedzmy, sześćdziesiąt pięć lat, może uchodzić za czterdziestopięciolatka, gdyż zachowuje młodzieńczą gibkość i sprawność umysłu, ma mniej zmarszczek, prostszy kręgosłup i gęstsze włosy. Większość z nas zna też osoby wykazujące odwrotne predyspozycje i wyglądające na więcej lat, niż mają w rzeczywistości. Biologiczny wiek nie zawsze odpowiada wiekowi kalendarzowemu.

Mimo to starzenie się jest nieuniknione. Wszyscy się starzejemy. Nikt przed tym nie ucieknie – chociaż każdy z nas przechodzi to w trochę innym tempie. Do oceny wieku kalendarzowego wystarcza zwykłe zerknięcie w metrykę urodzenia, jednak określenie wieku biologicznego to całkiem inna sprawa. Jak można ocenić, na ile ciało zachowało młodość albo, wręcz przeciwnie, podupadło z wiekiem?

Powiedzmy, że spotykasz po raz pierwszy jakąś kobietę. Kiedy pytasz ją, ile ma lat, odpowiada: „dwadzieścia pięć". Nie bardzo w to wierzysz, bo wokół jej oczu widzisz głębokie zmarszczki, na dłoniach ma plamy wątrobowe, a ręce lekko jej drżą. Górna część jej pleców jest wygięta do przodu (co nosi niepochlebną nazwę wdowiego garbu), włosy ma posiwiałe i rzadkie. Wygląda na osobę nadającą się do domu starców, a nie na kogoś w kwiecie wieku. A jednak upiera się przy swoim. Nie posiada świadectwa urodzenia ani innego dokumentu mogącego potwierdzić jej wiek, ale obstaje przy tym, że ma dwadzieścia pięć lat – dała sobie nawet wytatuować na nadgarstku inicjały swojego nowego chłopaka.

Czy możesz dowieść, że kłamie?

To nie takie łatwe. Gdyby była karibu, można by zmierzyć rozpiętość jej rogów. Gdyby była drzewem, dałoby się ją ściąć i policzyć pierścienie.

Ludzie, rzecz jasna, nie mają pierścieni wzrostowych ani rogów, stanowiących dokładny, obiektywny miernik ich wieku, mogący dowieść, że są siedemdziesięcioparo-, a nie dwudziestoparolatkami, z tatuażem czy bez.

Nikt jeszcze nie odkrył takiego znacznika wieku, który pozwoliłby określić, z dokładnością do jednego roku, ile kto ma lat. To nie znaczy, że nie próbowano. Badacze procesu starzenia przez długi czas szukali takich biologicznych, wymiernych markerów, które posuwałyby się do przodu o określoną wartość wraz z każdym przeżytym rokiem. Poznano przybliżone wskaźniki wieku, takie jak pułap tlenowy, czyli ilość tlenu wchłanianego podczas aktywności fizycznej na poziomie bliskim wyczerpania, maksymalne tętno w trakcie kontrolowanych ćwiczeń oraz prędkość fali tętna, czyli czas, jakiego potrzebuje puls na przebycie określonego odcinka, co odzwierciedla elastyczność tętnic. Wszystkie te parametry pogarszają się z upływem czasu, ale nie korelują dokładnie z wiekiem.

A czy nie byłoby jeszcze ciekawiej, gdyby uczeni zdołali znaleźć taki wskaźnik wieku biologicznego, z którego można by korzystać samodzielnie? Moglibyśmy na przykład mając pięćdziesiąt pięć lat, przekonać się, że dzięki ćwiczeniom i zdrowemu odżywianiu jesteśmy pod względem biologicznym czterdziestopięciolatkami. Albo że dwadzieścia lat palenia, picia alkoholu i objadania się frytkami uczyniło z nas sześćdziesięciosiedmiolatków i pora zmienić nawyki na zdrowsze. Choć istnieją skomplikowane zestawy badań, które mają ponoć dostarczać takich wskaźników, nie ma jednego prostego testu, wyjaśniającego, na ile nasz wiek biologiczny odpowiada temu, który wynika z kalendarza.

Naukowcy szukali takiego przydatnego wskaźnika z ogromnym zaangażowaniem, ponieważ chcąc manipulować procesem starzenia, muszą mieć jakiś wymierny parametr. Badania zmierzające do spowolnienia tego procesu nie mogą opierać się wyłącznie na wyglądzie. Potrzebny jest obiektywny wskaźnik biologiczny, który można by śledzić wraz z upływem czasu.

Oczywiście, istnieje pewna liczba różnych, zdaniem niektórych, uzupełniających się teorii na temat starzenia się oraz opinii na temat tego, który z biologicznych markerów może stanowić najlepszy wskaźnik wieku. Niektórzy badacze uważają, że głównym zjawiskiem stojącym za procesem starzenia się jest stres oksydacyjny, więc marker wieku musi obejmować pomiar narastania tego stresu. Inni sugerują, że do procesu starzenia prowadzą błędne odczytania genów odpowiedzialnych za powstawanie i gromadzenie się komórkowego rumoszu, którego pomiar byłby potrzebny do określenia wieku biologicznego. Jeszcze inni sądzą, że starzenie się jest zaprogramowane genetycznie, a przez to nieuniknione, gdyż narzuca je zapisana w genach sekwencja malejącej ilości hormonów oraz inne zjawiska.

Większość badaczy wieku uważa, że żadna pojedyncza teoria nie wyjaśnia wszystkich zróżnicowanych procesów transformacji z gibkiego, pełnego energii i wiedzącego wszystko nastolatka w zesztywniałego, zmęczonego i wciąż czegoś zapominającego starca. I że dokładnego określenia wieku biologicznego nie może zapewnić żaden pomiar. Stoją na stanowisku, że oznaki ludzkiego starzenia się można objaśniać jedynie działaniem większej liczby procesów.

Być może lepiej zrozumielibyśmy proces starzenia, gdybyśmy mogli obserwować go w przyśpieszonym tempie. Żeby oglądać takie gwałtowne starzenie się, nie musimy sięgać po żaden model wykorzystujący laboratoryjne myszy – wystarczy, że spojrzymy na ludzi z cukrzycą. Cukrzyca jest prawdziwym poligonem doświadczalnym przyśpieszonego starzenia, gdyż związane z nim zjawiska – choroba serca, udar, wysokie ciśnienie, choroby nerek, osteoporoza, zapalenie stawów, rak – zbliżają się szybciej i występują we wcześniejszym okresie życia. Badania nad cukrzycą powiązały w szczególności wysoki poziom glukozy we krwi – taki, który występuje po spożyciu węglowodanów – z szybszym podążaniem w stronę wózka inwalidzkiego w domu opieki dla przewlekle chorych.

TO NIE JEST KRAJ DLA STARYCH ZJADACZY CHLEBA

Amerykanie ostatnio bombardowani są dużą liczbą nowych złożonych terminów ze świata ekonomii, od zabezpieczonych obligacji dłużnych po wymienne kontrakty pochodne. To, czego one dotyczą, wolimy zostawiać ekspertom, takim jak przyjaciel pracujący w banku inwestycyjnym. Ale inny termin, który w nadchodzących latach będzie często obijał się nam o uszy, nie pochodzi wcale z tego obszaru. Mam tu na myśli AGE[*], czyli końcowe produkty zaawansowanej glikacji (*advanced glycation end products* – AGE).

---

[*] Ang. „wiek" – przyp. tłum.

Związki, które kryją się za tym trafnym skrótem, doprowadzają do twardnienia tętnic (miażdżyca), mętnienia soczewek oczu (katarakta) i uszkadzania połączeń nerwowych w mózgu (demencja). Wszystkie te usterki występują masowo u starszych osób[1]. Im jesteśmy starsi, tym więcej produktów AGE można znaleźć w naszych nerkach, oczach, wątrobie, skórze i innych narządach. Choć możemy dostrzec niektóre skutki ich działania, takie jak zmarszczki u naszej rzekomej dwudziestopięciolatki, korzystającej z rady Lucille Ball, to nie są one jeszcze precyzyjnym miernikiem, który pozwoliłby zarzucić jej kłamstwo. Mimo że widzimy obwisłą skórę i zmarszczki, mleczną mętność katarakt, dłonie sękate od artretyzmu, tak naprawdę nie potrafimy określić tych zmian ilościowo. Niezależnie od tego AGE, rozpoznawane poprzez biopsję oraz pewne aspekty widoczne na pierwszy rzut oka, stanowią, przynajmniej od strony jakościowej, wskaźnik biologicznego rozpadu.

Produkty AGE to bezużyteczne resztki, które gromadząc się, prowadzą do niszczenia tkanki. Nie pełnią żadnej użytecznej funkcji – organizm nie może ich spalać, żeby uzyskać energię, nie nawilżają niczego i niczego nie przenoszą, nie wspierają krążących wokół enzymów i hormonów ani nawet nie zapewniają izolacji w chłodną zimową noc. Poza widocznymi efektami ich nagromadzenie oznacza również pogorszenie zdolności nerek do usuwania odpadów i zatrzymywania białka, sztywnienie tętnic i akumulację płytek miażdżycowych, sztywnienie i pogarszanie stanu chrząstki w stawach, na przykład kolanowych i biodrowych, oraz utratę czynnych komórek mózgowych, których miejsce zajmują grudki AGE. Podobnie jak piasek w sałatce ze szpinaku albo okruchy korka w kieliszku caberneta, produkty AGE potrafią zrujnować udaną imprezę.

Niektóre AGE trafiają do organizmu bezpośrednio, gdyż znajdują się w różnych produktach żywnościowych, ale są też inne, stanowiące uboczny skutek wysokiego poziomu cukru (glukozy) we krwi, zjawiska, które świadczy o cukrzycy.

Sekwencja zdarzeń prowadzących do tworzenia się AGE wygląda następująco: połykasz coś, co zwiększa poziom glukozy we krwi. Większa dostępność glukozy dla tkanek organizmu pozwala jej cząsteczkom wchodzić w reakcje z dowolnym białkiem i tworzyć złożone cząsteczki glukozowo-białkowe. Chemicy mówią o złożonych produktach reaktywnych, takich jak produkty Amadoriego i zasada Schiffa. Wszystkie one tworzą grupę glukozowo-białkowych kombinacji określaną wspólnym mianem AGE. Proces powstawania AGE jest nieodwracalny, to znaczy, że nie można go cofnąć. Ponadto cząsteczki te łączą się w łańcuchy, tworząc polimery AGE, które są szczególnie destruktywne[2]. AGE słyną z tego, że zbierają się tam, gdzie powstają, formując grudki bezużytecznych resztek, odpornych na trawienne lub oczyszczające procesy organizmu.

Zatem AGE tworzą się w wyniku efektu domina, uruchamianego za każdym razem, kiedy wzrasta poziom glukozy we krwi. Tam, gdzie trafia ta glukoza (co w praktyce oznacza całe ciało), tam też podążają cząsteczki AGE. Im wyższy poziom glukozy, tym więcej gromadzi się produktów AGE i tym szybsze stają się procesy rozpadu w wyniku starzenia.

Na przykładzie cukrzycy możemy się przekonać, co naprawdę się dzieje, kiedy poziom glukozy we krwi pozostaje wysoki. U diabetyków, którzy walczą ze swoim cukrem za pomocą insuliny bądź leków doustnych, pozostaje on przez całą dobę w granicach od 100 do 300 mg/dl. (Normalny poziom glukozy na czczo wynosi 90 mg/dl lub mniej). Czasami zawartość glukozy we krwi bywa znacznie wyższa, na przykład po zjedzeniu rozgotowanej owsianki może bez trudu osiągnąć 200–400 mg/dl.

Skoro takie wysokie poziomy cukru prowadzą do powstawania problemów zdrowotnych, powinno się oczekiwać, że u diabetyków problemy te występują w nasileniu. I tak rzeczywiście jest. Osoby cierpiące na cukrzycę są na przykład dwa do pięciu razy bardziej narażone na chorobę wieńcową i zawały serca, u 44 procent z nich wystąpi miażdżyca tętnic szyjnych oraz innych naczyń krwionoś-

DO CZEGO PROWADZĄ CZYNNIKI AGE?

Poza komplikacjami cukrzycowymi nadmierne wytwarzanie AGE jest wiązane z szeregiem poważnych stanów chorobowych. Należą do nich:

- Choroba nerek. Po podaniu AGE zwierzętom laboratoryjnym rozwijają się u nich wszelkie oznaki chorób nerek[3]. AGE można znaleźć także w nerkach osób cierpiących na choroby tego narządu.
- Miażdżyca. Doustne podanie AGE, zarówno u zwierząt, jak i ludzi, wywołuje kurczenie się tętnic, czyli nadmierne napięcie (zaburzenie czynności śródbłonka) tętnic, skutkujące poważnym uszkodzeniem prowadzącym do miażdżycy[4]. AGE modyfikują też cząsteczki cholesterolu LDL, blokując ich normalną absorpcję przez wątrobę i prowadząc do absorbowania ich przez komórki zapalne w ścianach tętnic, co oznacza rozwój płytki miażdżycowej[5]. AGE można pozyskać z tkanek i skorelować ze stopniem rozwoju płytki – im wyższa zawartość AGE w różnych tkankach, tym bardziej nasilona będzie miażdżyca tętnic[6].
- Demencja. U osób cierpiących na chorobę Alzheimera zawartość AGE w mózgu jest trzy razy większa niż u zdrowych osób. Produkty te gromadzą się w płytkach amyloidalnych i splotach neurofibrylarnych, co jest charakterystyczne dla tej choroby[7]. Na skutek zwiększonego wytwarzania AGE u osób z cukrzycą demencja występuje u nich 500 razy częściej[8].

nych, a u 20–25 procent pojawią się zaburzenia funkcji nerek lub niewydolność nerek, zazwyczaj w jedenaście lat po diagnozie[9]. Prawdę mówiąc, wysoki poziom cukru utrzymujący się przez kilka lat praktycznie gwarantuje wystąpienie komplikacji.

Wobec powtarzających się u diabetyków wysokich poziomów cukru można również spodziewać się wystąpienia w tej grupie wysokich poziomów AGE. Istotnie, tak właśnie jest. Cukrzycy mają o 60 procent wyższą zawartość AGE we krwi niż osoby, które nie cierpią na cukrzycę[10].

Cząsteczki AGE, które są wynikiem wysokich poziomów cukru, odpowiadają za większość cukrzycowych komplikacji: od

- Rak. Choć dane nie są usystematyzowane, może się okazać, że związek pomiędzy AGE a nowotworami jest jednym z najważniejszych zjawisk dotyczących tych produktów. Nietypowe nagromadzenia AGE stwierdzono w nowotworach trzustki, piersi, płuc, okrężnicy i prostaty[11].
- Zaburzenia erekcji. Jeżeli do tej pory nie przykułem uwagi męskich czytelników, to teraz powinno mi się to udać: AGE zakłócają wzwód, gdyż odkładają się w części penisa odpowiadającej za jego erekcję (ciała jamiste), utrudniając napływ krwi, dzięki któremu członek twardnieje[12].
- Zdrowie oczu. AGE uszkadzają tkanki oczne od soczewek (katarakty), poprzez siatkówkę (retinopatia), aż po gruczoły łzowe (zespół suchego oka)[13].

Wiele niszczycielskich działań AGE wynika z nasilonego stresu oksydacyjnego oraz stanu zapalnego, dwóch procesów będących podłożem wielu chorób[14]. Z drugiej strony, niedawne badania wykazały, że ograniczone narażenie na AGE przyczynia się do obniżonej ekspresji markerów zapalenia, takich jak białko C-reaktywne (CRP) oraz czynnik martwicy nowotworu[15].

Akumulacja AGE stanowi dogodne wytłumaczenie wielu zjawisk związanych z procesem starzenia. A zatem przejęcie kontroli nad procesem glikacji i gromadzenia AGE może stanowić metodę ograniczenia skutków akumulacji AGE.

neuropatii (uszkodzeń nerwów prowadzących do utraty czucia w stopach), poprzez retinopatię (zaburzenia wzroku prowadzące do ślepoty), aż po nefropatię (choroby i niewydolność nerek). Im wyższy jest poziom cukru i im dłużej się utrzymuje, tym większa będzie akumulacja produktów AGE oraz uszkodzeń narządów.

Cukrzycy, którzy słabo kontrolują poziom cukru, przez co zbyt długo pozostaje on wysoki, są szczególnie podatni na komplikacje, wynikające ze znacznej ilości AGE nawet w młodym wieku. (Zanim zrozumiano znaczenie ścisłego kontrolowania poziomów cukru w przypadku cukrzycy typu 1, przypadki niewydolności nerek i ślepoty u osób przed trzydziestką nie należały do rzadkości. Odkąd zaczęto lepiej panować nad glukozą, takie nieszczęścia zdarzają się znacznie rzadziej). Szeroko zakrojone badania, m.in. „próba kontrolowania cukrzycy i jej komplikacji" (Diabetes Control and Complications Trial – DCCT)[16], wykazały, że ścisłe ograniczanie poziomów glukozy we krwi pozwala na redukcję zagrożenia cukrzycowymi powikłaniami.

Dzieje się tak dlatego, że tempo powstawania AGE zależy od poziomu glukozy we krwi – im jest on wyższy, tym więcej tworzy się cząsteczek AGE.

Produkty AGE powstają nawet wtedy, kiedy poziom cukru jest normalny, ale w znacznie wolniejszym tempie w porównaniu z wysokim poziomem cukru. Zatem powstawanie AGE jest typowe dla normalnego procesu starzenia się, takiego, który sprawia, że osoba mająca sześćdziesiąt lat wygląda na sześćdziesięciolatka. Natomiast AGE nagromadzone przez diabetyka, który słabo kontroluje cukier we krwi, wywołują przyśpieszony proces starzenia. Z tego względu cukrzycy posłużyli jako żywy model dla naukowców badających przyśpieszające starzenie skutki wysokiego poziomu glukozy we krwi. Zatem komplikacje cukrzycowe, takie jak miażdżyca, choroby nerek i neuropatia, są także chorobami starczymi, powszechnymi u ludzi sześćdziesięcio-, siedemdziesięcio- i osiemdziesięcioletnich, natomiast występującymi rzadko u osób w drugiej lub trzeciej dekadzie życia. Cukrzyca pokazuje nam, co spotyka ludzi, kiedy glikacja następuje szybciej i produkty AGE mogą się gromadzić w dużych ilościach. Nie jest to ładne.

Historia procesu starzenia nie kończy się na większej ilości cząsteczek AGE. Wyższe poziomy AGE we krwi prowadzą do ujawniania się stresu oksydacyjnego i markerów stanu zapalnego[17]. Receptor AGE, czyli RAGE, jest odźwiernym całego szeregu odpowiedzi zapalnych i oksydacyjnych, takich jak cytokiny prozapalne, czynnik wzrostu śródbłonka naczyniowego i czynnik martwicy nowotworu[18]. A zatem AGE wysyłają do boju całą armię reakcji oksydacyjnych i zapalnych, które przyczyniają się do chorób serca, raka, cukrzycy i innych dolegliwości.

Powstawanie AGE to proces ciągły. Przy normalnych poziomach glukozy (90 mg/dl lub mniej na czczo) produkty te tworzą się wolniej, a przy wyższych dochodzi do tego szybciej. Im wyższy poziom glukozy, tym więcej powstaje AGE. Tak naprawdę nie ma żadnego poziomu, przy którym można by oczekiwać, że AGE nie będą się tworzyć.

Jeśli ktoś nie ma cukrzycy, to wcale nie oznacza, że ominie go taki los. AGE akumulują się także u niediabetyków i wywierają na nich swoje postarzające działanie. Wystarczy niewielki nadmiar cukru we krwi, zaledwie kilka miligramów ponad normę, i proszę bardzo – AGE przystępują do działania, zaklejając nasze narządy. Z czasem, jeśli nagromadzi się ich wystarczająco dużo, także i u nas mogą się rozwinąć wszystkie stany chorobowe widywane u cukrzyków.

Oprócz 25,8 miliona diabetyków w Stanach Zjednoczonych żyje dziś 79 milionów osób w stanie przedcukrzycowym[19]. Znacznie więcej jest Amerykanów, którzy nie spełniają jeszcze kryteriów stanu przedcukrzycowego, ale często miewają podwyższone poziomy cukru we krwi po spożyciu pewnej ilości węglowodanów podnoszących ten poziom. A to oznacza, że ich cukier jest wystarczająco wysoki, żeby powodować większą od normalnej produkcję AGE. (Jeżeli wątpicie w to, że poziom cukru rośnie po zjedzeniu, powiedzmy, jabłka albo kawałka pizzy, kupcie sobie w aptece prosty glukometr. Zbadajcie poziom cukru w godzinę po zjedzeniu interesującego was produktu. Prawdopodobnie będziecie zaszokowani, widząc, jak wysoko podskoczyła jego wartość. Pamiętacie mój „eksperyment" z dwiema kromkami pełnoziarnistego chleba pszennego? Poziom glukozy we krwi po ich zjedzeniu – 167 mg/dl. To nic niezwykłego).

Podczas gdy jajka nie podwyższają poziomu cukru we krwi, podobnie jak orzechy, oliwa z oliwek, kotlety wieprzowe lub łosoś, węglowodany to robią – wszystkie węglowodany, od jabłek i pomarańczy, po żelki i płatki z siedmiu zbóż. Jak już wcześniej wspominaliśmy, pod względem poziomu cukru produkty pszenne są

WEWNĘTRZNE I ZEWNĘTRZNE ŹRÓDŁA AGE

Dotąd skupialiśmy się na AGE powstających w organizmie człowieka, w znacznym stopniu dzięki konsumpcji węglowodanów. Istnieje jednak drugie źródło tych związków, czerpane bezpośrednio z diety, a mianowicie produkty zwierzęce. Ponieważ może to być mylące, zacznijmy od początku.

AGE pochodzą z dwóch ogólnych źródeł:

Endogenne AGE. Są to produkty powstające w organizmie, a proces ich wytwarzania zaczyna się od glukozy we krwi. Pokarmy podwyższające jej poziom zwiększają też powstawanie AGE. Oznacza to, że wszystkie węglowodany (bo wszystkie one podwyższają poziom glukozy) wywołują tworzenie endogennych AGE. Niektóre jednak podwyższają poziom glukozy bardziej niż inne. Baton snickers uruchamia powstawanie endogennego AGE w sposób umiarkowany, natomiast pełnoziarnisty chleb pszenny robi to bardziej zdecydowanie, gdyż w większym stopniu podnosi poziom glukozy we krwi.

Co ciekawe, fruktoza, kolejny cukier, który zyskał ogromną popularność jako składnik przetworzonej żywności, zwiększa formowanie AGE w organizmie nawet kilkaset razy bardziej niż glukoza[20]. Pod postacią syropu kukurydzianego fruktoza często towarzyszy pszenicy w różnych odmianach pieczywa. Byłoby trudno znaleźć przetworzony produkt, który nie zawierałby fruktozy pod jakąś postacią, od sosu do potraw z grilla po marynaty. Warto również zauważyć, że biały cukier, czyli sacharoza, w 50 procentach składa się z fruktozy, a w pozostałych 50 z glukozy. Syrop klonowy, miód i syrop z agawy to kolejne substancje obfitujące we fruktozę.

Egzogenne AGE. Znajdują się one w pokarmach, które trafiają do organizmu pod postacią śniadań, obiadów i kolacji. W przeciwieństwie do endogennych nie powstają w organizmie, tylko są połykane w gotowej postaci.

Artykuły żywnościowe bardzo się różnią, jeśli chodzi o zawartość AGE. Najwięcej mają ich produkty zwierzęce, takie jak mięsa i sery. Zwłaszcza mięsa poddawane obróbce termicznej, na przykład pieczone lub smażone, mogą zawierać ponad tysiąc razy więcej AGE niż nieprzetworzone[21]. Co więcej, im dłużej trwa ta obróbka, tym wyższa staje się zawartość AGE.

Sugestywnym przykładem zdolności egzogennych AGE do osłabiania funkcji tętnic było badanie, w ramach którego dwie grupy ochotników chorych na cukrzycę otrzymywały identyczną dietę, złożoną z piersi kurczaka, ziemniaków, marchewki, pomidorów i oleju roślinnego. Jedyna różnica polegała na tym, że posiłki dla pierwszej grupy były gotowane przez dziesięć minut na parze lub w wodzie, natomiast dla drugiej grupy smażone albo pieczone w temperaturze 230°C przez dwadzieścia minut. Druga grupa wykazała o 67 procent mniejszą zdolność do rozluźniania tętnic, a także wyższe poziomy AGE i markerów oksydacyjnych we krwi[22].

Egzogenne AGE znajdują się także w mięsach obfitujących w tłuszcz nasycony. Ten rodzaj tłuszczu niesłusznie oskarżano o to, że jest niezdrowy dla serca, a tymczasem prawdziwym winowajcą są występujące w jego towarzystwie AGE. Wyjątkowo bogate w AGE są przetwory mięsne, takie jak bekony, kiełbasy czy parówki. A zatem mięsa nie są złe z samej swej natury, tylko mogą stać się niezdrowe w wyniku działań nasilających powstawanie AGE.

Poza dietą zalecaną w tej książce, polegającą na eliminacji pszenicy przy ograniczonym spożyciu węglowodanów, warto również wystrzegać się źródeł egzogennych AGE, a mianowicie przetworów mięsnych, mięs poddawanych długotrwałej obróbce cieplnej w temperaturze przekraczającej 175°C oraz wszelkich potraw smażonych w głębokim tłuszczu. Ilekroć to możliwe, należy unikać dobrze wysmażonych mięs, wybierając średnio wysmażone lub półsurowe. Gotowanie na parze lub w wodzie, zamiast smażenia bądź pieczenia na oleju, również pozwala ograniczyć kontakt z AGE.

Co powiedziawszy, należy dodać, że wiedza na temat AGE jest nadal w powijakach i wiele spraw czeka jeszcze na odkrycie. Zważywszy jednak na to, co wiemy na temat długoterminowego wpływu AGE na zdrowie, nie sądzę, żeby zalecanie ograniczonego narażania się na te produkty było przedwczesne. Być może podziękujecie mi za to w swoje setne urodziny.

gorsze od niemal wszystkich innych pokarmów, gdyż podwyższają
ów poziom do wartości porównywalnych z tymi, jakie występują
w zaawansowanej cukrzycy – nawet jeżeli nie jest się diabetykiem.

W jednym z wcześniejszych rozdziałów pisałem, że złożonym
węglowodanem zawartym w pszenicy jest wyjątkowa odmiana
amylopektyny – amylopektyna A, różniąca się od innych form
tej substancji w tym samym stopniu, co czarna fasola od bananów. Pszenna amylopektyna jest najłatwiej trawiona przez enzym zwany amylazą, co tłumaczy większą zdolność produktów
pszennych do podwyższania poziomu cukru. Szybsze i wydaj-
niejsze trawienie pszennej amylopektyny oznacza wyższe poziomy cukru w ciągu dwóch godzin po zjedzeniu zawierającego ją
produktu, co z kolei przekłada się na zwiększone wytwarzanie
AGE. Gdyby zorganizować konkurs na produkcję AGE, pszenica
wygrywałaby nieomal za każdym razem, bijąc inne źródła węglowodanów, takie jak jabłka, pomarańcze, bataty, lody i czekoladki.

Podsumowując: produkty pszenne, jak choćby babeczki z makiem albo placki z pieczonymi warzywami, prowadzą do nadmiernego wytwarzania AGE. Dodajmy do tego wyjątkowo intensywne
podwyższanie poziomu cukru we krwi przez pszenicę, a otrzy-
mamy przyspieszony proces pojawiania się oznak starzenia skóry,
zaburzeń czynności nerek, demencji, miażdżycy i zapalenia stawów.

WIELKI WYŚCIG GLIKACYJNY

Istnieje szeroko dostępny test, który, choć nie dostarcza wskaźnika do określania wieku biologicznego, to jednak daje miarę
tempa biologicznego starzenia się na skutek glikacji. Wiedząc, jak
szybko lub wolno przebiega glikacja w organizmie danego człowieka, możemy stwierdzić, czy biologiczne starzenie następuje
u niego szybciej czy wolniej, niżby wskazywał kalendarz. Choć
AGE można ocenić poprzez biopsję skóry albo narządów wewnętrznych, to jednak większość ludzi nie patrzy entuzjastycznie

na parę kleszczy wsuwaną w którąś jamę ich ciała w celu wycięcia kawałka tkanki. Na szczęście do pomiaru tempa powstawania AGE można użyć prostego badania krwi – testu hemoglobiny A1c, czyli HbA1c. Jest to częste badanie, a choć zazwyczaj wykonuje się je z myślą o kontrolowaniu cukrzycy, to może również służyć jako prosty wskaźnik glikacji.

Hemoglobina to złożone białko zawarte w czerwonych ciałkach krwi i odpowiadające za ich zdolność do przenoszenia tlenu. Jak wszystkie inne białka organizmu, hemoglobina ulega glikacji, to znaczy modyfikacji jej cząsteczek przez glukozę. Do reakcji tej dochodzi łatwo i jest ona, podobnie jak inne reakcje AGE, nieodwracalna. Im wyższy jest poziom glukozy we krwi, tym większy odsetek cząsteczek hemoglobiny ulega glikacji.

Czerwone ciałka krwi żyją na ogół od sześćdziesięciu do dziewięćdziesięciu dni. Mierząc odsetek cząsteczek hemoglobiny, które uległy glikacji, uzyskujemy wskaźnik, który mówi nam, jak wysoki poziom osiągnęła we krwi glukoza w ciągu poprzednich 60–90 dni. To przydatne narzędzie, jeśli chcemy stwierdzić, na ile zadowalająca jest kontrola cukru u diabetyków albo zdiagnozować cukrzycę.

Szczupła osoba, normalnie reagująca na insulinę i spożywająca ograniczoną ilość węglowodanów, będzie miała w przybliżeniu od 4,0 do 4,8 procent hemoglobiny glikowanej (to znaczy HbA1c wynoszącą od 4,0 do 4,8 procent), co odzwierciedla nieuniknione, ale niskie tempo glikacji. Diabetycy mają zazwyczaj 8, 9, a nieraz 12 procent glikowanej hemoglobiny – dwa lub ponad dwa razy więcej niż normalnie. Większość Amerykanów, którzy nie chorują na cukrzycę, plasuje się gdzieś pomiędzy. Mieszczą się w granicach 5,0–6,4 procent powyżej doskonałego poziomu, ale poniżej „oficjalnego" progu cukrzycy, wynoszącego 6,5 procent[23,24]. Prawdę mówiąc, niewiarygodny, bo wynoszący aż 70 procent odsetek dorosłych Amerykanów ma HbA1c pomiędzy 5,0 a 6,9 procent[25].

HbA1c nie musi wynosić aż 6,5 procent, żeby wywoływać niepożądane konsekwencje zdrowotne. Nawet gdy pozostaje w granicach

HEJ, TROCHĘ TU MĘTNIE

Soczewki w oczach to stworzone przez naturę precyzyjne urządzenia optyczne, wchodzące w skład aparatu ocznego, który pozwala nam widzieć świat. Słowa czytane przez was na tej stronie to obrazy, które zostają skupione przez soczewki na siatkówkach, a następnie przekazane w postaci sygnałów nerwowych do mózgu, interpretującego je jako czarne litery na białym tle. Soczewki są jak diamenty – jeśli nie mają skaz, są krystalicznie czyste i przepuszczają światło bez żadnych przeszkód. To zadziwiające, jak się nad tym dobrze zastanowić.

Jednak w przypadku jakichkolwiek skaz przepływ światła jest zaburzony.

Soczewki są zbudowane ze strukturalnych białek zwanych krystalinami, które, podobnie jak wszystkie inne białka organizmu, podlegają glikacji. Glikowane białka soczewek tworzą AGE, które łączą się krzyżowo i grupują. Podobnie jak małe plamki dające się zauważyć w diamencie ze skazami, te maleńkie wady akumulują się w soczewkach. Padając na nie, światło ulega rozproszeniu. Po kilku latach powstawania AGE nagromadzone usterki wywołują mętność soczewek, czyli zaćmę (albo kataraktę).

Związek między glukozą we krwi, AGE i kataraktą jest jasno określony. U zwierząt laboratoryjnych kataraktę można wywołać w ciągu zaledwie dziewięćdziesięciu dni przez samo tylko utrzymywanie glukozy we krwi na wysokim poziomie[26]. Diabetycy są w szczególny sposób podatni na katarakty (trudno się dziwić); ich zagrożenie jest pięć razy wyższe niż u osób, które nie chorują na cukrzycę[27].

W Stanach Zjednoczonych katarakty zdarzają się powszechnie i atakują 42 procent mężczyzn i kobiet pomiędzy pięćdziesiątym drugim i sześćdziesiątym czwartym rokiem życia, a w przedziale wiekowym siedemdziesiąt pięć–osiemdziesiąt pięć lat odsetek ten wzrasta do 91 procent[28]. Prawdę mówiąc, żaden element oka nie opiera się niszczącemu działaniu AGE, łącznie z siatkówką (zwyrodnienie plamki żółtej), ciałem szklistym (galaretowatym płynem wypełniającym gałkę oczną) i rogówką[29].

Dlatego każdy pokarm, który podnosi poziom cukru we krwi, może powodować glikację krystalin w naszych oczach. W którymś momencie uszkodzenia soczewek przewyższą ich ograniczoną zdolność resorpcji i odnowy krystalin. A wtedy samochód jadący przed nami zacznie wyglądać jak rozmyta plama i nic na to nie pomoże zakładanie okularów ani zakrapianie oczu.

„normy", jest wiązana ze zwiększonym ryzykiem zawałów serca i raka. Każdy wzrost HbA1c o 1 procent zwiększa umieralność o 28 procent[30,31]. Po zwieńczonej porcją puddingu wyprawie do makaronowego baru, w którym można jeść do oporu, poziom glukozy we krwi może wzrosnąć do 150, a nawet 250 mg/dl na trzy lub cztery godziny. Wysoka glukoza utrzymująca się przez dłuższy czas glikuje hemoglobinę, co ma odzwierciedlenie w wyższym poziomie HbA1c.

A zatem HbA1c – czyli hemoglobina glikowana – stanowi bieżący wskaźnik kontrolowania glukozy, a także odzwierciedla stopień glikowania innych białek. Im wyższy jest poziom HbA1c, tym więcej białek glikuje się też w soczewkach oczu, nerkach, tętnicach, skórze itd.[32] W rezultacie hemoglobina glikowana pozwala ocenić tempo starzenia się – im wyższa HbA1c, tym szybciej się starzejesz.

Badanie HbA1c to coś więcej niż tylko narzędzie ułatwiające kontrolę poziomu cukru u diabetyków. Odzwierciedla ono również tempo, w jakim dochodzi do glikacji innych białek w organizmie, czyli tempo, w jakim się starzejemy. Pozostań przy wartości 5 procent lub mniej, a możesz powiedzieć, że starzejesz się z normalną szybkością. Jeśli przekroczysz 5 procent, twój czas zacznie płynąć szybciej niż powinien, przybliżając cię do domu spokojnej starości w niebie.

W taki oto sposób pokarmy, które najbardziej podwyższają stężenie glukozy i są spożywane najczęściej, wpływają na wyższe poziomy HbA1c, co z kolei oznacza szybsze tempo uszkadzania narządów i starzenia się. Więc jeżeli nie cierpisz swojego szefa i chcesz, żeby szybciej się postarzał i zniedołężniał, upiecz mu piękny tort kawowy.

BEZPSZENNOŚĆ W WALCE ZE STAROŚCIĄ

Pamiętacie zapewne, że produkty pszenne podwyższają poziom glukozy we krwi bardziej niż niemal wszystkie inne, z białym cukrem włącznie. Pod tym względem porównywanie pszenicy z większością innych pokarmów przypomina próbę zorganizowania pojedynku bokserskiego Mike'a Tysona z Trumanem Capote'em – nie ma żadnej walki, cukrowy nokaut w mgnieniu oka. Jeżeli nie jesteś drobną dwudziestotrzyletnią biegaczką długodystansową – u której, dzięki minimalnej ilości tłuszczu trzewnego, silnej wrażliwości na insulinę i obfitości estrogenu poziom cukru wzrasta w niewielkim stopniu – dwie kromki pełnoziarnistego chleba pszennego prawdopodobnie podniosą twój poziom cukru do 150 mg/dl albo nawet bardziej, co z nawiązką wystarczy do wywołania kaskady procesów formowania AGE.

Skoro glikacja przyspiesza starzenie, to czy nieglikacja może je spowolnić?

Takie badanie przeprowadzono na laboratoryjnych myszach, u których dieta przyczyniająca się do powstawania AGE dawała więcej przypadków miażdżycy, katarakt, chorób nerek i cukrzycy oraz sprawiała, że żyły one krócej od zdrowszych myszy żywionych w sposób chroniący przed AGE[33].

Badanie kliniczne, które pozwalałoby udowodnić przedstawioną wyżej tezę na ludziach, nie zostało dotąd przeprowadzone. Istnieje pewna przeszkoda, która utrudnia prawie wszystkie badania związane z procesem starzenia się. Wyobraźcie sobie taką propozycję: „Proszę pana, przypiszemy pana do jednej z dwóch grup badawczych. Będzie pan stosował albo dietę z wysokim AGE, albo z niskim AGE. A po pięciu latach ocenimy pański wiek biologiczny".

Czy ktokolwiek z was zaakceptowałby możliwość dostania się do grupy z wysokim AGE? Jak w związku z tym mamy ocenić ten wiek biologiczny?

Skoro glikacja i powstawanie AGE są podłożem wielu zjawisk oznaczających starzenie się i jeśli niektóre produkty żywnościowe wywołują tworzenie AGE w stopniu większym niż inne, to wydaje się prawdopodobne, że dieta uboga w te produkty powinna spowalniać proces starzenia albo przynajmniej te jego aspekty, które są następstwem glikacji. Niska wartość HbA1c oznacza, że w organizmie zachodzi mniej postarzających procesów glikacyjnych, że dany człowiek będzie mniej podatny na katarakty, choroby nerek, zmarszczki, zapalenie stawów, miażdżycę i inne następstwa glikacji nękające ludzi, zwłaszcza tych, którzy jedzą pszenicę.

Być może będzie nawet mógł uczciwie mówić, ile ma lat.

ROZDZIAŁ 10

MOJE CZĄSTECZKI SĄ WIĘKSZE OD TWOICH – PSZENICA I CHOROBY SERCA

W biologii rozmiary stanowią o wszystkim.

Filtrująca wodę krewetka, która mierzy zaledwie kilka centymetrów, objada się glonami i planktonem zawieszonym w oceanie, po czym sama staje się pokarmem większych ryb i ptaków drapieżnych.

W świecie roślin najwyższe z nich, jak choćby mierzące po 60 metrów puchowce z lasów tropikalnych, zyskują przewagę, gdyż wznoszą się ponad korony dżungli i mogą czerpać słońce niezbędne do fotosyntezy, a same rzucają cień na mniejsze drzewa i rośliny rosnące niżej.

I tak to się odbywa, począwszy od mięsożernych drapieżników, a na roślinożernej zdobyczy skończywszy. Ta prosta zasada jest starsza od ludzi, pojawiła się na ziemi wcześniej niż pierwsze naczelne, ponad miliard lat temu, kiedy wielokomórkowe organizmy uzyskały przewagę nad jednokomórkowymi, przedzierając się przez pierwotne morza. Sytuacje, w których większe jest lepsze, są w przyrodzie niezliczone.

Prawo Dużego, obowiązujące w oceanie i w świecie roślin, odnosi się także do mikrokosmosu ludzkiego organizmu.

W krwiobiegu człowieka cząsteczki LDL (*low-density lipoprotein*), nazywane na ogół „cholesterolem LDL", rządzą się tymi samymi zasadami dotyczącymi wielkości, co krewetki i plankton. Duże cząsteczki LDL są, jak sama nazwa wskazuje, stosunkowo duże. Małe cząsteczki są – zgadliście! – niewielkie. W ludzkim organizmie duże cząsteczki LDL pozwalają przetrwać człowiekowi, który je posiada. Mówimy tu o różnicach wielkości mierzonych w nanometrach (nm), czyli miliardowych częściach metra. Duże cząsteczki LDL mają średnicę 25,5 nm lub większą, natomiast w wypadku małych wynosi ona mniej niż 25,5 nm. (To oznacza, że cząsteczki LDL, duże i małe, są tysiące razy mniejsze od czerwonych ciałek krwi, ale większe od cząsteczki cholesterolu. W kropce kończącej to zdanie zmieściłoby się jakieś dziesięć tysięcy cząsteczek LDL).

W przypadku drobin LDL wielkość, rzecz jasna, nie decyduje o tym, czy to one będą zjadać czy też same zostaną zjedzone. Natomiast określa ona, czy cząsteczki LDL będą się akumulować (albo nie) w ścianach tętnic, na przykład w okolicach serca (tętnice wieńcowe), bądź w szyi oraz mózgu. Krótko mówiąc, rozmiary LDL decydują w znacznym stopniu o tym, czy mając pięćdziesiąt siedem lat doznasz zawału serca albo udaru czy też jako osiemdziesięciosiedmiolatek nadal będziesz pociągać za dźwignię jednorękiego bandyty.

Małe cząsteczki są, prawdę rzekłszy, wyjątkowo częstą przyczyną niedokrwiennej choroby serca, objawiającej się zawałami, koniecznością takich zabiegów, jak angioplastyka, stenty, bajpasy, oraz na wiele innych sposobów[1]. Moje osobiste doświadczenie z tysiącami pacjentów cierpiących na choroby serca wykazuje, że u prawie 90 procent z nich małe cząsteczki LDL występują w stopniu co najmniej umiarkowanym, jeżeli nie wysokim.

Przemysł farmaceutyczny uznał za wygodne i zyskowne zaliczenie tego zjawiska do dużo prostszej kategorii „wysokiego cholesterolu". Cholesterol jednak ma niewiele wspólnego z miażdży-

BABECZKI, KTÓRE POMNIEJSZAJĄ

„Wypij mnie".

Więc Alicja wypiła miksturę i stała się malutka. Mogła teraz przejść przez drzwi i hasać ze Zwariowanym Kapelusznikiem oraz Kotem z Cheshire.

Dla cząsteczek LDL ta babeczka z otrębami albo obwarzanek z dziesięciu zbóż, które zjedliście dziś rano na śniadanie, są tym samym, czym mikstura dla Alicji – sprawiają, że stają się one mniejsze. Choć na początku mają, powiedzmy, 29 nm średnicy, dzięki babeczkom i innym pszennym produktom cząsteczki LDL kurczą się do 23 lub 24 nm[2].

I tak jak Alicja mogła przejść przez maleńkie drzwi, kiedy stała się malutka, zmniejszone cząsteczki LDL mogą dokonywać wielu wyjątkowych i niemiłych rzeczy, których LDL o normalnych rozmiarach nie są w stanie robić.

Podobnie jak ludzie, cząsteczki LDL prezentują różnorakie typy cech. Te duże przypominają flegmatycznego urzędnika służby cywilnej, który pracuje tak długo, jak musi, i bierze wypłatę, mając nadzieję na emeryturę wypłacaną przez państwo. Małe LDL natomiast to cząsteczki szalone, aspołeczne, naćpane kokainą. Nie przestrzegają zasad, niszcząc wszystko na oślep dla zwykłej zabawy. Prawdę mówiąc, gdyby dało się zaprojektować złowrogą cząsteczkę, potrafiącą w idealny sposób tworzyć kleistą płytkę miażdżycową w ścianach tętnic, to byłaby to właśnie mała cząsteczka LDL.

Duże cząsteczki LDL są przejmowane przez receptor LDL w wątrobie, przechodzą normalną, fizjologiczną trasę metaboliczną i zostają usunięte. Natomiast małe cząsteczki LDL są słabo rozpoznawane przez ten receptor, dzięki czemu mogą znacznie dłużej pozostawać w krwiobiegu. W re-

cą; ułatwia tylko pomiary, jest pozostałością z czasów, kiedy nie dało się charakteryzować i mierzyć rozmaitych lipoprotein (czyli białek przenoszących lipidy), które krążą w krwiobiegu, wywołując uszkodzenia, akumulację płytki miażdżycowej, a w końcu zawał serca i udar.

Tak naprawdę nie chodzi więc o cholesterol, lecz o cząsteczki wywołujące miażdżycę. Dziś potrafimy bezpośrednio określić ilościowo i scharakteryzować lipoproteiny, wyrzucając cholesterol zultacie mają więcej czasu na tworzenie płytki miażdżycowej. Utrzymują się średnio przez pięć dni – w porównaniu z trzema dniami typowymi dla dużych cząsteczek LDL[3]. Nawet jeżeli duże cząsteczki są produkowane w tym samym tempie co małe, to przecież te drugie uzyskują znaczącą przewagę liczebną dzięki swojej większej trwałości. Ponadto małe cząsteczki LDL są wchłaniane przez białe ciałka krwi (makrofagi) tkwiące w ścianach tętnic, co wywołuje gwałtowny przyrost płytki miażdżycowej.

Słyszeliście o dobrodziejstwach przeciwutleniaczy? Oksydacja to część procesu starzenia, pozostawiająca po sobie zmodyfikowane oksydacyjnie białka oraz inne struktury mogące przyczyniać się do raka, chorób serca i cukrzycy. W środowisku utleniającym prawdopodobieństwo oksydacji małych cząsteczek LDL jest o 25 procent większe niż dużych. Zoksydowane cząsteczki LDL częściej wywołują miażdżycę[4].

W przypadku małych cząsteczek LDL należy wspomnieć także o zjawisku glikacji, omówionym w rozdziale 9. W porównaniu z dużymi małe cząsteczki są osiem razy bardziej podatne na glikację endogenną. Glikowane małe cząsteczki LDL, podobnie jak zoksydowane LDL, w większym stopniu przyczyniają się do tworzenia płytki miażdżycowej[5]. Dlatego węglowodany działają podwójnie: gdy jest ich dużo w diecie, powstają małe cząsteczki LDL; ponadto podwyższają we krwi poziom glukozy, co prowadzi do glikacji tych cząsteczek. A zatem produkty, które w największym stopniu podnoszą poziom glukozy, powodują zarówno powstawanie większej ilości małych cząsteczek LDL, jak i ich zwiększoną glikację.

Choroby serca i udary nie wynikają więc jedynie z wysokiego cholesterolu. Ich przyczynami są oksydacja, glikacja, stany zapalne, małe cząsteczki LDL... tak, procesy uruchamiane przez węglowodany, zwłaszcza te, które pochodzą z pszenicy.

na śmietnisko przestarzałych praktyk medycznych, aby spoczął tam obok lobotomii przedczołowej.

Najważniejszą grupą cząsteczek, prababcią ich wszystkich, jest lipoproteina bardzo małej gęstości określana skrótem VLDL (*very low-density lipoprotein*). Wątroba łączy ze sobą różne białka (takie jak apolipoproteina B) i tłuszcze (głównie trójglicerydy) w cząsteczki VLDL, które mają mniejszą gęstość niż woda (pływałyby w niej jak oliwa ponad octem w sosie sałatkowym). Następnie cząsteczki VLDL są uwalniane, trafiając do krwiobiegu jako pierwsze lipoproteiny.

Duże i małe cząsteczki LDL mają tych samych rodziców, którymi są cząsteczki VLDL. Wiele zmian w krwiobiegu decyduje o tym, czy drobinki VLDL przekształcą się w duże czy w małe cząsteczki LDL. Co ciekawe, skład diety ma bardzo potężny wpływ na ten proces i decyduje o tym, jaką część LDL będą stanowić duże, a jaką małe cząsteczki. Być może nie jesteś w stanie wybierać sobie członków rodziny, ale możesz bez trudu wpływać na potomstwo cząsteczek VLDL, a przez to na rozwój miażdżycy lub jego brak.

KRÓTKIE CUDOWNE ŻYCIE CZĄSTECZEK LDL

Może temat lipoprotein w naszym krwiobiegu jest nieco nużący, ale za to niezwykle istotny. Po kilku akapitach wszystko nabierze sensu. Kiedy je przeczytacie, będziecie wiedzieć o tym zagadnieniu więcej niż 98 procent lekarzy.

VLDL, czyli „rodzicielskie" lipoproteiny cząsteczek LDL, po uwolnieniu z wątroby dostają się do układu krwionośnego i bardzo chcą wydać na świat swoje potomstwo. Opuszczając wątrobę, są napakowane trójglicerydami, energetyczną walutą w licznych procesach metabolicznych. W zależności od diety wątroba wytwarza więcej lub mniej cząsteczek VLDL, które różnią się zawartością trójglicerydów. W standardowym badaniu cholesterolu nadmiar VLDL wyraża się wyższym poziomem trójglicerydów, co jest częstą nieprawidłowością.

VLDL są nadzwyczaj towarzyskie i swobodnie nawiązują kontakty z innymi lipoproteinami, na jakie uda im się natknąć. Krążąc w krwiobiegu, VLDL oddają trójglicerydy lipoproteinom zarówno niskiej (LDL), jak i wysokiej gęstości (*high-density lipoproteins* – HDL) w zamian za cząsteczkę cholesterolu. Następnie wzbogacone trójglicerydami cząsteczki LDL przechodzą kolejną reakcję (przy udziale lipazy wątrobowej), która usuwa trójglicerydy dostarczone przez VLDL.

Zatem cząsteczki LDL są początkowo duże (mają średnicę 25,5 nm lub większą) i otrzymują trójglicerydy od VLDL w zamian za cholesterol. Potem te trójglicerydy tracą. W rezultacie stają się uboższe zarówno w trójglicerydy, jak i cholesterol, a tym samym o kilka nanometrów mniejsze[6,7].

Nadmiar trójglicerydów z VLDL zapoczątkowuje lawinowy proces tworzenia się małych LDL. Przy poziomie trójglicerydów wynoszącym 133 mg/dl lub wyższym (norma wynosi 150 mg/dl) u 80 procent ludzi tworzą się małe cząsteczki LDL[8]. Szeroko zakrojone badanie obejmujące Amerykanów w wieku 20 lat i starszych wykazało, że 33 procent z nich ma trójglicerydy na poziomie 150 mg/dl i wyższym – co wystarcza z nawiązką do tworzenia małych LDL. U sześćdziesięciolatków i osób starszych ten odsetek wzrasta do 42[9].

U ludzi cierpiących na chorobę wieńcową grupa z małymi cząsteczkami LDL przeważa nad wszystkimi innymi zaburzeniami. Małe LDL są u tych chorych zdecydowanie najczęstsze[10].

A to tylko trójglicerydy i VLDL obecne w zwyczajnej próbce krwi na czczo. Jeżeli trójglicerydy reagują w typowy sposób na posiłek i ich poziom wzrasta po nim na kilka godzin od dwóch do czterech razy, to małe cząsteczki LDL powstają w jeszcze większej ilości[11]. Zapewne w znacznym stopniu właśnie dlatego trójglicerydy mierzone po posiłku są niechybną zapowiedzią zawału serca, którego ryzyko wzrasta od pięciu do siedmiu razy w przypadku ich wyższego poziomu[12].

Wobec tego VLDL jest głównym punktem startowym lipoprotein, rozpoczynającym kaskadę wydarzeń prowadzących do powstawania małych cząsteczek LDL. Wszystko, co zwiększa wytwarzanie cząsteczek VLDL przez wątrobę i/lub zwiększa zawartość trójglicerydów w cząsteczkach VLDL, nasila ten proces. Wszelkie produkty żywnościowe, które podnoszą poziom trójglicerydów i VLDL w ciągu kilku godzin po spożyciu, doprowadzają w efekcie do zwiększenia ilości małych LDL.

JAK NAPRAWDĘ JEST Z TYM CHOLESTEROLEM?

Jak już stwierdzono, konsumpcja pszenicy zwiększa poziom cholesterolu LDL; natomiast eliminacja pszenicy redukuje ten poziom, a przy okazji małe cząsteczki LDL. Ale w pierwszej chwili może na to nie wyglądać.

Oto, w którym miejscu sprawa się gmatwa.

Standardowy profil lipidowy, z którego korzysta lekarz, aby z grubsza oszacować ryzyko choroby serca, wykorzystuje obliczoną wartość cholesterolu LDL – a nie wartość zmierzoną. Wystarczy kalkulator, aby móc wyliczyć cholesterol LDL z następującego równania (zwanego wzorem Friedewalda):

cholesterol LDL = całkowity cholesterol – cholesterol HDL – trójglicerydy/5

Trzy wartości po prawej stronie – całkowity cholesterol, cholesterol HDL i trójglicerydy – są rzeczywiście mierzone. Tylko cholesterol LDL jest wyliczany.

Problem w tym, że to równanie opracowano na podstawie kilku założeń. Przykładowo, aby dało ono wiarygodne wartości cholesterolu LDL, HDL musi wynosić 40 mg/dl lub więcej, a trójglicerydy 100 mg/dl albo mniej. Każde odstępstwo od tych wartości sprawia, że wyliczony poziom LDL można wyrzucić na śmietnik[13,14]. Zwłaszcza cukrzyca wypacza dokładność tego obliczenia, często w krańcowym stopniu;

ŻYWIENIOWA ALCHEMIA – PRZEMIANA CHLEBA W TRÓJGLICERYDY

Co zatem uruchamia cały ten proces, podwyższając poziomy LDL/trójglicerydów, a w konsekwencji prowadząc do powstawania małych cząsteczek LDL będących źródłem płytki miażdżycowej? To proste – węglowodany. A jaki jest główny węglowodan? Pszenica, oczywiście.

Przez całe lata ten prosty fakt umykał badaczom do spraw żywienia. W końcu to tłuszcze, które spożywamy, szkalowane i budzące

50-procentowa niedokładność nie należy do rzadkości. Także różnice genetyczne zniekształcają wyniki (np. odmiany genu Apo E).

Kolejny problem jest taki, że jeśli cząsteczki LDL są małe, obliczona wartość będzie zbyt mała. I odwrotnie, w przypadku dużych cząsteczek wynik będzie przeszacowany.

Sytuację jeszcze bardziej gmatwa to, że jeśli poprzez zmiany diety zmieni się proporcje niepożądanych małych cząsteczek, zwiększając odsetek tych dużych, zdrowszych, obliczona wartość LDL często będzie wyższa, choć ta prawdziwa będzie mniejsza. Nawet jeśli udało ci się dokonać korzystnej zmiany poprzez ograniczenie małych LDL, lekarz próbuje cię przekonać do zażywania leku statynowego ze względu na pozornie wysoki cholesterol LDL. (Właśnie dlatego nazywam cholesterol LDL „fikcyjnym", choć nie powstrzymuje to przedsiębiorczej branży farmaceutycznej przed zgarnianiem każdego roku 27 miliardów dolarów dochodu ze sprzedaży statyn. Może z tego skorzystasz, może nie: obliczony cholesterol LDL, pomimo iż jest to wskaźnik uznawany przez władze, może nie świadczyć o tym, że masz wysoki cholesterol LDL).

Chcąc dowiedzieć się, na czym naprawdę stoisz, musisz wraz ze swoim lekarzem rzeczywiście zmierzyć w jakiś sposób ilość cząsteczek LDL, na przykład poprzez magnetyczny rezonans jądrowy (*nuclear magnetic resonance* – NMR) lub oznaczenie apoproteiny B. (Ponieważ jedna cząsteczka apoproteiny B przypada na jedną drobinę LDL, można praktycznie policzyć LDL). To nie takie trudne, ale zrozumienie tych zagadnień wymaga od lekarza odrobiny dodatkowej wiedzy.

grozę, składają się z trójglicerydów. Logiczne się więc wydaje, że większa konsumpcja tłustych produktów, na przykład mięs i masła, powinna zwiększać poziom trójglicerydów we krwi. Okazało się to prawdą – ale tylko przejściowo i w niewielkim stopniu.

W bliższych nam czasach stało się jasne, że choć zwiększone spożycie tłuszczów rzeczywiście dostarcza do wątroby i krwiobiegu większych ilości trójglicerydów, to zarazem blokuje wytwarzanie tych związków przez organizm. Ponieważ organizm potrafi produkować mnóstwo trójglicerydów, znacznie więcej niż spożywamy w trakcie posiłku, wysoka konsumpcja tłuszczu ma niewielki lub żaden wpływ na zmianę poziomu tych związków[15].

Natomiast węglowodany nie zawierają w zasadzie żadnych trójglicerydów. W dwóch kromkach razowego chleba, obwarzanku czy precelku jest ich praktycznie tyle, co nic. Węglowodany jednak cechuje unikalna zdolność do pobudzania produkcji insuliny, która z kolei uruchamia syntezę kwasów tłuszczowych w wątrobie, a ten proces zalewa krwiobieg trójglicerydami[16]. W rezultacie, zależnie od genetycznej podatności, węglowodany potrafią wynieść poziom trójglicerydów do wartości liczonych w setkach, a nawet tysiącach mg/dl. Organizm wytwarza je tak sprawnie, że ich wysokie poziomy, np. 300, 500, a nawet 1000 mg/dl lub więcej, mogą całymi latami utrzymywać się przez dwadzieścia cztery godziny na dobę, siedem dni w tygodniu – o ile trwa dopływ węglowodanów.

Prawdę mówiąc, odkryty niedawno proces lipogenezy *de novo*, czyli wątrobowej alchemii polegającej na przemianie tłuszczów w trójglicerydy, zrewolucjonizował sposób, w jaki dietetycy patrzą na żywność oraz jej oddziaływanie na lipoproteiny i przemianę materii. Jednym z kluczowych zjawisk koniecznych do wywołania tej metabolicznej kaskady jest wysoki poziom insuliny we krwi[17,18]. Wysoki poziom insuliny stymuluje w wątrobie mechanizm lipogenezy *de novo*, która skutecznie przerabia węglowodany na trójglicerydy, pakowane następnie w cząsteczki VLDL.

Obecnie źródłem z grubsza połowy kalorii spożywanych przez większość Amerykanów są węglowodany[19]. Początek XXI wieku przejdzie do historii jako Epoka Konsumpcji Węglowodanów. Na skutek takiego schematu dietetycznego lipogeneza *de novo* może osiągać tak ekstremalne poziomy, że nadmiar wytworzonego tłuszczu będzie wsączał się do wątroby. Tak zwane niealkoholowe stłuszczenie wątroby (*nonalcoholic fatty liver disease* – NAFLD) i niealkoholowe stłuszczeniowe zapalenie wątroby (*nonalcoholic steatohepatitis* – NASH) przybrały tak poważne rozmiary, że gastroenterolodzy zaczęli je określać poręcznymi skrótami. NAFLD i NASH prowadzą do marskości wątroby, nieuleczalnej choroby podobnej do tej, na którą cierpią alkoholicy, tyle że występującej u osób niepijących alkoholu[20].

Kaczki i gęsi też potrafią napychać swoje wątroby tłuszczem, co pozwala im pokonywać w locie duże odległości bez uzupełniania pożywienia. Podczas swoich corocznych migracji czerpią energię z tłuszczu zgromadzonego w wątrobach. Dla dzikich ptaków jest to przystosowanie ewolucyjne. Hodowcy wykorzystują ten fakt przy produkcji otłuszczonych wątróbek. Wystarczy karmić ptaki węglowodanami ze zbóż, aby otrzymać *foie gras* lub tłusty pasztet, którym smaruje się pełnoziarniste krakersy. Jednak dla ludzi otłuszczona wątroba jest sprzeczna z fizjologią. Jest konsekwencją tego, że dają sobie wmówić, iż powinni jeść więcej węglowodanów.

Węglowodany są produktami sprzyjającymi odkładaniu tłuszczu, co służy przechowywaniu zapasów z okresów obfitości. Gdybyśmy byli prymitywnymi ludźmi, nasyconymi posiłkiem ze świeżo zabitego dzika i deserem z dzikich jagód, odłożylibyśmy nadmiar kalorii na wypadek, gdyby w nadchodzących dniach, albo nawet tygodniach, nie udało się nam następne polowanie. Insulina pomaga przechowywać nadmiar kalorii w postaci tłuszczu, przekształcając go w trójglicerydy, które napychają wątrobę i przelewają się do krwiobiegu. Z tych zapasów czerpie się, gdy polowanie zawodzi. Jednak w naszych szczodrobliwych czasach napływ kalorii, zwłaszcza tych z węglowodanów, takich jak zboża, nigdy nie ustaje, po prostu trwa bez przerwy. Dziś każdy dzień jest okresem obfitości.

Sytuacja ulega pogorszeniu, kiedy zaczyna się gromadzić tłuszcz trzewny działający jak składnica trójglicerydów, ale taka, która powoduje ich ciągły napływ i wypływ z komórek tłuszczowych. W ten sposób trójglicerydy trafiają do krwiobiegu[21]. W rezultacie wątroba jest narażona na podwyższenie ich poziomów we krwi, co jeszcze bardziej napędza produkcję VLDL.

Cukrzyca jest wygodnym poligonem doświadczalnym do badania skutków diety z wysoką zawartością węglowodanów, na przykład „zdrowych produktów pełnoziarnistych". Większość przypadków cukrzycy typu 2 jest wywołana nadmiernym spożyciem węglowodanów. W wielu, jeśli nie w większości wypadków ograniczenie konsumpcji węglowodanów powoduje spadek poziomu cukru we krwi i odwrót cukrzycy[22].

Cukrzyca jest wiązana z charakterystyczną „triadą lipidową", na którą składa się niski poziom HDL, wysoki poziom trójglicerydów i małe cząsteczki LDL. To ten sam układ, który wywołuje nadmierna konsumpcja węglowodanów[23].

Dlatego tłuszcze w diecie wnoszą jedynie umiarkowany wkład w produkcję VLDL, natomiast węglowodany mają w niej znacznie większy udział. Niskotłuszczowe diety obfitujące w „zdrowe produkty pełnoziarniste" okryły się złą sławą z powodu podnoszenia poziomu trójglicerydów, choć orędownicy tych diet twierdzą, że jest to nieszkodliwe. (Moja osobista niskotłuszczowa przygoda sprzed wielu lat, w ramach której ograniczyłem spożycie wszelkich tłuszczów zwierzęcych i roślinnych do niespełna 10 procent przyjmowanych kalorii – to była rygorystyczna dieta w stylu doktora Ornisha – dała mi trójglicerydy na poziomie 350 mg/dl dzięki dużej ilości „zdrowych produktów pełnoziarnistych", którymi zastępowałem tłuszcze i mięsa). Niskotłuszczowe diety zazwyczaj podwyższają trójglicerydy do poziomu 150, 200 albo 300 mg/dl. U ludzi podatnych genetycznie, mających problemy z metabolizowaniem trójglicerydów, takie diety mogą doprowadzić te wartości do rzędu 1000 mg/dl, co wystarcza do wywołania NAFLD i NASH, a także do uszkodzenia trzustki.

Diety niskotłuszczowe nie są korzystne. Wysokie spożycie węglowodanów – w tym mnóstwa produktów pełnoziarnistych – które musi być skutkiem ograniczenia kalorii czerpanych z tłuszczu, przyczynia się do podwyższenia poziomu glukozy i insuliny, większego odkładania tłuszczu trzewnego, a także większej ilości VLDL i trójglicerydów, a wszystko to razem podwyższa udział małych cząsteczek LDL.

Jeśli węglowodany takie jak pszenica zapoczątkowują efekt domina – VLDL/trójglicerydy/małe LDL, to ich ograniczenie, zwłaszcza pszenicy, powinno przynieść odwrotny skutek.

JEŚLI TWOJE PRAWE OKO...

Jeśli więc prawe twoje oko jest ci powodem do grzechu, wyłup je i odrzuć od siebie. Lepiej bowiem jest dla ciebie, gdy zginie jeden z twoich członków, niż żeby całe twoje ciało miało być wrzucone do piekła.

Ewangelia według św. Mateusza 5,29 (*Biblia Tysiąclecia*)

Ronald Krauss oraz jego koledzy z Uniwersytetu Kalifornijskiego w Berkeley jako pierwsi powiązali spożycie węglowodanów z małymi cząsteczkami LDL[24]. W kolejnych badaniach wykazali, że kiedy udział węglowodanów w diecie wzrastał z 20 do 65 procent, przy jednoczesnym spadku ilości tłuszczu, następowała eksplozja małych cząsteczek LDL. Nawet ludzie, którzy początkowo nie mieli ich wcale, zaczynali je produkować po zwiększeniu ilości węglowodanów w diecie. I odwrotnie – osoby mające mnóstwo małych cząsteczek LDL wykazują ich znaczną redukcję (o około 25 procent) w ciągu zaledwie kilku tygodni po ograniczeniu spożycia węglowodanów i zwiększeniu spożycia tłuszczu.

Jeff Volek z zespołem z Uniwersytetu Connecticut opublikował wyniki kilku badań obrazujących wpływ ograniczenia węglowodanów na lipoproteiny. W ramach jednego z nich wyeliminowano produkty pszenne, słodzone napoje, potrawy z mąki kukurydzianej, ziemniaki i ryż, ograniczając węglowodany do 10 procent spożywanych kalorii. Uczestnicy mogli zjadać nieograniczone ilości wołowiny, drobiu, ryb, jaj, sera, orzechów i ziaren, a także warzyw o niskiej zawartości węglowodanów i sosów do sałatek. W ciągu dwunastu tygodni ilość małych cząsteczek LDL spadła u nich o 26 procent[25].

POWIEDZIAŁEŚ „STATYNA"?

Chuck przyszedł do mnie, gdyż usłyszał, że można obniżyć cholesterol bez stosowania leków.

Choć określono to jako „wysoki cholesterol", jak ujawniło badanie lipoprotein, Chuck cierpiał po prostu na ogromny nadmiar małych cząsteczek LDL. Pomiar jedną z metod (NMR) wykazał, że ich poziom wynosi 2440 nmol/l. (A pożądane jest, żeby było ich jak najmniej, najlepiej wcale). Wyglądało więc na to, że Chuck ma wysoki cholesterol LDL (190 mg/dl), przy niskim cholesterolu HDL (39 mg/dl) i wysokich trójglicerydach (173 mg/dl).

Po trzech miesiącach bezpszennych doświadczeń (Chuck zastąpił kalorie z pszenicy prawdziwymi pokarmami, takimi jak nieprażone orzechy, jaja, sery, warzywa, mięsa, owoce awokado i oliwa z oliwek) jego małe LDL spadły do poziomu 320 nmol/l. Znalazło to odzwierciedlenie w spadku cholesterolu LDL do 123 mg/dl, wzroście HDL do 45 mg/dl, obniżeniu trójglicerydów do 45 mg/dl i utracie ponad 6 kilogramów wagi.

Rzeczywiście, to było wyraźne i gwałtowne obniżenie „cholesterolu" bez żadnych leków statynowych.

Biorąc pod uwagę małe cząsteczki LDL, niemal nie da się odróżnić skutków oddziaływania pszenicy w zestawieniu z innymi węglowodanami, takimi jak cukierki, napoje i chipsy, bo wszystkie te produkty prowadzą w jakimś stopniu do powstawania tych drobin. Możemy jednak bezpiecznie twierdzić, że pokarmy najbardziej zwiększające poziom cukru we krwi powodują największy wzrost insuliny, po którym w wątrobie następuje najsilniejsze pobudzenie lipogenezy de novo, co zwiększa odkładanie tłuszczu trzewnego prowadzące do wzrostu VLDL/trójglicerydów i małych LDL. Rzecz jasna, pszenica idealnie pasuje do tego opisu, gdyż podwyższa poziom cukru we krwi bardziej niż niemal wszystkie inne pokarmy.

I odpowiednio – ograniczenie lub wyeliminowanie pszenicy prowadzi do nadspodziewanie silnej redukcji małych LDL, o ile utracone kalorie są zastępowane zwiększonym spożyciem warzyw, białek i tłuszczów.

CZY TO, CO „ZDROWE DLA SERCA", MOŻE POWODOWAĆ JEGO CHOROBY?

Któż nie lubi historii z gatunku *Mission Impossible*, w których zaufany przyjaciel lub kochanek okazuje się nagle podwójnym agentem, pracującym przez cały czas dla przeciwnika?

A co z nikczemną stroną pszenicy? To zboże, które przedstawiano jako zbawcę w bitwie z chorobami serca, a jednak ostatnie badania dowodzą, że wcale tak nie jest. (Angelina Jolie nakręciła film zatytułowany *Salt* o wielowarstwowości szpiegostwa i zdrady. A co byście powiedzieli na podobny film z Russellem Crowe'em pod tytułem *Pszenica*, o biznesmenie w średnim wieku, który myśli, że odżywia się zdrowo, ale stwierdza, że…? No dobrze, może jednak nie).

Reklamy chleba Wonder Bread zapewniają, że buduje on „silne ciała na dwanaście sposobów", a wiele innych rodzajów „zdrowego dla serca" pieczywa i innych produktów pszennych występuje pod rozmaitymi przebraniami. Lecz bez względu na to, czy dany wypiek jest zrobiony z ziarna mielonego w żarnach, skiełkowanego czy organicznego, czy jest „ręcznie wyrabiany", „domowy" czy jeszcze inny, to wciąż jest to pszenica – połączenie glutenowych białek, glutelin i amylopektyny, wywołujących wiele wyjątkowych działań zapalnych, uruchamiających wytwarzanie neurologicznie aktywnych egzorfin i nadmiernie podnoszących poziom glukozy.

Nie dajcie się zwieść zdrowotnym zapewnieniom dołączanym do produktów pszennych. Mogą być „witaminizowane" i zawierać syntetyczne witaminy B, ale to nadal pszenica. To może być organiczny, pełnoziarnisty chleb z dodatkiem omega-3 z oleju lnianego, ale to nadal pszenica. Taki produkt może wspomagać perystaltykę i sprawiać, że będziecie wychodzić z toalety z pełnym zadowolenia uśmiechem, ale to nadal pszenica. To może być hostia pobłogosławiona przez papieża, ale – święta czy nie – to wciąż jest pszenica.

CHIŃSKIE STUDIUM – HISTORIA MIŁOSNA

Chińskie studium to opis dwudziestoletnich badań zwyczajów żywieniowych oraz zdrowia Chińczyków, prowadzonych przez Colina Campbella z Uniwersytetu Cornella. Opierając się na swoich badaniach, Campbell twierdzi, iż „Ludzie spożywający najwięcej produktów zwierzęcych cierpieli na najwięcej chorób przewlekłych (…). Ludzie jedzący najwięcej produktów roślinnych byli najzdrowsi i na ogół omijały ich choroby przewlekłe". Wyniki tego badania uznano za dowód na to, iż wszystkie produkty zwierzęce wywierają niekorzystny wpływ na zdrowie, a ludzka dieta powinna być oparta na roślinach. O rzetelności Campbella dobrze świadczy to, że udostępnił wszystkim zainteresowanym zebrane przez siebie dane w liczącej 894 strony książce *Diet, Life-Style, and Mortality in China* (1990) (wydana w Polsce pod tytułem *Nowoczesne zasady odżywiania*).

Znalazła się osoba głęboko zafascynowana zdrowiem i liczbami, która skorzystała z jego oferty i po miesiącach rozgryzania tych danych przedstawiła ich obszerną analizę powtórną. Denise Minger, dwudziestotrzyletnia orędowniczka surowej żywności i była weganka, zgłębiała dzieło Campbella, szukając w nim czystych faktów, po czym upubliczniła swoją analizę na blogu, który zaczęła prowadzić w styczniu 2010 roku.

I wtedy rozpętała się awantura.

Po miesiącach powtórnych analiz Minger doszła do przekonania, że pierwotne wnioski Campbella zawierały poważne błędy, a wiele jego rzekomych odkryć wynikało z selektywnej interpretacji danych. Jednak najbardziej zdumiewające było to, co odkryła na temat pszenicy. Niech opowie tę historię własnymi, całkiem zgrabnymi słowami:

> „Gdy zaczynałam analizować pierwotne dane chińskiego studium, nie miałam najmniejszego zamiaru pisać krytyki szeroko chwalonej książki Campbella. Jestem uzależniona od danych, więc chciałam przede wszystkim sprawdzić osobiście, na ile twierdzenia Campbella pokrywają się z materiałem, na którym je oparł – chociażby tylko po to, by zaspokoić własną ciekawość.
>
> Przez ponad dziesięć lat byłam wegetarianką/weganką i darzę ogromnym szacunkiem tych, którzy wybierają dietę opartą na pokarmach roślinnych, pomimo iż sama nie jestem już weganką. Moim celem, zarówno przy studium chińskim, jak i w innych przypadkach, jest odkrywanie prawdy na temat żywienia i zdrowia, bez kierowania się uprzedzeniami i dogmatami. Nie propaguję żadnego programu.
>
> Nie twierdzę, że hipoteza Campbella jest całkowicie błędna, tylko, mówiąc dokładniej, niekompletna. Podczas gdy umiejętnie rozpoznał znaczenie nieprzetworzonych pokarmów dla osiągnięcia i utrzymania zdrowia, to koncentrując się na powiązaniu produktów zwierzęcych z chorobami, nie zgłębił – ani nawet nie wymienił – innych związków między dietą i choro-

bami, związków, które mogą być silniejsze, bardziej istotne, a w końcu bardziej palące dla społecznego zdrowia i badań żywieniowych".

Grzechy zaniedbania

Poniżej Minger odnosi się do wartości zwanych współczynnikami korelacji, oznaczanych symbolem r. Jeśli r wynosi 0, to znaczy, że dwie zmienne nie są w żaden sposób powiązane, a ich wszelkie pozorne związki mają charakter wyłącznie przypadkowy, natomiast r wynoszące 1,0 oznacza, że dwie zmienne pokrywają się idealnie, jak biel i ryż. Ujemna wartość r świadczy o tym, że obie zmienne zmierzają w przeciwnych kierunkach, jak małżonkowie po rozwodzie. Autorka pisze dalej:

„Być może bardziej niepokojące od zniekształconych faktów w chińskim studium są szczegóły, które Campbell pomija. Dlaczego oskarża

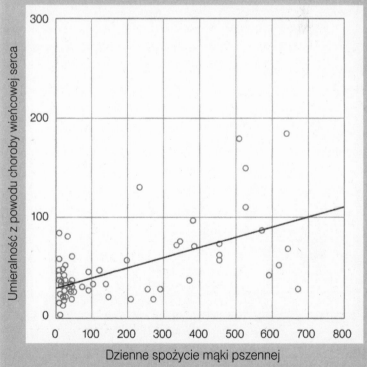

Umieralność z powodu choroby wieńcowej serca na 100 000 mieszkańców i spożycie mąki pszennej w gramach na dzień. Ten wykres, odzwierciedlający część wcześniejszych danych chińskiego raportu, prezentuje linearny związek pomiędzy konsumpcją mąki pszennej a chorobą wieńcową serca – im wyższe jest spożycie mąki pszennej, tym większe jest prawdopodobieństwo śmierci z powodu choroby serca. Źródło: Denise Minger, rawfoodsos.com.

produkty zwierzęce o powodowanie chorób układu krążenia (korelacja 0,01 dla białka zwierzęcego i 0,11 dla rybiego), a nie wspomina, że pszenica ma korelację 0,67 z zawałami serca i chorobą wieńcową, a białka roślinne wykazują 0,25 korelacji z tymi dolegliwościami?

Dlaczego Campbell nie odnotowuje też astronomicznych korelacji pszennej mąki z różnymi chorobami: 0,46 z rakiem szyjki macicy, 0,54 z nadciśnieniową chorobą serca, 0,47 z udarem, 0,41 z chorobami krwi i narządów krwiotwórczych i wspomnianej już 0,67 z zawałem mięśnia sercowego i chorobą wieńcową? Czyżby »mistrz epidemiologii« odkrył przypadkowo związek pomiędzy główną przyczyną śmierci na Zachodzie a tamtejszym ulubionym zbożem pełnym glutenu? Czy »chleb powszedni« jest tak naprawdę chlebem śmierci?

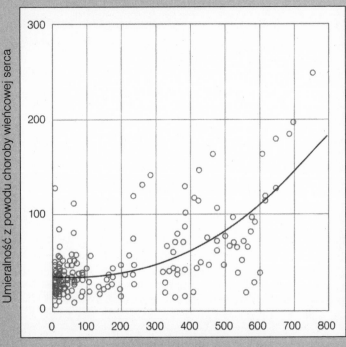

Kwestionariusz spożycia pszenicy

Umieralność z powodu choroby wieńcowej serca na 100 000 mieszkańców i dzienne spożycie pszenicy z późniejszych danych chińskiego raportu. Te wartości, niepokojące jeszcze bardziej niż wcześniejsze, sugerują, że rosnące spożycie pszenicy prowadzi do rosnącej umieralności z powodu wieńcowej choroby serca. Szczególnie ostry wzrost występuje przy spożyciu przekraczającym 400 gramów na dzień. Źródło: Denise Minger, rawfoodsos.com.

Kiedy wyrwiemy zmienną dotyczącą pszenicy z kwestionariusza II chińskiego raportu z 1989 roku (w którym jest więcej danych) i rozważymy potencjalną nieliniowość, rezultat przyprawia o jeszcze większą gęsią skórkę.

Spośród wszystkich zmiennych dotyczących diety pszenica jest najsilniejszym prognostykiem dodatnim masy ciała (w kilogramach; r = 0,65, p < 0,001). I to nie tylko dlatego, że zjadacze pszenicy są wyżsi, bo spożycie pszenicy koreluje też silnie ze wskaźnikiem masy ciała (r = 0,58, p < 0,001).

Jaki jedyny element łączy podatne na choroby serca regiony Chin z państwami Zachodu? Zgadza się – to konsumpcja znacznych ilości mąki pszennej".

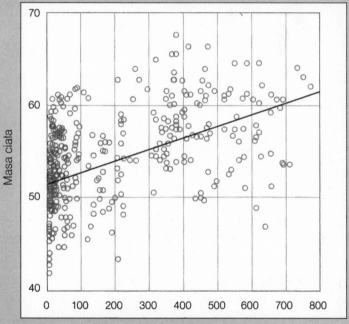

Kwestionariusz spożycia pszenicy

Masa ciała w kilogramach i dzienne spożycie pszenicy w gramach na dzień. Im większa jest konsumpcja pszenicy, tym wyższa jest masa ciała. Źródło: Denise Minger, rawfoodsos.com.

Pełny, niezwykle ciekawy tekst opisujący przemyślenia Denise Minger można znaleźć na jej blogu zatytułowanym „Raw Food SOS", pod adresem http://rawfoodsos.com.

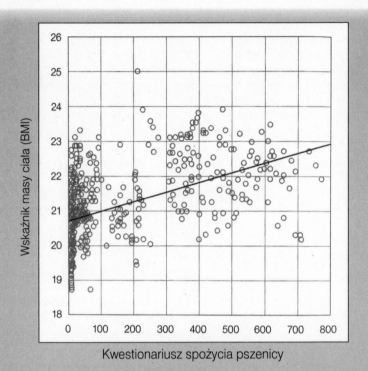

Wskaźnik masy ciała i spożycie pszenicy w gramach na dzień. Im większa jest konsumpcja pszenicy, tym wyższy jest BMI. Ponieważ wykorzystano BMI, a nie masę ciała, możemy sądzić, że chodzi tu rzeczywiście o tuszę, a nie o większe rozmiary ciała (wzrost), wynikające ze spożycia pszenicy. Źródło: Denise Minger, rawfoodsos.com.

Myślę, że z grubsza wiecie, o co chodzi. Powtarzam to jednak do znudzenia, aby ujawnić pospolitą sztuczkę stosowaną przez przemysł spożywczy – wystarczy dodać do produktu jakiś zdrowy dla serca składnik (lub składniki) i już można twierdzić, że dany chleb, krakers lub babeczka chronią przed chorobami. Błonnik na przykład rzeczywiście daje niewielkie pożytki zdrowotne. Podobnie jak kwas linolenowy, zawarty w siemieniu i oleju lnianym. Jednak żaden „zdrowy dla serca" składnik nie zniweluje szkodliwego działania pszenicy. „Zdrowy" chleb, napakowany błonnikiem i tłuszczami omega-3, nadal będzie przyczyną wysokiego poziomu cukru, glikacji, odkładania tłuszczu trzewnego, małych cząsteczek LDL, uwalniania egzorfin oraz reakcji zapalnych.

JEŚLI NIE ZNOSISZ PSZENICY, WYNOŚ SIĘ Z KUCHNI

Produkty, które bardziej podnoszą poziom glukozy we krwi, prowadzą do wytwarzania VLDL przez wątrobę. Większa dostępność VLDL, poprzez interakcję z LDL, sprzyja powstawaniu małych cząsteczek, które dłużej pozostają w krwiobiegu. Wysoki poziom glukozy ułatwia glikację cząsteczek LDL, zwłaszcza tych, które już uległy utlenieniu.

Trwałość cząsteczek LDL, utlenianie, glikacja... wszystko to razem zwiększa możliwości powstawania i wzrostu płytki miażdżycowej w tętnicach. A kto jest tu grubą rybą, mistrzem tworzenia VLDL, małych LDL oraz glikacji? Pszenica, rzecz jasna.

Lecz pośród tych wszystkich mrocznych wieści jest także jedna dobra: skoro spożycie pszenicy powoduje wyraźny wzrost ilości małych LDL oraz wszelkie związane z tym zjawiska, to eliminacja pszenicy powinna mieć odwrotny skutek. I tak jest w istocie.

Można osiągnąć drastyczną redukcję małych cząsteczek LDL poprzez eliminację produktów pszennych, o ile nasza dieta pozostanie zdrowa i nie będziemy zastępować utraconych kalorii z pszenicy innymi pokarmami zawierającymi cukier bądź łatwo przekształcającymi się w cukier po spożyciu.

Pomyślmy o tym w ten sposób: wszystko, co powoduje wzrost cukru we krwi, będzie też prowokować tworzenie małych cząsteczek LDL. Wszystko, co nie dopuszcza do tego wzrostu, na przykład białka, tłuszcze i ograniczenie węglowodanów, zmniejsza liczbę tych cząsteczek.

Spostrzeżenia, jakich dokonaliśmy, przyglądając się cząsteczkom LDL, a nie cholesterolowi LDL, prowadzą do dietetycznych wniosków jaskrawo kontrastujących z konwencjonalnymi zaleceniami dotyczącymi zdrowia serca. Popularna bajka na temat obliczania cholesterolu LDL wsparła inną bajkę – tę o pożytkach zdrowotnych wynikających z ograniczenia tłuszczu i zwiększonej konsumpcji „zdrowych produktów pełnoziarnistych". A tymczasem, patrząc z głębszej perspektywy, jaką daje nam na przykład analiza lipoprotein, widzimy, że skutki stosowania tej rady są o d w r o t n e do zamierzonych.

ROZDZIAŁ 11

TO WSZYSTKO SIEDZI W TWOJEJ GŁOWIE – WPŁYW PSZENICY NA MÓZG

No dobrze, wiemy już, że pszenica robi bałagan w jelitach, wzmaga apetyt i czyni niektórych przedmiotem żartów na temat piwnego brzucha. Ale czy to aż takie straszne?

Skutki działania pszenicy docierają do mózgu w postaci opiatopodobnych peptydów. Lecz polipeptydowe egzorfiny, odpowiedzialne za te działania, pojawiają się i znikają, rozpraszając się z czasem. Egzorfiny sprawiają, że twój mózg każe ci jeść więcej, zwiększyć spożycie kalorii i rozpaczliwie wygrzebywać stęchłe krakersy z dna pudełka, jeśli nie masz niczego innego pod ręką.

Jednak wszystkie te skutki są odwracalne. Przestajesz jeść pszenicę, efekty jej działania zanikają i znowu możesz pomagać swej nastoletniej latorośli w rozwiązywaniu równań kwadratowych.

Niestety, oddziaływania pszenicy na mózg nie kończą się w tym miejscu. Pośród najbardziej niepokojących są te, które dotyczą samej tkanki mózgowej – nie „tylko" myśli i zachowania, ale mózgu, móżdżku i innych struktur układu nerwowego. A konsekwencje tych działań są szerokie: od braku koordynacji ruchów po nietrzymanie moczu, od ataków padaczkowych po demencję. I, w przeciwieństwie do objawów uzależnienia, te skutki nie są całkowicie odwracalne.

PATRZ, GDZIE IDZIESZ
– PSZENICA I ZDROWIE MÓŻDŻKU

Wyobraź sobie, że zawiązuję ci oczy i wypuszczam cię w nieznanym pomieszczeniu, pełnym narożników i zakamarków oraz rozrzuconych bezładnie przedmiotów, o które możesz się potknąć. Po kilku krokach zderzysz się zapewne z jakąś szafką na buty. Takie właśnie boje muszą toczyć ludzie cierpiący na tzw. ataksję móżdżkową. Ale oni toczą je z szeroko otwartymi oczyma.

To właśnie tych ludzi widuje się często z laskami lub balkonikami. Bywa, że potykają się o pęknięcie w chodniku, łamiąc nogę albo biodro. Coś zaburzyło ich zdolność do poruszania się po świecie, sprawiając, że tracą poczucie równowagi i koordynację ruchów – funkcje zlokalizowane w tej części mózgu, która nazywa się móżdżkiem.

Większość ludzi z ataksją móżdżkową trafia do neurologów, którzy często określają ich dolegliwość jako „idiopatyczną", czyli niemającą znanej przyczyny. Nie przepisuje się im żadnego leczenia, bo takie leczenie nie zostało opracowane. Neurolog sugeruje po prostu używanie balkonika, radzi usunięcie z domu przedmiotów, o które chory mógłby się potknąć, i wspomina o pieluchach dla dorosłych, które staną się potrzebne, gdy w końcu dojdzie do nietrzymania moczu. Ataksja móżdżkowa to choroba postępująca. Nasila się z każdym mijającym rokiem, aż w końcu chory nie może się uczesać, umyć zębów ani dojść samodzielnie do łazienki. Nawet najbardziej podstawowe czynności pielęgnacyjne będzie w końcu musiał wykonywać za niego ktoś inny. W tym momencie koniec jest bliski, bo tak skrajne osłabienie przyśpiesza liczne komplikacje, na przykład zapalenie płuc i zainfekowane odleżyny.

Od 10 do 22,5 procent ludzi z celiakią ma problemy z układem nerwowym[1,2]. Spośród wszystkich diagnozowanych postaci ataksji u 20 procent chorych wykrywa się nieprawidłowe markery glutenowe. U ludzi z niewyjaśnioną ataksją – to znaczy taką, której żadnych innych przyczyn nie da się rozpoznać – nieprawidłowe znaczniki glutenu we krwi stwierdza się w 50 procentach przypadków[3].

Problemem jest to, że większość ludzi z ataksją wywołaną przez pszenny gluten nie wykazuje żadnych oznak ani objawów choroby jelit, żadnych typowych dla celiakii ostrzeżeń, świadczących o wrażliwości na gluten.

Destrukcyjna reakcja immunologiczna, która jest przyczyną biegunek i kurczów brzucha, może być również skierowana przeciwko tkance mózgowej. Już w 1966 roku podejrzewano, że podłożem neurologicznych upośledzeń są powiązania między mózgiem i glutenem, uważano jednak, że wynikają one z niedoborów żywieniowych towarzyszących celiakii[4]. W bliższych nam czasach stało się jasne, że udział mózgu i układu nerwowego w chorobie wynika z bezpośredniego ataku immunologicznego na komórki nerwowe. Przeciwciała antygliadynowe, wyzwalane przez gluten, mogą się wiązać w mózgu z komórkami Purkiniego, występującymi w móżdżku[5]. Tkanka mózgowa, w tym także komórki Purkiniego, nie posiada zdolności regeneracji – kiedy te móżdżkowe komórki zostają zniszczone, znikają... na zawsze.

Poza utratą równowagi i koordynacji wywołana przez pszenicę ataksja móżdżkowa może się objawiać w postaci takich dziwnych zjawisk, jak – używając tajemnego języka neurologii – oczopląs (mimowolne ruchy boczne gałek ocznych), mioklonie (mimowolne tiki mięśniowe) i pląsawica (chaotyczne, mimowolne szarpnięcia kończyn). Jedno z badań, obejmujące 104 osoby z ataksją móżdżkową, ujawniło też zaburzenia pamięci i mowy, co sugeruje, że zniszczenia wywołane przez pszenicę mogą dotyczyć także tkanki mózgowej odpowiedzialnej za wyższe funkcje myślowe i pamięć[6].

Pierwsze objawy ataksji móżdżkowej wywołanej przez pszenicę występują zazwyczaj pomiędzy czterdziestym ósmym a pięćdziesiątym trzecim rokiem życia. Rezonans magnetyczny mózgu wykazuje w 60 procentach przypadków atrofię móżdżku, świadczącą o nieodwracalnym zniszczeniu komórek Purkiniego[7].

Po eliminacji pszennego glutenu następuje jedynie częściowe przywrócenie funkcji neurologicznych, gdyż tkanka mózgowa regeneruje się w znikomym stopniu. Zazwyczaj z chwilą przerwania dopływu glutenu stan chorych po prostu przestaje się pogarszać[8].

Pierwszą przeszkodą w zdiagnozowaniu ataksji wynikającej z narażenia na pszenicę jest to, że większość lekarzy wcale nie bierze takiej możliwości pod uwagę. Ta przeszkoda może być najpoważniejsza, bo znaczna część społeczności medycznej wciąż hołubi przekonanie, że pszenica jest dobra. Jednak nawet jeśli rozważy się wspomnianą możliwość, diagnoza może być nieco trudniejsza niż w przypadku zwykłej celiakii jelitowej, zwłaszcza że niektóre przeciwciała (szczególnie IgA) nie mają związku z chorobą mózgu wywołaną przez pszenicę. Dodajmy do tego ten mały problem, że biopsja mózgu jest nie do przyjęcia dla większości ludzi, a pojmiemy, że tylko neurolog z bardzo rozległą wiedzą jest w stanie postawić taką diagnozę. Może się ona opierać na połączeniu podejrzeń i pozytywnego wyniku badania markerów HLA DQ oraz stwierdzeniu poprawy bądź stabilizacji po wyeliminowaniu pszenicy i glutenu[9].

Bolesna rzeczywistość ataksji móżdżkowej polega na tym, że w znakomitej większości przypadków nie wiadomo, że ją się ma, dopóki człowiek nie zacznie potykać się o własne stopy, wpadać na ściany albo moczyć majtek. A kiedy się objawi, móżdżek jest już prawdopodobnie skurczony i uszkodzony. W tym momencie całkowite wstrzymanie spożycia pszenicy i glutenu może uchronić chorego jedynie przed trafieniem do ośrodka pomocy.

A to wszystko przez babeczki i ciasteczka, które tak lubisz.

OD GŁOWY PO CZUBKI PALCÓW U STÓP
– PSZENICA I NEUROPATIA OBWODOWA

Podczas gdy ataksja móżdżkowa wynika z immunologicznego oddziaływania pszenicy na mózg, podobny stan, noszący nazwę neuropatii obwodowej, występuje w nerwach nóg, miednicy i innych organów.

Powszechną przyczyną tej neuropatii jest cukrzyca. Wysokie poziomy cukru we krwi, zdarzające się wielokrotnie w ciągu kilku lat, niszczą nerwy w nogach, powodując ograniczenie czucia (dzięki czemu diabetyk może nadepnąć na pinezkę, nie zdając sobie z tego sprawy), osłabienie kontroli nad ciśnieniem krwi i tętnem oraz spowolnione opróżnianie żołądka (gastropareza cukrzycowa), a także inne objawy fiksacji układu nerwowego.

Podobny stopień chaosu w układzie nerwowym występuje na skutek kontaktu z pszenicą. Neuropatia obwodowa wywołana przez gluten pojawia się na ogół około pięćdziesiątego piątego roku życia. Podobnie jak w przypadku ataksji móżdżkowej, większość chorych nie ma objawów jelitowych, sugerujących celiakię[10].

W przeciwieństwie do móżdżkowych komórek Purkiniego, które nie mogą się regenerować, nerwy obwodowe mają niejaką zdolność do naprawy z chwilą usunięcia szkodzącej im pszenicy oraz glutenu, toteż większość ludzi doznaje przynajmniej częściowego cofnięcia neuropatii. W jednym z badań, którym objęto 35 pacjentów wrażliwych na gluten i mających pozytywne wyniki testów na przeciwciała antygliadynowe, stan 25, będących na diecie bezpszennej i bezglutenowej, poprawił się w ciągu roku, natomiast stan 10 uczestników z grupy kontrolnej, która nie usunęła pszenicy i glutenu, uległ pogorszeniu[11]. Przeprowadzono też badania przewodzenia nerwowego, które wykazały w pierwszej grupie poprawę, a w drugiej, spożywającej pszenicę i gluten, pogorszenie.

Ponieważ ludzki układ nerwowy stanowi złożoną sieć komórek i powiązań nerwowych, neuropatia obwodowa wywoła-

ODMARSZ OD PSZENICY

Podczas pierwszej wizyty Meredith szlochała. Przyszła do mnie z powodu drobnego problemu z sercem (zaburzenie w EKG, które okazało się nieistotne). Wszystko ją bolało, zwłaszcza stopy. Przepisywano jej najróżniejsze leki, których nie znosiła, gdyż dawały mnóstwo skutków ubocznych. Ten, który zaczęła przed dwoma miesiącami, wywoływał u niej taki głód, że nie mogła przestać jeść. Przytyła 7 kilogramów!

Meredith powiedziała mi, że jest nauczycielką i że z powodu bólu stóp ledwie potrafi stać przed swoją klasą przez dłuższą chwilę. Ostatnio zaczęła mieć także trudności z chodzeniem, poruszała się chwiejnie, w sposób nieskoordynowany. Poranne ubieranie zajmowało jej coraz więcej czasu, zarówno z powodu bólu, jak i nieporadności. Zwyczajne włożenie spodni stanowiło dla niej problem. Choć miała zaledwie pięćdziesiąt sześć lat, musiała używać laski.

Gdy zapytałem, czy jej neurolog podał jakieś wyjaśnienie tej niepełnosprawności, odparła: „Żadnego. Lekarze twierdzą, że nie ma wyraźnej przyczyny. Muszę po prostu z tym żyć. Mogą przepisywać mi leki, żeby uśmierzyć ból, ale prawdopodobnie to się będzie pogarszać". I znowu zaczęła płakać.

Już sam jej wygląd skłonił mnie do podejrzeń, że chodzi o pszenicę. Poza tym, że weszła do gabinetu z wyraźnym trudem, miała

na przez kontakt z glutenem może objawiać się na wiele sposobów, zależnie od tego, które zgrupowania nerwów zostaną nią dotknięte. Najczęściej pojawia się utrata czucia w obu nogach, połączona ze słabym panowaniem nad mięśniami nóg, zwana czuciowo-ruchową neuropatią aksonalną. Rzadziej zdarza się, że chorobą dotknięta jest tylko jedna strona ciała (neuropatia asymetryczna) albo wegetatywny układ nerwowy, czyli ta jego część, która odpowiada za funkcje automatyczne, m.in. ciśnienie krwi, tętno oraz kontrolowanie jelit i pęcherza[12]. W tym ostatnim przypadku mogą występować takie zjawiska, jak utrata przytomności albo zawroty głowy podczas wstawania na skutek słabej kontroli nad ciśnieniem krwi, niemożność oddania moczu lub stolca bądź nadmiernie szybkie tętno.

obrzmiałą i zaczerwienioną twarz. Opisała mi swoje zmagania z refluksem żołądkowym oraz skurczami brzucha i wzdęciami, które zdiagnozowano jako zespół jelita drażliwego. Miała jakieś 25 kilo nadwagi i lekkie obrzęki łydek oraz kostek, wynikające z zatrzymywania wody w organizmie.

Poprosiłem Meredith, żeby podążyła ścieżką bezpszenności. W tym czasie tak rozpaczliwie pragnęła jakiejkolwiek pomocy, że zgodziła się spróbować. Zaryzykowałem również wykonanie u niej testu wysiłkowego, który wymagał marszu z umiarkowaną prędkością pod górkę, po lekko nachylonej bieżni.

W dwa tygodnie później Meredith powróciła. Zapytałem, czy sądzi, że da sobie radę na bieżni. „Bez problemu!", odpowiedziała. Przestała jeść pszenicę zaraz po naszej rozmowie. Po jakimś tygodniu ból zaczął ustępować. Dodała: „W tej chwili jest o jakieś 90 procent mniejszy niż kilka tygodni temu. Powiedziałabym, że nieomal zniknął. Odstawiłam już jeden lek przeciwbólowy i myślę, że pod koniec tego tygodnia odstawię drugi".

Ponadto Meredith nie potrzebowała już laski. Co więcej, objawy refluksu i zespołu jelita drażliwego całkowicie ustąpiły, a do tego schudła o 4 kilogramy w ciągu dwóch tygodni.

Bez trudności dała sobie radę z bieżnią, maszerując z prędkością 5,8 kilometra na godzinę, przy nachyleniu wynoszącym 14 procent.

Neuropatia obwodowa, bez względu na to, jak się objawia, ma charakter postępujący, zatem stan chorego będzie pogarszał się coraz bardziej, jeśli z jego diety nie zostaną usunięte pszenica i gluten.

„PEŁNOZIARNISTY" MÓZG

Myślę, że wszyscy możemy zgodzić się co do tego, że „wyższe" funkcje mózgowe, takie jak myślenie, zdolność uczenia się i pamięć, powinny być niedostępne dla intruzów. Nasze umysły są czymś głęboko osobistym, stanowią podsumowanie tego wszystkiego, czym jesteśmy i jakie są nasze doświadczenia. Kto by chciał, żeby wścibscy sąsiedzi albo akwizytorzy mieli dostęp do prywatnej sfery jego umysłu? Choć idea telepatii jest fascynująca, to myśl, że ktoś mógłby czytać w naszej głowie, przyprawia tak naprawdę o gęsią skórkę.

Dla pszenicy n i c nie jest święte: ani twój móżdżek, ani twoja kora mózgowa. Wprawdzie nie potrafi czytać w twym umyśle, jednak z pewnością umie wpływać na to, co się w nim dzieje.

Oddziaływanie pszenicy na mózg to coś więcej niż tylko wpływ na nastrój, energię i sen. Tutaj możliwe jest rzeczywiste u s z k a d z a n i e mózgu, o czym świadczy choćby ataksja móżdżkowa. Kora mózgowa, składnica twojej niepowtarzalnej osobowości i twoich wspomnień, „substancja szara" mózgu, również może zostać wciągnięta w immunologiczną bitwę z pszenicą, której wynikiem może być encefalopatia, czyli choroba mózgu.

Glutenowa encefalopatia ujawnia się w postaci bólów głowy i objawów przypominających udar, takich jak utrata kontroli nad jedną ręką lub nogą bądź trudności z mówieniem i widzeniem[13,14]. W rezonansie magnetycznym mózgu pojawiają się charakterystyczne dowody uszkodzeń wokół naczyń krwionośnych w tkance mózgowej. Glutenowa encefalopatia daje o sobie znać w postaci takich samych objawów związanych z poczuciem równowagi i koordynacji, jakie występują przy ataksji móżdżkowej.

Pewne szczególnie zatrważające badanie, przeprowadzone w Klinice Mayo, objęło 13 pacjentów ze stwierdzoną niedawno celiakią, u których zdiagnozowano także demencję. U całej tej trzynastki biopsja płata czołowego (tak jest, biopsja mózgu) ani badania mózgu prowadzone podczas sekcji zwłok nie wykazały żadnej innej patologii poza tą związaną z narażeniem na gluten[15]. Przed śmiercią lub biopsją najczęstszymi objawami u chorych były utrata pamięci, niezdolność do wykonywania prostych działań arytmetycznych, dezorientacja i zmiany osobowości. Dziewięciu pacjentów zmarło na skutek postępującego upośledzenia funkcji mózgu. To była śmiertelna demencja wywołana przez pszenicę.

Jaki procent chorych na demencję może przypisywać pszenicy pogorszenie stanu swojego umysłu oraz pamięci? Na to pytanie brak na razie satysfakcjonującej odpowiedzi, choć pewna brytyjska grupa badawcza, która aktywnie próbuje ją znaleźć, zdołała do tej pory zdiagnozować 61 przypadków encefalopatii, w tym demencji, wywołanych pszennym glutenem[16].

A zatem pszenica jest wiązana z demencją i zaburzeniami czynności mózgu przez wywoływanie reakcji immunologicznej, która wnika w pamięć i umysł. Badania związków pomiędzy pszenicą, glutenem i uszkodzeniami mózgu mają nadal charakter wstępny, na wiele pytań nie ma odpowiedzi, ale to, co wiemy, jest bardzo niepokojące. Drżę na myśl o tym, co możemy jeszcze odkryć.

Wrażliwość na gluten może objawiać się również w postaci ataków padaczkowych. Te z nich, które wynikają z reakcji na gluten, występują na ogół u ludzi młodych, często nastolatków. Jest to zazwyczaj padaczka typu skroniowego – to znaczy zaczynająca się od płatów skroniowych, tuż pod uszami. Ludzie z atakami skroniowymi doznają halucynacji zapachowych i smakowych, dziwnych lub niewłaściwych odczuć, takich jak przytłaczający lęk bez żadnego powodu, oraz zachowań repetytywnych, na przykład mlaskania lub poruszania rękami. Swoiste objawy ataków padaczki skroniowej, niereagujących na leki i wywoływanych przez odkładanie się wapnia w części płata skroniowego zwanej hipokampem (odpowiedzialnej za tworzenie się nowych wspomnień), powiązano zarówno z celiakią, jak i wrażliwością na gluten (pozytywne przeciwciała antygliadynowe i markery HLA bez choroby jelitowej)[17].

Od 1 do 5,5 procent celiaków może oczekiwać, że zostanie u nich zdiagnozowana padaczka[18,19]. Napady padaczki skroniowej wywołane przez pszenny gluten słabną po jego wyeliminowaniu[20,21]. Jedno z badań wykazało, że u epileptyków doznających znacznie poważniejszych napadów uogólnionych prawdopodobieństwo wrażliwości na gluten w postaci zwiększonego poziomu przeciwciał antygliadynowch, bez celiakii, było dwa razy większe (19,6 procent w porównaniu ze średnią wynoszącą 10,6 procent)[22].

Przygnębiająca jest myśl, że pszenica potrafi dotrzeć do ludzkiego mózgu i wywołać zmiany w myśleniu, zachowaniu oraz
strukturze tego narządu, czasem tak poważne, że prowadzące aż
do ataków padaczki.

CHODZI O PSZENICĘ CZY O GLUTEN?

Gluten jest składnikiem pszenicy kojarzonym z wywoływa-
niem niebezpiecznych zjawisk immunologicznych w postaci celiakii, ataksji móżdżkowej lub demencji. Jednak wiele oddziaływań pszenicy na zdrowie, łącznie z jej wpływem na mózg i układ
nerwowy, nie ma nic wspólnego ze zjawiskami zapoczątkowy-
wanymi przez gluten. Na przykład uzależniające właściwości
pszenicy, objawiające się w postaci przemożnych pokus i obsesji,
a niwelowane przez leki blokujące działanie opiatów, nie wynikają bezpośrednio z glutenu, tylko z egzorfin, czyli produktów
jego rozkładu. Choć do tej pory nie zidentyfikowano składnika pszenicy odpowiedzialnego za nietypowe zachowania ludzi
ze schizofrenią oraz dzieci cierpiących na autyzm i ADHD, jest
prawdopodobne, że zjawiska te wynikają z wpływu pszennych
egzorfin, a nie z wywoływanej przez gluten reakcji immunologicznej. W przeciwieństwie do wrażliwości na gluten, którą zazwyczaj można zdiagnozować za pomocą badania przeciwciał,
nie ma obecnie mierzalnego markera, pozwalającego ocenić skutki działania egzorfin.

Skutki nieglutenowe mogą sumować się z glutenowymi.
Psychologiczny wpływ pszennych egzorfin na apetyt – lub cykl
glukozowo-insulinowy – a być może także inne skutki działania pszenicy, które nie zostały dotąd opisane, mogą występować
niezależnie albo w połączeniu z oddziaływaniami immunolo-
gicznymi. Część chorych cierpiących na niezdiagnozowaną celiakię jelitową może mieć dziwny apetyt na produkty niszczące ich
jelito cienkie, ale także wykazywać cukrzycowe poziomy cukru

we krwi po spożyciu pszenicy oraz znaczne wahania nastroju. Inne osoby mogą odczuwać nadmierne zmęczenie, mieć nadwagę i cukrzycę, a mimo to nie odczuwać efektów oddziaływania pszennego glutenu na jelita lub układ nerwowy. Zestaw skutków zdrowotnych wynikających z konsumpcji pszenicy jest doprawdy imponujący.

Niesamowita różnorodność skutków neurologicznych, jakie mogą się pojawić w związku z oddziaływaniem pszenicy, komplikuje stawianie diagnozy. Potencjalne skutki immunologiczne można zmierzyć za pomocą badań przeciwciał we krwi, lecz pozostałe, niezwiązane z układem odpornościowym, są trudniejsze do rozpoznania i określenia ilościowego.

Świat „pszennego mózgu" zaczyna dopiero wychodzić na światło dzienne. Im staje się ono jaśniejsze, tym paskudniejsza okazuje się sytuacja.

ROZDZIAŁ 12

CIASTOWATA TWARZ – DESTRUKCYJNY WPŁYW PSZENICY NA SKÓRĘ

Skoro pszenica potrafi wpływać na takie narządy, jak mózg, jelita, tętnice i kości, to czy może również oddziaływać na największy narząd organizmu, czyli skórę? Może. I potrafi objawiać swoje osobliwe skutki na więcej sposobów, niż cukiernia jest w stanie sprzedać pączków.

Pomimo na pozór spokojnej powierzchowności, skóra jest aktywnym narządem, siedliskiem fizjologicznej aktywności, wodoszczelną barierą, która chroni organizm przed atakami miliardów obcych organizmów, reguluje temperaturę ciała poprzez pot, znosi każdego dnia ciosy i zadrapania, a do tego regeneruje się, aby zapewniać ci stałą obronę. Stanowi fizyczną barierę, która oddziela cię od reszty świata. Skóra każdego człowieka jest siedliskiem do 10 bilionów bakterii, z których większość zamieszkuje ją w cichej symbiozie ze swym gospodarzem.

Każdy dermatolog może ci powiedzieć, że skóra jest zewnętrznym odzwierciedleniem procesów zachodzących wewnątrz organizmu. Świadczy o tym chociażby zwyczajny rumieniec – nagłe i znaczne rozszerzenie naczyń włosowatych twarzy w chwili, gdy uświadamiasz sobie, że gość, na którym zdarzyło ci się wymusić pierwszeństwo na drodze, był twoim szefem. Lecz skóra odzwierciedla nie tylko nasze stany emocjonalne. Może również ujawniać wewnętrzne procesy fizyczne.

Pszenica potrafi wywierać działania nasilające objawy starzenia się skóry, takie jak zmarszczki i zmniejszona elastyczność, poprzez formowanie końcowych produktów zaawansowanej glikacji. Jednak zwyczajne przyśpieszanie procesu starzenia to nie wszystko. W sprawie zdrowia twojej skóry pszenica ma do powiedzenia znacznie więcej.

Pszenica, a konkretniej reakcja organizmu na pszenicę ujawnia się poprzez skórę. Uboczne produkty trawienia pszenicy powodują zapalenia stawów, podwyższają poziom cukru we krwi i oddziałują na mózg, ale mogą również objawiać się poprzez reakcje skórne, od błahych podrażnień po zagrażające życiu wrzody i gangrenę.

Zmiany skórne nie występują na ogół w izolacji. Jeśli nieprawidłowość wywołana przez pszenicę pojawia się na powierzchni skóry, zazwyczaj oznacza to, że niepożądana reakcja nie dotyczy tylko tej tkanki. Może ona obejmować także inne narządy od jelit po mózg – choć niekoniecznie musisz zdawać sobie z tego sprawę.

HEJ, PRYSZCZATY!

Trądzik to częsta dolegliwość dorastającej młodzieży i młodych dorosłych, powodująca więcej rozpaczy niż bal maturalny. Dopatrywano się najrozmaitszych przyczyn tej choroby, popularnie określanej po prostu jako pryszcze, od emocjonalnych niepokojów, zwłaszcza związanych z poczuciem wstydu i winy, po perwersyjne zachowania seksualne. Kuracje bywały straszne, obejmowały między innymi podawanie silnych środków przeczyszczających, lewatywy, cuchnące kąpiele siarkowe i długotrwałe naświetlania promieniami rentgenowskimi.

Czy życie nastolatków nie jest i bez tego wystarczająco ciężkie?

Jakby młodzi ludzie nie mieli dość powodów, żeby czuć się głupio, pomiędzy dwunastym a osiemnastym rokiem życia niezwykle często pojawia się u nich trądzik. Jest on, wraz z burzą hormonalną, niemal powszechnym zjawiskiem w kulturach Zachodu, dotyka ponad 80 procent nastolatków, do 95 procent szesnasto-, siedemnasto- i osiemnastolatków, czasami nawet w szpecącym stopniu. Dorośli też nie są od niego wolni. 50 procent osób powyżej dwudziestego piątego roku życia miewa go sporadycznie[1].

Trądzik jest nieomal powszechnym zjawiskiem wśród amerykańskich nastolatków, nie ma jednak tak uniwersalnego charakteru we wszystkich kulturach. W niektórych nie występuje wcale. Mieszkańcy wyspy Kitawa w Papui-Nowej Gwinei, łowiecko-zbieracki lud Aché z Paragwaju, tubylcy z doliny rzeki Purus w Brazylii, afrykańskie ludy Bantu i Zulusi, Japończycy żyjący na Okinawie i kanadyjscy Inuici – są w dziwny sposób wolni od dokuczliwości trądziku i żenujących sytuacji, jakie ze sobą niesie.

Czy wymienione grupy ludzi są wolne od tych cierpień z powodu jakiejś wyjątkowej odporności genetycznej?

Dowody sugerują, że nie jest to sprawa genetyki, tylko diety. Obserwacja kultur opierających swe diety na pokarmach, jakie zapewnia im wyjątkowe położenie geograficzne oraz klimat, pozwala nam dostrzec skutki dodawania pewnych pokarmów do pożywienia bądź ich odejmowania. Wolne od trądziku populacje, na przykład wyspiarze Kitawa z Nowej Gwinei, jedzą to, co myśliwi-zbieracze – warzywa, owoce, bulwy, orzechy kokosowe i ryby. Paragwajscy myśliwi-zbieracze Aché żywią się podobnie, ale wzbogacają swą dietę o mięso zwierząt lądowych oraz uprawiany maniok, orzeszki ziemne, ryż i kukurydzę, a trądzik także i ich zupełnie nie dotyczy[2]. Dieta Japończyków z Okinawy, prawdopodobnie najbardziej długowiecznej grupy na naszej planecie, aż do lat 80. XX wieku składała się z ogromnej różnorodności warzyw, batatów, soi, wieprzowiny i ryb; skutek – trądzik był im praktycznie nieznany[3]. Tradycyjna dieta Inuitów, złożona z mięsa fok, ryb, karibu oraz wszelkich wodorostów, jagód i korzeni, jakie uda im się znaleźć, również nie powoduje u nich trądziku. Diety afrykańskich Bantu i Zulusów bywają różne, w zależności od pory roku i terenu, ale obfitują w rodzime dzikie rośliny, takie jak gujawa, mango i pomidory, a ponadto ryby oraz zwierzynę, którą uda im się upolować; także i tutaj – żadnego trądziku[4].

Społeczeństwa bez trądziku, jak widać, konsumują niewiele (lub wcale) pszenicy, cukru lub produktów nabiałowych. Kiedy na skutek wpływów Zachodu w grupach takich jak mieszkańcy Okinawy, Inuici oraz Zulusi pojawiły się przetworzone skrobie, w postaci pszenicy i cukrów, niebawem ujawnił się także trądzik[5,6,7]. Co oznacza, że kultury wolne od trądziku nie miały przed nim żadnej genetycznej ochrony, tylko po prostu stosowały dietę pozbawioną pokarmów wywołujących ten stan. Wystarczy wprowadzić u nich produkty zawierające pszenicę, cukier i przetwory mleczne, a sprzedaż preparatów antybakteryjnych do twarzy poszybuje pod niebo.

Jak na ironię, na początku XX wieku powszechnie wiedziano, że trądzik jest wywoływany albo nasila się przez spożywanie skrobiowych produktów, takich jak naleśniki i ciasteczka. Ten pogląd popadł w niełaskę w latach 80. na skutek pojedynczego, błędnie pomyślanego badania, w którym porównywano skutki spożywania czekoladowych batoników w zestawieniu z batonikami „placebo". W ramach tego studium nie zaobserwowano żadnych różnic w trądziku pośród 65 uczestników bez względu na to, które batoniki jedli – z tym, że batonik placebo zawierał tyle samo kalorii, cukru i tłuszczu, co czekoladowy. Nie miał jedynie kakao[8]. (Miłośnicy kakao, radujcie się – wasz przysmak nie wywołuje trądziku! Delektujcie się swoją czekoladą z 85-procentową zawartością kakao). Przez wiele lat społeczność dermatologów wyśmiewała związek pomiędzy trądzikiem a dietą, podważony na podstawie tego jednego, jedynego badania, cytowanego wielokrotnie.

Prawdę mówiąc, współczesna dermatologia dość powszechnie przyznaje się do nieumiejętności wytłumaczenia, dlaczego tak wielu współczesnych nastolatków i dorosłych cierpi na ten przewlekły, czasami szpecący stan chorobowy. Choć dyskusja koncentruje się wokół infekcji *Propionibacterium acnes*, stanu zapalnego i nadmiernego wytwarzania łoju, kuracje zmierzają do powstrzymywania wykwitów trądziku, a nie do rozpoznawania jego przyczyn. Dlatego dermatolodzy chętnie przepisują miejscowe przeciwbakteryjne kremy i maści, antybiotyki doustne i leki przeciwzapalne.

Nowsze badania po raz kolejny wskazały na węglowodany jako czynnik wywołujący powstawanie trądziku, działający poprzez podwyższanie poziomów insuliny.

Procesy, w ramach których insulina wywołuje trądzik, zaczynają wychodzić na światło dzienne. Insulina pobudza uwalnianie w skórze hormonu zwanego insulinopodobnym czynnikiem wzrostu albo IGF-1. Z kolei hormon ten pobudza wzrost tkanki w mieszkach włosowych i w skórze właściwej, tej warstwie, która znajduje się tuż pod powierzchnią[9]. Insulina oraz IGF-1 stymulują też produkcję łoju skórnego, oleistej błony ochronnej, wytwarzanej przez gruczoły łojowe[10]. Nadmierne wytwarzanie łoju, połączone ze wzrostem tkanki skórnej, prowadzi do powstawania charakterystycznych wybrzuszonych i zaczerwienionych pryszczy.

Pośrednie dowody na rolę insuliny w wywoływaniu trądziku pochodzą też z innych źródeł. Kobiety cierpiące na zespół wielotorbielowatych jajników (*polycystic ovarian syndrome* – PCOS), które charakteryzują się przesadną reaktywnością na insulinę i wykazują wyższe poziomy cukru, są zaskakująco podatne na trądzik[11]. Leki redukujące u nich poziomy insuliny i glukozy, takie jak metformina, ograniczają także trądzik[12]. Doustnych leków przeciwcukrzycowych zazwyczaj nie podaje się dzieciom, zaobserwowano jednak, że młodzi ludzie przyjmujący leki obniżające poziom cukru oraz insuliny mają mniej zmian trądzikowych[13].

Poziomy insuliny są najwyższe po spożyciu węglowodanów. Im wyższy indeks glikemiczny ma dany produkt, tym więcej insuliny uwalnia trzustka. Oczywiście pszenica, ze swoim niezwykle wysokim indeksem glikemicznym, powoduje większy wzrost poziomu cukru niż nieomal każdy inny produkt. Nie powinno zatem dziwić, że zboże to, zwłaszcza w postaci słodkich pączków i herbatników – czyli produktów z wysokimi indeksami glikemicznymi pszenicy i sacharozy – wywołuje trądzik. Lecz dotyczy to także wielozbożowego chleba, przebiegle nazywanego zdrowym.

Przy powstawaniu pryszczy oraz wzroście poziomu insuliny równie ważną rolę pełnią produkty mleczne. Choć większość autorytetów medycznych ma obsesję na punkcie zawartości tłuszczu w mleku oraz jego przetworach, i zaleca spożywanie produktów niskotłuszczowych bądź odtłuszczonych, musimy pamiętać, że trądziku nie wywołuje tłuszcz. To wyjątkowe białka znajdujące się w krowim mleku sprawiają, że poziom insuliny wzrasta bardziej, niż by na to wskazywała ilość cukru w tymże mleku. Ta insulinotropowa cecha wyjaśnia 20-procentowy wzrost przypadków dotkliwego trądziku u nastolatków spożywających mleko[14,15].

Młodzi ludzie na ogół nie popadają w nadwagę i otyłość na skutek nadmiernego spożycia szpinaku lub zielonej papryki ani też łososia bądź tilapii, tylko węglowodanów, takich jak płatki śniadaniowe. A zatem nastolatki z nadwagą lub otyłością powinny mieć więcej trądziku niż ich szczupli koledzy. I tak rzeczywiście się dzieje – im grubsze dziecko, tym większe prawdopodobieństwo, że będzie miało trądzik[16]. (To nie oznacza, że szczupłe dzieciaki nie miewają pryszczy, ale statystyczne prawdopodobieństwo ich powstania rośnie wraz z masą ciała).

Jak można domniemywać na podstawie powyższego rozumowania, wysiłki żywieniowe zmierzające do redukcji insuliny oraz poziomu cukru we krwi powinny ograniczać także trądzik.

W ramach niedawnego badania obejmującego studentów college'u porównywano przez dwanaście tygodni skutki stosowania diety o wysokim indeksie glikemicznym z dietą o niskim indeksie. Dieta o niskim IG dała redukcję zmian trądzikowych o 23,5 procent w porównaniu z 12 procentami w grupie kontrolnej[17]. U uczestników, którzy ograniczyli spożycie węglowodanów najbardziej, spadek ten wyniósł prawie 50 procent.

Krótko mówiąc, trądzik wywoływany jest przez pokarmy podwyższające poziomy cukru we krwi oraz insuliny. Pszenica zwiększa poziom cukru, a tym samym insuliny, w stopniu większym niż wszystkie inne produkty. Pełnoziarnisty chleb, którym w imię zdrowia żywisz swoje nastoletnie dziecko, właściwie pogarsza problem. Choć trądzik sam w sobie nie zagraża życiu, to jednak skłania chorego do szukania najprzeróżniejszych kuracji. A część z nich bywa toksyczna, jak choćby izotretynoina, która zaburza nocne widzenie, może wpływać na myśli i zachowanie, a także powoduje deformacje rozwijających się płodów.

Natomiast wyeliminowanie pszenicy ogranicza trądzik. Jeśli ponadto odstawisz produkty mleczne oraz przetworzone węglowodany, takie jak chipsy, taco i tortille, w znacznym stopniu unieruchomisz insulinową maszynerię, która powoduje powstawanie pryszczy. O ile w ogóle istnieje coś takiego, to może się nawet zdarzyć, że będziesz mieć w domu wdzięcznego nastolatka.

CHCESZ ZOBACZYĆ MOJĄ WYSYPKĘ?

Choroba Dühringa (*dermatitis herpetiformis* – DH), opisywana jako zapalenie skóry przypominające opryszczkę, jest jeszcze jedną reakcją immunologiczną na pszenny gluten, która może ujawniać się poza przewodem pokarmowym. To swędząca wysypka (przypominająca wyglądem wirus opryszczki, ale niemająca z nim nic wspólnego), która utrzymuje się długo i może w końcu pozostawiać przebarwione plamy oraz blizny. Najczęściej występuje na łokciach, kolanach, pośladkach oraz skórze głowy i pleców. Zazwyczaj pojawia się po obu stronach ciała, symetrycznie. Rzadziej DH może się również ujawniać jako rany w ustach, na penisie lub w pochwie, albo dziwne siniaki na dłoniach[18]. Żeby rozpoznać tę charakterystyczną reakcję zapalną, często trzeba dokonać biopsji skórnej.

Co ciekawe, większość cierpiących na DH nie doświadcza objawów jelitowych celiakii, ale zazwyczaj występują u nich stany zapalne i uszkodzenia jelit typowe dla tej choroby. Chorzy w przypadku dalszego spożywania pszennego glutenu są narażeni na wszelkie możliwe komplikacje, jakie zagrażają typowym celiakom, łącznie z chłoniakiem jelita, autoimmunologicznymi chorobami zapalnymi i cukrzycą[19].

Rzecz jasna, leczenie DH polega na ścisłej eliminacji pszenicy i innych źródeł glutenu. U niektórych ludzi wysypka może zaniknąć w ciągu kilku dni, natomiast u innych cofa się stopniowo przez kilka miesięcy. W szczególnie uciążliwych przypadkach albo wtedy, gdy DH powraca z powodu dalszej konsumpcji glutenu (co, niestety, zdarza się bardzo często), można stosować doustny lek o nazwie Dapsone. Specyfik ten, używany także do leczenia trądu, jest potencjalnie toksyczny i wywołuje skutki uboczne, takie jak bóle głowy, osłabienie, uszkodzenia wątroby, a czasami ataki padaczkowe i śpiączkę.

No dobrze, zatem jemy sobie pszenicę i dostajemy swędzącej, irytującej, szpetnej wysypki. Zażywamy więc potencjalnie toksyczny lek, który pozwala nam nadal jeść pszenicę, ale wystawia nas na wysokie ryzyko nowotworów jelit i chorób autoimmunologicznych. Czy to naprawdę ma sens?

Po trądziku DH jest najczęstszym skórnym objawem reakcji na pszenny gluten. Lecz substancja ta może wywoływać także niesamowicie dużo innych stanów chorobowych, z których jedne wiążą się z zawyżonymi poziomami przeciwciał celiakii, a inne nie[20]. Większość z nich mogą powodować także inne czynniki,

takie jak leki, wirusy i nowotwory. A zatem pszenny gluten, podobnie jak leki, wirusy i rak, może być przyczyną każdej z tych
wysypek.

Do wysypek oraz innych objawów skórnych związanych
z pszennym glutenem należą:

- **Zmiany w jamie ustnej** – zapalenie języka (zaczerwienie-
  nie występujące w różnych miejscach), zajady (bolesne ran-
  ki w kącikach ust) oraz pieczenie w ustach to najczęstsze
  formy owrzodzeń jamy ustnej kojarzonych z pszennym
  glutenem.
- **Zapalenie małych naczyń skóry** – wybrzuszone, podobne
  do zadrapań zmiany skórne wynikające z zapalenia naczyń
  krwionośnych, rozpoznawane przez biopsję.
- **Zespół paraneoplastyczny (***Acanthosis nigricans***)** – po-
  czerniała aksamitna skóra pojawiająca się zazwyczaj z tyłu
  szyi, ale także pod pachami i na łokciach oraz kolanach.
  Zmiany te są przerażająco częste u dzieci i dorosłych podatnych na cukrzycę[21].
- **Rumień guzowaty (***Erythema nodosum***)** – błyszczące, za-
  czerwienione, gorące w dotyku i bolesne zmiany o wielkości
  3–5 centymetrów. Zazwyczaj występują na goleniach, ale
  mogą pojawić się także w każdym innym miejscu. Rumień
  świadczy o zapaleniu tłuszczowej warstwy skóry. Po wylecze-
  niu pozostawia zagłębione brązowe blizny.
- **Łuszczyca** – zaczerwieniona, łuszcząca się wysypka, występująca zazwyczaj na łokciach, kolanach i skórze głowy,
  a czasem na całym ciele. Poprawa dzięki stosowaniu diety
  bezpszennej i bezglutenowej może zająć kilka miesięcy.
- **Bielactwo** – często występujące, bezbolesne białe plamy na
  skórze, wynikające z depigmentacji. Powstałe zmiany reagują w różny sposób na eliminację pszennego glutenu.
- **Choroba Behçeta** – wrzody w ustach i na genitaliach, do-
  tykające na ogół osoby nastoletnie i młodych dorosłych.

Choroba ta może się również objawiać na wiele innych sposobów, takich jak psychoza wynikająca z zaatakowania mózgu, obezwładniające zmęczenie oraz zapalenie stawów.

- **Zapalenie skórno-mięśniowe** – nabrzmiała czerwona wysypka, występująca w połączeniu z osłabieniem mięśni i zapaleniem naczyń krwionośnych.
- **Ichthyosiform dermatosis** – dziwna łuskowata wysypka (nazywana też „rybią łuską") zazwyczaj występująca w ustach i na języku.
- **Piodermia zgorzelinowa** – przerażające, szpetne wrzody, występujące na twarzy i kończynach. Pozostawiają głębokie blizny i mogą przechodzić w stan przewlekły. Do leczenia stosuje się czynniki immunosupresyjne, takie jak sterydy i cyklosporyna. Choroba może prowadzić do gangreny, amputacji kończyn i śmierci.

Wszystkie te stany chorobowe były wiązane z narażeniem na pszenny gluten, a po jego usunięciu odnotowywano poprawę. W wypadku większości z nich nie jest znana proporcja, w jakiej przyczyną jest gluten, a w jakiej inne czynniki, gdyż gluten często nie jest brany pod uwagę. Prawdę mówiąc, nie szuka się najczęstszej przyczyny i leczenie jest stosowane na ślepo, w postaci maści sterydowych i innych leków.

Wierzcie lub nie, ale pomimo całego przerażenia, jakie budzi powyższa lista, ma ona charakter jedynie częściowy. Istnieje całkiem sporo chorób skóry kojarzonych z glutenem, które nie zostały tutaj wymienione.

Jak widać, choroby skóry wywoływane przez pszenny gluten mogą mieć szeroki zakres, od drobnych niedogodności po szpecące zmiany chorobowe. Poza stosunkowo częstymi owrzodzeniami ust i zespołami paraneoplastycznymi, większość tych skórnych objawów kontaktu z glutenem występuje rzadko. W sumie jednak składają się one na imponującą listę stanów

SIEDMIOLETNI ŚWIĄD

Kurt przyszedł do mnie, gdyż powiedziano mu, że ma wysoki cholesterol. To, co jego lekarz określił w ten sposób, okazało się nadmiarem małych cząsteczek LDL, niskim cholesterolem HDL i wysokim poziomem trójglicerydów. Naturalnie, wobec takiej kombinacji zaleciłem Kurtowi niezwłoczną eliminację pszenicy.

Zrobił to i w ciągu trzech miesięcy stracił 8 kilogramów, wszystkie z brzucha. Interesujące jest jednak to, czego ta zmiana diety dokonała z jego wysypką.

Kurt powiedział mi, że ma na prawym ramieniu czerwonawobrązową wysypkę, która rozprzestrzenia się w dół, w stronę łokcia, i w górę, na plecy. Nękała go od ponad siedmiu lat. Zasięgał porady trzech dermatologów, co zaowocowało trzema biopsjami, z których żadna nie przyniosła jednoznacznej diagnozy. Tym niemniej wszyscy trzej specjaliści uznali, że na swoją wysypkę Kurt potrzebuje maści sterydowej. Korzystał z ich porad, bo wysypka bywała bardzo swędząca, a maści przynosiły przynajmniej chwilową ulgę.

Po czterech tygodniach nowej, bezpszennej diety Kurt pokazał mi swoją prawą rękę i ramię – nie było tam żadnej wysypki.

Siedem lat, trzy biopsje, trzy błędne diagnozy – a rozwiązanie było proste jak bułka z masłem (niezjedzona).

chorobowych, które utrudniają kontakty towarzyskie, rodzą trudności emocjonalne i szpecą.

Czy nie macie wrażenia, że ludzie i pszenny gluten mogą do siebie nie pasować?

KOMU POTRZEBNE WŁOSY?

W porównaniu z wielkimi małpami oraz innymi naczelnymi współczesny *Homo sapiens* jest stosunkowo bezwłosy. Toteż cenimy sobie te trochę włosów, które posiadamy.

Mój tato zachęcał mnie do jedzenia ostrej papryki, mówiąc, że „od tego rosną włosy na piersiach". A gdyby tak doradzał mi unikanie pszenicy, żebym nie utracił włosów na głowie. Zamiast mieć męską „owłosioną klatę", wolałbym jednak nie wyłysieć. Ostra papryka nie pobudza wzrostu włosów na piersiach, ani gdzie indziej, natomiast pszenica może naprawdę prowadzić do utraty owłosienia.

Dla wielu ludzi włosy są sprawą bardzo istotną, ważnym elementem wyglądu i sposobem na podkreślenie swojej odmienności. Dla niektórych ich utrata może być równie bolesna, jak utrata oka albo stopy.

Łysienie jest czasem nieuniknionym skutkiem niebezpiecznych chorób albo zażywania toksycznych leków. Na przykład ludzie przechodzący chemioterapię w trakcie leczenia nowotworu tracą na jakiś czas włosy, gdyż przyjmowane przez nich preparaty, oprócz tego, że zabijają mnożące się komórki rakowe, przy okazji uśmiercają także aktywne komórki niemające związku z nowotworem, takie jak mieszki włosowe. Toczeń rumieniowaty układowy, choroba zapalna, która często prowadzi do chorób nerek i artretyzmu, może również wywoływać wypadanie włosów na skutek autoimmunologicznego zapalenia mieszków włosowych.

Do łysienia może dochodzić także z bardziej prozaicznych powodów. Mężczyźni w średnim wieku tracą czasem włosy, po czym nagle odczuwają potrzebę jeżdżenia sportowymi kabrioletami.

Dodajmy do listy przyczyn konsumpcję pszenicy. *Alopecia areata* (łysienie plackowate) oznacza utratę włosów z niektórych miejsc, zazwyczaj z głowy, ale nie tylko. Stan ten może dotyczyć nawet całego ciała, a wtedy dotknięty nim człowiek pozostaje całkowicie bezwłosy, od czubka głowy po palce stóp, ze wszystkim, co jest po drodze, włącznie.

Konsumpcja pszenicy wywołuje łysienie plackowate na skutek zapalenia skóry przypominającego celiakię. Zapalenie mieszków włosowych sprawia, że słabiej trzymają one poszczególne włosy, co prowadzi do ich wypadania[22]. We wrażliwych miejscach, tam, gdzie wypada najwięcej włosów, występują podwyższone poziomy mediatorów zapalnych, takich jak czynnik martwicy nowotworu, interleukiny oraz interferony[23].

PRZYPADEK ŁYSEGO PIEKARZA

Niesłychanie trudno mi było przekonać Gordona do rzucenia pszenicy.

Poznałem go dlatego, że cierpiał na chorobę wieńcową. Jedną z jej przyczyn były małe cząsteczki LDL. Poprosiłem go, żeby całkowicie usunął pszenicę ze swojej diety, aby zmniejszyć ilość tych drobin lub wyeliminować je, a tym samym uzyskać lepszą kontrolę nad sercem.

Problem polegał na tym, że Gordon był właścicielem piekarni. Chleb, bułki i muffinki były ważną częścią jego życia przez siedem dni w tygodniu. Było zupełnie naturalne, że jada własne produkty do większości posiłków. Przez dwa lata namawiałem Gordona do rzucenia pszenicy – bezskutecznie.

Pewnego dnia Gordon przyszedł do mojego gabinetu w narciarskiej czapce. Powiedział mi, że zaczął tracić włosy całymi kępkami i ma teraz na głowie łyse miejsca. Jego lekarz pierwszego kontaktu zdiagnozował łysienie plackowate, ale nie potrafił odgadnąć przyczyny. Także dermatolog nie umiał rozwiązać tego problemu. Utrata włosów była dla Gordona tak przygnębiająca, że poprosił swojego lekarza o środek przeciwdepresyjny i ukrywał swą kłopotliwą dolegliwość pod czapką.

Rzecz jasna, od razu przyszła mi na myśl pszenica. Pasowała do ogólnego stanu zdrowia Gordona: małe cząsteczki LDL, pszenny brzuch, wysokie ciśnienie krwi, poziom cukru we krwi w zakresie przedcukrzycowym, a teraz jeszcze łysienie. Znowu poprosiłem go, żeby raz na zawsze usunął pszenicę ze swojej diety. Na skutek przeżytej traumy i konieczności ukrywania łysych placków pod czapką w końcu się zgodził. Oznaczało to dla niego konieczność przynoszenia posiłków do piekarni i niejedzenia własnych produktów, co było mu dość trudno wytłumaczyć swoim pracownikom. Mimo to wytrwał.

Po trzech tygodniach Gordon doniósł, że na łysych plackach zaczynają kiełkować mu włosy. W ciągu następnych dwóch miesięcy rozpoczął się ich intensywny wzrost. Gordon odzyskał dumną czuprynę, a przy tym stracił 5,5 kilograma oraz 5 centymetrów w pasie. Zniknęły sporadyczne dolegliwości brzuszne, podobnie jak przedcukrzycowy poziom cukru. Sześć miesięcy później ponowne badanie małych cząsteczek LDL wykazało ich spadek o 67 procent.

Dieta bezpszenna to niedogodność? Być może, ale z pewnością mniejsza niż noszenie peruczki.

Jeżeli łysienie jest wywołane przez pszenicę, może utrzymywać się dopóty, dopóki trwa konsumpcja tego zboża. Podobnie jak w przypadku zakończenia chemioterapii przy leczeniu raka, eliminacja pszenicy i wszystkich źródeł glutenu zazwyczaj powoduje szybki ponowny wzrost włosów, bez żadnych chirurgicznych zabiegów i stosowania specjalnych kremów.

ZAPOMNIJ O WRZODACH

Z moich doświadczeń wynika, że trądzik, afty, wysypka na twarzy lub pośladkach, łysienie oraz nieomal każda inna nieprawidłowość skórna powinny skłaniać do rozważenia reakcji na gluten. Pojawienie się tych zmian jest nie tyle skutkiem braku higieny, genów odziedziczonych po rodzicach czy używania wspólnego ręcznika, co zjedzenia kanapki z indyka na pełnoziarnistym chlebie pszennym.

Ile innych pokarmów zostało powiązanych z tak wieloma różnymi chorobami skóry? Jasne, orzeszki ziemne i małże mogą wywoływać pokrzywkę. Ale jaki inny produkt można obwiniać o tak niewiarygodnie wiele zaburzeń, od pospolitych wysypek aż po gangrenę, oszpecenie i śmierć? Ja w każdym razie nie znam żadnego innego poza pszenicą.

CZĘŚĆ TRZECIA

POŻEGNANIE
Z PSZENICĄ

ROZDZIAŁ 13

ZDROWE I SMACZNE ŻYCIE BEZ PSZENICY

W tym rozdziale przechodzimy do najbardziej praktycznych porad. Podobnie jak próba usunięcia piasku ze stroju kąpielowego, wykorzenienie wszechobecnych produktów pszennych z naszych nawyków żywieniowych może być trudne; pszenica wydaje się nieodzowna w diecie każdego Amerykanina.

Moi pacjenci często wpadają w panikę, kiedy uświadamiają sobie, jak wiele muszą zmienić w zawartości swoich szafek i lodówek, w swoich głęboko zakorzenionych zwyczajach związanych z zakupami, gotowaniem i jedzeniem. „Nic mi nie zostanie do jedzenia! Umrę z głodu!", martwią się. Wielu z nich zauważa, że już po dwóch godzinach bez produktów pszennych odczuwają nienasycone łaknienie i niepokój, jak przy głodzie narkotycznym. Gdy Bob i Jillian, w teleturnieju *Biggest Loser*, cierpliwie pocieszają uczestników, którzy płaczą, bo pomimo katuszy zdołali stracić w tym tygodniu tylko półtora kilograma, to z grubsza możemy sobie wyobrazić, czym jest dla niektórych ludzi eliminacja pszenicy.

Wierz mi, warto. Jeżeli udało ci się dotrzeć aż do tego miejsca, to zakładam, że przynajmniej rozważasz rozstanie się z tą niegodną zaufania i agresywną partnerką. Moja rada: nie okazuj jej litości. Nie rozpamiętuj miłych chwil sprzed dwudziestu lat, kiedy pyszna babka i bułeczki cynamonowe dały ci ukojenie po wylaniu z pracy, nie wspominaj ślicznego siedmiowarstwowego tortu na swoim weselu. Kiedy pszenica będzie błagać, żeby mogła wrócić, i zapewniać, że naprawdę się zmieniła, pomyśl o tym, jak bardzo ucierpiało twoje zdrowie, i o emocjonalnych kopniakach w brzuch, które ci zadała.

Zapomnij o niej. Ona się nie zmieni. Nie ma rehabilitacji, jest tylko rezygnacja. Oszczędź sobie odstawiania szopek. Powiedz, że od dziś nie musisz jeść pszenicy, nie proś o alimenty ani utrzymywanie dzieci, nie oglądaj się za siebie i nie wspominaj dobrych czasów. Po prostu odejdź.

ZBIERZ SIŁY, ŻEBY BYĆ ZDROWYM

Zapomnij o wszystkim, co ci mówiono na temat „zdrowych produktów pełnoziarnistych". Przez lata wmawiano ci, że to one powinny dominować w diecie. Ten tok myślenia sugeruje, że dieta oparta na tych produktach uczyni cię człowiekiem pełnym energii, przystojnym, lubianym, że będziesz sexy i odniesiesz sukces. A przy tym będziesz się cieszyć właściwym poziomem cholesterolu i prawidłową pracą jelit. Natomiast jeśli będziesz unikać pełnych ziaren, staniesz się osobą niezdrową, źle odżywioną, podatną na raka i choroby serca. Nie wpuszczą cię do klubu, wyrzucą z drużyny sportowej i spotka cię ostracyzm społeczny.

Pamiętaj, że potrzeba spożywania „zdrowych produktów pełnoziarnistych" jest całkowicie wymyślona. Ziarna, takie jak pszenica, są tak samo niezbędne w ludzkiej diecie, jak prawnik od odszkodowań na imprezie, którą urządzasz przy swoim basenie.

Pozwól, że opiszę typową osobę cierpiącą na niedobór pszenicy: jest szczupła, ma płaski brzuch, niskie stężenie trójglicerydów i wysokie „dobrego" cholesterolu HDL, właściwy poziom cukru, ciśnienie krwi w normie, jest pełna energii, dobrze sypia, a jej jelita pracują prawidłowo.

Innymi słowy, objawy „zespołu niedoboru pszenicy" to to, że jesteś normalny, smukły i zdrowy.

Wbrew obiegowym mądrościom, włączając te, które głosi twój znajomy dietetyk, nie ma żadnych niedoborów mogących powstać w wyniku eliminacji pszenicy – pod warunkiem, że brakujące kalorie zostaną zastąpione właściwym jedzeniem.

Jeżeli miejsce pozostałe po wyeliminowaniu pszenicy będzie wypełnione warzywami, orzechami, mięsem, jajami, owocami awokado, oliwkami i serem – czyli p r a w d z i w y m jedzeniem – wtedy nie tylko nie będziesz mieć żadnych niedoborów pokarmowych, ale staniesz się człowiekiem zdrowszym, lepiej sypiającym i energiczniejszym, stracisz na wadze i zdołasz cofnąć wszystkie nieprawidłowe zjawiska, o których tu mówiliśmy. Natomiast jeśli zapełnisz miejsce produktów pszennych chrupkami kukurydzianymi, batonikami i napojami energetycznymi, wtedy, owszem, zastąpisz jedną grupę niepożądanych pokarmów drugą i osiągniesz niewiele. I rzeczywiście może ci zacząć brakować pewnych składników pokarmowych, dzięki czemu nadal będziesz doświadczać tego, co większość Amerykanów – tyć i zmierzać w stronę cukrzycy.

A zatem usunięcie pszenicy to pierwszy krok. Drugim jest znalezienie odpowiednich zamienników, aby wypełnić częściowo ubytek kalorii (dlatego częściowo, że ludzie wolni od pszenicy nieświadomie spożywają dziennie o 350 do 400 kalorii mniej).

W swojej najprostszej formie dieta eliminująca pszenicę i pozwalająca jeść proporcjonalnie więcej wszystkich innych pokarmów – w celu zapełnienia powstającej luki – jest dużo lepsza niż ta sama dieta zawierająca pszenicę. Inaczej mówiąc, odrzuć pszenicę i jedz trochę więcej tego, co pozostaje w twojej diecie. Zjedz większą porcję pieczonego kurczaka, więcej fasoli, więcej jajecznicy, więcej sałatek i tak dalej, a wciąż będziesz doświadczać wielu omówionych korzyści. Byłbym jednak winny zbyt daleko idących uproszczeń, gdybym stwierdził, że wyeliminowanie pszenicy załatwia całą sprawę. Jeżeli twoim celem jest idealne zdrowie, to wybór jedzenia, którym zastąpisz usunięte zboże, naprawdę ma znaczenie.

Jeśli zdecydujesz się pójść dalej, niż tylko pozbyć się pszenicy, musisz zastąpić wyeliminowane kalorie p r a w d z i w y m jedzeniem. Oddzielam prawdziwe jedzenie od wysoko przetworzonych, genetycznie modyfikowanych, spryskanych herbicydami, nasyconych syropem fruktozowym, gotowych do zjedzenia po zalaniu wodą produktów spożywczych, których opakowania prezentują bohaterów kreskówek, mistrzów sportu oraz inne sztuczki reklamowe.

To jest bitwa, którą trzeba toczyć na wszystkich frontach, gdyż istnieje wielka społeczna presja, by nie jeść prawdziwego jedzenia. Włącz telewizor, a nie zobaczysz reklam ogórków, serów domowej roboty ani jaj z chowu bezklatkowego. Zaleją cię reklamy chipsów, mrożonych obiadów, napojów bezalkoholowych i całej reszty wysoko przetworzonych produktów, których składniki są tanie, a cena wysoka.

Wydaje się wielkie pieniądze na to, by sprzedać produkty, których należy unikać. Koncern Kellogg's, znany z płatków śniadaniowych (których w 2010 roku sprzedał za 6,5 miliarda dolarów), plasuje się za jogurtami Yoplait, lodami Häagen-Dazs, zdrowotnymi batonikami Lärabar, krakersami Keeblera, ciasteczkami z płatkami czekolady Famous Amos, krakersami Cheez-It, a oprócz tego chrupkami Cheerios i napojami Apple Jacks. Te smakołyki wypełniają alejki sklepów, są umieszczane w widocznym miejscu na końcu alejek, układane na półkach strategicznie, na poziomie wzroku, dominują dniem i nocą w telewizji. A Kellogg's to tylko jedna z wielu korporacji spożywczych. Wielcy gracze branży spożywczej finansują też w znacznej mierze „badania" prowadzone przez dietetyków i naukowców zajmujących się odżywianiem. Wspierają kadry naukowe uczelni, wpływają na treści przekazywane przez media. Krótko mówiąc, są wszędzie.

I są wyjątkowo skuteczni. Zdecydowana większość Amerykanów dała się złapać na ich haczyk z żyłką i spławikiem. Jest ich jeszcze trudniej ignorować, od kiedy Amerykańskie Towarzystwo

Serca i inne organizacje prozdrowotne popierają ich produkty. (Symbol „dobre dla serca" Amerykańskiego Stowarzyszenia Serca widnieje na ponad 800 produktach, wliczając w to chrupki Cheerios z miodem i orzechami, a do niedawna także kulki kakaowe).

A ty próbujesz nie słuchać tej wielkiej orkiestry, tylko maszerować za swoim własnym doboszem. To niełatwe.

Jedna rzecz jest pewna: nie ma żadnych niedoborów żywieniowych powstających na skutek zaprzestania jedzenia pszenicy i produktów przetworzonych. Co więcej, dzięki tej eliminacji będziesz spożywać mniej sacharozy, syropu glukozowo-fruktozowego, sztucznych barwników i aromatów, skrobi kukurydzianej oraz wielu innych składników, których nazw nie da się wymówić, choć są wymienione na opakowaniach. I znów, brak któregokolwiek z nich nie spowoduje u ciebie n i e d o b o r ó w ż y w i e n i o - w y c h. Ale to nie powstrzymuje przemysłu spożywczego oraz jego sprzymierzeńców z Departamentu Rolnictwa, Amerykańskiego Stowarzyszenia Serca, Amerykańskiego Stowarzyszenia Dietetycznego i Amerykańskiego Stowarzyszenia Cukrzycy od sugerowania, że te produkty są w pewnym sensie niezbędne i że bez nich możesz zapaść na zdrowiu. Nonsens. Absolutnie czysty, 100-procentowy, pełnoziarnisty nonsens.

Niektórzy ludzie obawiają się na przykład, że eliminując pszenicę, nie będą spożywać odpowiednich ilości błonnika. Jak na ironię, jeżeli zastąpią pszeniczne kalorie warzywami i orzechami, dawka błonnika w z r o ś n i e. Zastępując dwie kromki pełnoziarnistego chleba, mające 138 kalorii, odpowiadającą im kalorycznie garścią orzechów, takich jak włoskie lub migdały (około 24 orzechów), zjemy tyle samo błonnika, co w chlebie (3,9 g), lub więcej. Podobnie jak w przypadku sałatki złożonej z papryki, marchewki i zieleniny, o zbliżonej liczbie kalorii – ilość błonnika będzie nie mniejsza niż w chlebie. W taki właśnie sposób prymitywne kultury myśliwych-zbieraczy – od których nauczyliśmy się, jakie to ważne – zdobywały swój błonnik: poprzez częste i obfite jedzenie roślin, a nie markowych płatków śniadaniowych i innych wysoko przetworzonych źródeł błonnika. Dlatego nie musimy się przejmować ilością błonnika, jeśli eliminacji pszenicy towarzyszy większa ilość zdrowych pokarmów.

Społeczność dietetyków zakłada, że odżywiasz się chrupkami taco i żelkami, więc potrzebujesz jedzenia „wzmocnionego" różnymi witaminami. Jednak wszystkie te założenia biorą w łeb, jeżeli nie jesz tego, co można kupić w wygodnych opakowaniach w każdym sklepie, tylko spożywasz prawdziwe jedzenie. Witaminy z grupy B, takie jak B_6, B_{12}, kwas foliowy i tiamina, są dodawane do przemysłowych wypieków pszenicznych, dlatego też dietetycy ostrzegają nas, że niejedzenie tych produktów spowoduje niedobory witamin B. To także nieprawda. Mięso, warzywa i orzechy są w stanie z nawiązką zaspokoić nasze zapotrzebowanie na witaminy z grupy B. Chleb i inne produkty pszenne muszą być wzbogacane w kwas foliowy (czego wymaga prawo), jednak zjadając garść ziaren słonecznika lub trochę szparagów, dostarczysz sobie kilka razy więcej tego związku. Na przykład ćwierć szklanki szpinaku lub cztery szparagi zawierają tyle kwasu foliowego, co porcja większości płatków śniadaniowych. (Przy czym foliany z naturalnych źródeł mogą być lepsze niż kwas foliowy czerpany ze wzbogaconych produktów przetworzonych). Orzechy i zielone jarzyny są generalnie wyjątkowo bogatym źródłem folianów, a my jesteśmy przystosowani ewolucyjnie do spożywania tych związków właśnie w takiej postaci. (Kobiety w ciąży oraz karmiące piersią stanowią wyjątek i mogą wymagać suplementacji kwasu foliowego, aby pokryć ich zwiększone zapotrzebowanie i zapobiec wadom cewy nerwowej u dziecka). Podobnie witamina B_6 i tiamina występują w znacznie większych ilościach w porcji kurczaka lub wieprzowiny, w awokado albo w siemieniu lnianym niż w analogicznej masie produktów pszennych.

Ponadto pozbycie się pszenicy z diety poprawia wchłanianie witamin z grupy B. Nierzadko zdarza się na przykład, że poziomy witaminy B_{12}, kwasu foliowego, a także żelaza, cynku i magnezu wzrastają po usunięciu pszenicy, a to z powodu poprawy stanu przewodu pokarmowego i lepszego wchłaniania składników pokarmowych.

Wyeliminowanie pszenicy może być niewygodne, ale z pewnością nie jest niezdrowe.

RADYKALNE USUNIĘCIE PSZENICY

Na szczęście wyeliminowanie całej pszenicy z diety nie jest aż tak okropne, jak samodzielne wycięcie sobie wyrostka robaczkowego, bez znieczulenia, przy użyciu lustra i skalpela. Niektórzy ludzie bez problemu ominą cukiernię albo odmówią sobie gofra. Dla innych będzie to równie nieprzyjemne, jak leczenie kanałowe albo mieszkanie przez miesiąc z teściami.

Z moich doświadczeń wynika, iż najskuteczniejszą i w rezultacie najłatwiejszą metodą wyeliminowania pszenicy jest dokonanie tego w sposób gwałtowny i całkowity. Insulinowo-glukozowa huśtawka wywoływana przez pszenicę oraz uzależniające oddziaływanie egzorfin na mózg sprawia bowiem, że stopniowe wycofywanie bywa dla części ludzi trudne – nagłe zaprzestanie jej spożywania może być w tej sytuacji najlepsze. U osób podatnych gwałtowna i całkowita eliminacja wywoła zespół odstawienia. Ale przejście przez jego objawy, towarzyszące nagłemu zerwaniu z pszenicą, może być łatwiejsze niż szarpanie się z narastającą ochotą, jaka zwykle towarzyszy powolnemu ograniczaniu – podobnie jak u alkoholika próbującego nie zaglądać do kieliszka. Mimo to niektórzy ludzie mogą czuć się bardziej komfortowo, odstawiając pszenicę powoli, niż rzucając ją nagle. W każdym bądź razie, ostateczny efekt powinien być ten sam.

Teraz jestem już przekonany, że rozumiecie, iż pszenica to nie tylko pieczywo. To zboże jest wszechobecne – czai się wszędzie.

Zaczynając rozpoznawać pokarmy zwierające pszenicę, wielu ludzi znajduje ją w niemal każdym przetworzonym produkcie, jaki do tej pory jadali, nawet w tak nieprawdopodobnych miejscach jak zupa w puszce czy „zdrowy" mrożony posiłek. Pszenica jest tam z dwóch powodów: pierwszy – bo dobrze smakuje; drugi – bo pobudza apetyt. Ten drugi powód nie służy, rzecz jasna, twojemu dobru, tylko korzyści producenta. Dla wytwórców żywności pszenica jest jak nikotyna w papierosach – stanowi najlepsze zabezpieczenie, jakie mają, aby zapewnić sobie powtórną konsumpcję. (Nawiasem mówiąc, inne składniki, spotykane często w przemysłowej żywności, które również zwiększają spożycie, choć nie tak skutecznie jak pszenica, to syrop glukozowo-fruktozowy z kukurydzy, sacharoza, skrobia kukurydziana i sól. Tych także warto unikać).

Usunięcie pszenicy wymaga niewątpliwie trochę przezorności. Jedzenie zrobione z pszenicy ma tę niepodważalną zaletę, że jest wygodne: kanapki i tortille na przykład łatwo zapakować i zabrać ze sobą lub przechować, można też je zjadać bez używania naczyń i sztućców. Unikanie pszenicy wiąże się z zabieraniem do pracy swojego własnego jedzenia oraz widelca lub łyżki. To może oznaczać, że przyjdzie ci częściej robić zakupy i – niestety! – gotować. Oparcie diety na warzywach i świeżych owocach może oznaczać, że wyprawy do sklepu albo na targ będą konieczne kilka razy w tygodniu.

Jednakże te niedogodności da się przezwyciężyć. Być może trzeba będzie nieco dłużej przygotowywać posiłek, pokroić i zapakować ser, aby zabrać go do pracy wraz z nieprażonymi migdałami i pojemnikiem zupy warzywnej. Niewykluczone, że warto będzie odłożyć trochę sałatki szpinakowej z obiadu na śniadanie następnego dnia. (Tak: obiad na śniadanie to przydatna metoda, która będzie omówiona później).

Ludzie, którzy nałogowo spożywają produkty pszenne, stają się marudni, ospali i zmęczeni już po kilku godzinach bez swego ulubionego zboża. Często rozpaczliwie szukają jakichś resztek czy okruchów chleba, aby ulżyć sobie w cierpieniu. Jest to zjawisko, które obserwuję ze szczerym rozbawieniem z mojego komfortowego, bezpszennego punktu widzenia. Lecz kiedy już usuniesz pszenicę ze swojej diety, twój apetyt nie będzie napędzany przez glukozowo-

POST? TO ŁATWIEJSZE, NIŻ MYŚLISZ

Rezygnacja z jedzenia może być jednym z najpotężniejszych narzędzi przy odzyskiwaniu zdrowia – prowadzi do utraty masy ciała, obniżenia ciśnienia krwi i lepszego reagowania na insulinę, sprzyja długowieczności, a ponadto łagodzi wiele chorób[1]. Chociaż post stanowi często praktykę religijną (np. ramadan w islamie, adwent oraz Wielki Post w Kościele katolickim oraz post przed świętem Wniebowzięcia w Kościele prawosławnym), jest jedną z najmniej docenianych metod leczenia.

Jednak dla przeciętnego człowieka stosującego typową amerykańską dietę post może być bolesnym przeżyciem, wymagającym ogromnego samozaparcia. Ludzie regularnie konsumujący produkty pszenne rzadko potrafią obywać się bez jedzenia dłużej niż kilka godzin. Potem zazwyczaj poddają się i gorączkowo zjadają wszystko, co im się nawinie pod rękę.

Co ciekawe, eliminacja pszenicy sprawia, że post staje się łatwiejszy i prawie nie wymaga wysiłku.

Post oznacza obywanie się bez jedzenia i picie wyłącznie wody (obfite nawadnianie organizmu jest kluczem do bezpiecznego poszczenia) przez okres trwający od 18 godzin do kilku dni. Osoby bezpszenne mogą pościć przez 28, 24, 36, 72 albo i więcej godzin, odczuwając tylko nieznaczne dolegliwości bądź nie odczuwając ich wcale. Zdolność do obywania się bez jedzenia odzwierciedla, rzecz jasna, naturalną sytuację łowcy-zbieracza, który nie jadł całymi dniami, a nawet tygodniami, jeśli nie udało mu się polowanie albo nie miał dostępu do żywności z jakichś innych naturalnych przyczyn.

Umiejętność poszczenia bez przykrych skutków jest naturalna; natomiast nienaturalny jest brak zdolności do życia bez szalonego poszukiwania kalorii co kilka godzin.

-insulinową sinusoidę głodu i nasycenia i nie będziesz potrzebować następnej „działki" egzorfin, wpływających na mózg. Po śniadaniu o 7 rano, złożonym z jajecznicy z dwóch jaj z warzywami i oliwą z oliwek, prawdopodobnie nie będziesz odczuwać głodu do południa lub nieco dłużej. Porównaj to z trwającym od 90 do 120 minut cyklem kończącym się wystąpieniem nienasyconego głodu, jaki większość ludzi odczuwa po zjedzeniu miseczki płatków o wysokiej zawartości błonnika na śniadanie o 7.00 – już o godzinie 9 potrzebują jakiejś przekąski, a o 11 muszą zjeść następną albo wczesny lunch. Zobacz, jak poprzez eliminację pszenicy można łatwo, nieświadomie, w naturalny sposób, zmniejszyć dzienne spożycie kalorii o 350 do 400. Unikniesz także popołudniowego kryzysu, którego wielu ludzi doświadcza około 14.00 lub 15.00, sennego spowolnienia po lunchu lub kanapce z pszennego chleba, umysłowego zawieszenia, które pojawia się po spadku glukozy z wysokiego poziomu. Lunch złożony np. z tuńczyka (bez chleba) zmieszanego z majonezem lub sosem na bazie oliwy, z plasterkami cukinii i orzechami włoskimi nie wyzwoli wcale procesu wzrostu i spadku poziomu glukozy i insuliny, a jedynie utrzyma ich stały, normalny poziom, który nie da efektu senności ani braku koncentracji.

Większości ludzi trudno jest uwierzyć, że dzięki wyeliminowaniu pszenicy na dłuższą metę ich życie stanie się łatwiejsze, a nie trudniejsze. Osoby na bezpszennej diecie nie muszą co dwie godziny rozpaczliwie szukać czegoś do zjedzenia i spokojnie wytrzymują dłuższe przerwy między posiłkami. A kiedy wreszcie zasiądą do stołu, zadowalają się mniejszą ilością pokarmu. Ich życie jest... prostsze.

Wielu ludzi jest w praktyce niewolnikami pszenicy oraz schematów i nawyków, jakie narzuca im jej dostępność. Toteż radykalne odstawienie tego zboża staje się czymś więcej niż tylko zwyczajną eliminacją jednego składnika diety, gdyż usuwa z życia potężny czynnik pobudzający apetyt, czynnik, który rządzi zachowaniem, dając o sobie znać często i natarczywie. Likwidacja pszenicy przyniesie ci wolność.

PSZENOHOLICY I ZESPÓŁ WYCOFANIA PSZENICY

Mniej więcej 30 procent ludzi, którzy gwałtownie zrezygnują z produktów pszennych, dozna objawów głodu narkotycznego. W przeciwieństwie do wycofania opiatów lub alkoholu, eliminacja pszenicy nie prowadzi do ataków padaczkowych czy halucynacji, omdleń ani innych niebezpiecznych zjawisk.

Najbardziej przypomina to objawy głodu nikotynowego po rzuceniu papierosów. U niektórych osób doznania są niemal równie silne. Podobnie jak w przypadku głodu nikotynowego, wycofanie pszenicy może powodować zmęczenie, trudności z koncentracją oraz nerwowość. Może mu również towarzyszyć lekka dysforia, uczucie przygnębienia i smutku. Wyjątkową cechą tego stanu jest obniżona zdolność do podejmowania wysiłku fizycznego, trwająca zazwyczaj od dwóch do pięciu dni. Objawy odstawienia po eliminacji pszenicy są na ogół krótkotrwałe; podczas gdy byli palacze na ogół chodzą po ścianach jeszcze w trzy lub cztery tygodnie po rzuceniu palenia, większość osób, które zerwały z pszenicą, czuje się lepiej już po tygodniu. (Najdłuższy okres utrzymywania się tych objawów, jaki zaobserwowałem, trwał cztery tygodnie, ale to był wyjątek).

Objawy odstawienia występują na ogół u tych osób, które przy poprzedniej diecie odczuwały najsilniejsze ataki apetytu na produkty pszenne. To ludzie nawykowo przegryzający każdego dnia precelki, krakersy i chleb, pchani do tego potężnym impulsem wywoływanym przez pszenicę. Napady głodu powracają w mniej więcej dwugodzinnych cyklach, co odzwierciedla wahania glukozowo-insulinowe, wyzwalane przez produkty pszenne. Brak przekąski lub posiłku jest dla tych ludzi cierpieniem – powoduje roztrzęsienie, nerwowość, bóle głowy, zmęczenie i silny głód. Wszystkie te objawy mogą utrzymywać się w okresie odstawienia.

Co jest przyczyną pszennego głodu narkotycznego? Być może na skutek wielu lat obfitego spożywania węglowodanów przemiana materii uzależnia się od ciągłych dostaw łatwo wchłanialnych cukrów, takich jak te, które występują w pszenicy. Usunięcie ich źródła zmusza organizm do przystosowania się do nowych warunków, do mobilizacji i spalania kwasów tłuszczowych, zamiast łatwiej dostępnych cukrów. Aktywacja tego procesu musi potrwać kilka dni. Jednak ten krok jest konieczny, aby przejść od o d k ł a d a n i a do w y k o r z y s t y w a n i a tłuszczu, a tym samym zmniejszania pszennego brzucha. Skutki fizjologiczne wycofania pszenicy są podobne jak przy dietach ograniczających węglowodany. (Miłośnicy diety Atkinsa nazywają to grypą indukcyjną – po wejściu w fazę bez węglowodanów osoby stosujące tę dietę są zmęczone i obolałe). Pozbawienie mózgu powstających z glutenu egzorfin również przyczynia się do wystąpienia zespołu wycofania. To zapewne on jest odpowiedzialny za napady głodu i dysforię.

Ten cios można załagodzić na dwa sposoby. Jeden polega na stopniowym ograniczaniu pszenicy przez mniej więcej tydzień, co sprawdza się tylko w przypadku niektórych ludzi. Ale uwaga: dla innych nawet takie ograniczanie może być nie do zniesienia ze względu na odnawianie uzależnienia z każdym kęsem obwarzanka lub bułki. W przypadku ludzi silnie uzależnionych od pszenicy tylko jej raptowne odstawienie może być sposobem przerwania tego cyklu. Podobnie jak z alkoholizmem. Jeśli twój przyjaciel wypija pół butelki whisky dziennie, a ty go namawiasz, żeby ograniczył się do dwóch szklaneczek, to gdyby to zrobił, rzeczywiście byłby zdrowszy i żyłby dłużej – tylko że on po prostu nie jest w stanie tego dokonać.

Po drugie, jeżeli podejrzewasz, że możesz należeć do osób, które będą doświadczać objawów odstawienia, wybierz właściwy czas zerwania z pszenicą. Zrób to w okresie, kiedy nie musisz być w najlepszej formie, np. w trakcie urlopu albo długiego weekendu. W przypadku niektórych ludzi umysłowy mętlik i ociężałość mogą być na tyle silne, że będą im utrudniać dłuższą koncentrację i osiąganie dobrych wyników w pracy. (Z pewnością nie możesz oczekiwać zrozumienia ze strony szefa lub kolegów w pracy. Przypuszczalnie będą kpić z twoich wyjaśnień, wygłaszając komentarze typu: „Tom boi się bułek!”).

Choć objawy odstawienia pszenicy mogą być irytujące, a nawet sprawiać, że będziesz warczeć na bliskich i współpracowników, to są nieszkodliwe. Poza opisanymi powyżej nigdy nie odnotowałem żadnych niepożądanych skutków bezpszennej diety ani o nich nie słyszałem. Rezygnacja z tostu lub babeczki może być trudna, może się wiązać z mnóstwem emocjonalnych problemów, apetyt na pewne produkty może powracać okresowo przez miesiące, a nawet lata – ale to nie jest szkodliwe dla zdrowia ani niebezpieczne.

Na szczęście te objawy nie występują u wszystkich w pełnym nasileniu. Niektórzy ludzie w ogóle ich nie doświadczają i nie wiedzą, skąd tyle zamieszania. Są tacy, którzy potrafią rzucić palenie z dnia na dzień. Tak samo jest z pszenicą.

NIE MA POWROTU

Jeszcze jedna rzecz wymaga wyjaśnienia: kiedy już będziesz stosować dietę bezpszenną przez kilka miesięcy, bez trudu przekonasz się, że ponowne spożycie pszenicy wywołuje niepożądane skutki, od bólu stawów, aż po ataki astmy i zaburzenia żołądkowo-jelitowe. Mogą one się zdarzyć bez względu na to, czy objawy odstawienia występowały u ciebie czy nie. Najczęstszymi objawami „zespołu powrotu" są gazy, wzdęcia, skurcze i biegunka. Trwa to od 6 do 48 godzin. Prawdę mówiąc, zaburzenia gastryczne wynikłe z ponownego kontaktu z pszenicą przypominają pod wieloma względami ostre zatrucie pokarmowe, jak w przypadku spożycia nieświeżego mięsa.

Następnym powszechnym zjawiskiem związanym z powrotem do pszenicy są bóle stawów podobne do tych, jakie wywołuje artretyzm. To tępy ból, który pojawia się zazwyczaj w wielu stawach, takich jak łokcie, barki i kolana, i może trwać przez kilka dni. Niektóre osoby doświadczają ataków astmy na tyle poważnych, że przez jakiś czas mogą potrzebować inhalatora. Często zdarzają się także zmiany zachowania i nastroju, od przygnębienia i znużenia, po niepokój i gniew (zazwyczaj u mężczyzn).

Nie jest jasne, dlaczego do tych objawów dochodzi, gdyż nie poświęcono temu żadnych badań. Podejrzewam, że wynika to

PRZYBYŁO MI CZTERNAŚCIE KILOGRAMÓW OD JEDNEGO CIASTECZKA!

Nie, to nie jest nagłówek z tabloidu, jedna z sensacji typu „Mieszkanka Nowego Jorku adoptuje kosmitę!". Dla osób, które zrezygnowały z pszenicy, nie ma w tym nic niewiarygodnego.

Ludziom podatnym na uzależniające działanie pszenicy wystarczy jedno ciasteczko, krakers lub precelek w chwili słabości. Kanapka na przyjęciu w biurze lub kilka słonych paluszków na koszt firmy w barze to uruchomienie impulsu. Kiedy zaczniesz, nie możesz skończyć – więcej ciasteczek, więcej krakersów, a potem płatki na śniadanie, kanapki na lunch, w przerwach krakersy, makaron i bułki na obiad itd. Jak każdy nałogowiec, usprawiedliwiasz swoje zachowanie: „To nie może być aż takie złe. Przecież ten przepis jest wzięty z artykułu na temat zdrowego jedzenia". Albo: „Dziś sobie pozwolę, ale od jutra koniec z tym". Zanim się obejrzysz, odzyskujesz wszystkie utracone kilogramy w ciągu kilku tygodni. Widywałem ludzi, którzy tyli o piętnaście, dwadzieścia, a nawet trzydzieści kilogramów, zanim udawało im się położyć temu kres.

Niestety, te same osoby, którym najtrudniej przyszło zerwanie z pszenicą, są też najbardziej narażone na takie powroty. Nieposkromiona konsumpcja może być skutkiem nawet najdrobniejszej, „nieszkodliwej" pobłażliwości. Ludzie niepodatni na ten efekt mogą traktować to sceptycznie, ale ja widziałem takie rzeczy u setek pacjentów. Osoby wrażliwe wiedzą dobrze, co to oznacza.

Z wyjątkiem zażywania leków blokujących opiaty, takich jak naltrekson, nie ma łatwego i zdrowego sposobu ominięcia tego niemiłego, ale koniecznego etapu. Ludzie mający skłonności do ulegania pokusom powinni po prostu uważać i nie dopuszczać do tego, żeby mały diabełek siedzący im na ramieniu szeptał: „No, dalej! To tylko jedno małe ciasteczko".

ze stanu zapalnego o niskim natężeniu, który może pojawiać się w różnych narządach podczas konsumpcji pszenicy. Po jej odstawieniu zapalenie znika, a po ponownym kontakcie z tym zbożem rozpala się na nowo. Przypuszczam, że zmiany zachowania i nastroju wynikają z obecności lub braku egzorfin, podobnie jak u pacjentów ze schizofrenią w eksperymentach z Filadelfii.

Najlepszy sposób uniknięcia efektów związanych z ponownym kontaktem z pszenicą polega na tym, żeby do niej nie wracać.

A CO Z INNYMI WĘGLOWODANAMI?

Co ci zostanie, kiedy już usuniesz pszenicę ze swojej diety? Wyeliminuj pszenicę, a pozbędziesz się źródła problemu, który jest oczywisty w dietach ludzi jedzących skądinąd zdrowo. Pszenica jest naprawdę najgorszym z paskudnych węglowodanów. Inne związki z tej grupy też mogą działać niekorzystnie, aczkolwiek na mniejszą skalę w porównaniu z pszenicą.

Uważam, że wszyscy mamy za sobą czterdziestoletni okres nadmiernej konsumpcji węglowodanów. Upajając się przetworzonymi produktami, które zalegają półki supermarketów, poczynając od lat 70. XX wieku, pozwalaliśmy sobie na śniadania, lunche, obiady i przekąski pełne węglowodanów. W rezultacie od dziesięcioleci jesteśmy narażeni na ogromne wahania poziomów cukru we krwi oraz glikację, coraz większą insulinooporność, wzrost tłuszczu trzewnego oraz reakcje zapalne. To wszystko sprawia, że nasza zmęczona, rozbita trzustka nie może nadążyć za zwiększonym popytem na insulinę. Ciągłe wyzwania stawiane słabnącej trzustce przez węglowodany prowadzą nas do stanów przedcukrzycowych i cukrzycy, nadciśnienia, nieprawidłowych lipidów (niskiego HDL, wysokich trójglicerydów i małych cząsteczek LDL), zapalenia stawów, chorób serca, udarów i innych konsekwencji zdrowotnych.

Dlatego uważam, że oprócz eliminacji pszenicy korzystna jest również ogólna redukcja węglowodanów. Pomaga ona złagodzić wszystkie zjawiska związane z wieloletnim objadaniem się tymi związkami.

Jeżeli poza odstawieniem pszenicy chcesz uniknąć szkodliwych działań wywoływanych przez inne pokarmy, takich jak pobudzanie apetytu, wypaczanie poziomów insuliny i tworzenie małych cząsteczek LDL, albo jednym z celów zdrowotnych, jakie przed sobą stawiasz, jest znacząca utrata wagi, pomyśl o ograniczeniu lub wyeliminowaniu następujących produktów:

• **Mąka kukurydziana** – produkty z mąki kukurydzianej, takie jak tacos, tortille, chipsy i chleby kukurydziane, płatki śniadaniowe oraz sosy zagęszczane mąką kukurydzianą.

• **Przekąski** – chipsy ziemniaczane, ciasteczka ryżowe, popcorn. Te produkty, podobnie jak poprzednia grupa, przenoszą poziom cukru we krwi prosto do stratosfery.

• **Desery** – placki, ciastka, ciasteczka, lody, sorbety i inne słodkości zawierają zbyt wiele cukru.

• **Ryż** – biały lub brązowy, a także dziki ryż. Niewielkie porcje są stosunkowo nieszkodliwe, natomiast duże (powyżej ½ szklanki) wpływają niekorzystnie na poziom cukru we krwi.

• **Ziemniaki** – białe, czerwone, bataty, pochrzyn wpływają na organizm tak samo jak ryż.

• **Rośliny strączkowe** – różne odmiany fasoli, ciecierzyca, groch, soczewica. Podobnie jak ziemniaki i ryż, mogą wpływać na poziom cukru, zwłaszcza w przypadku porcji większych niż ½ szklanki.

• **Produkty bezglutenowe** – ze względu na różne rodzaje skrobi używanej do ich wyrobu zamiast pszenicy (kukurydziana, ryżowa, ziemniaczana, z tapioki) wywołują silne wzrosty poziomu cukru we krwi i należy ich unikać.

• **Soki owocowe, napoje bezalkoholowe** – nawet naturalne soki z owoców nie oddziałują korzystnie na zdrowie. Choć zawierają zdrowe składniki, takie jak flawonoidy i witaminę C, ilość cukru jest w nich po prostu za duża. Małe porcje, rzędu 50–150 ml, są na ogół dopuszczalne, ale większe ilości wpływają na poziom cukru we krwi. Napoje bezalkoholowe, zwłaszcza gazowane, są bardzo niezdrowe głównie ze względu na dodawane do nich cukry, syrop kukurydziany z wysoką zawartością fruktozy i barwniki, oraz szczególnie wysokie wyzwanie kwasowe, jakie stanowią z powodu obecności kwasu węglowego, powstającego na skutek ich nasycenia CO_2.

- **Suszone owoce** – takie jak żurawina, rodzynki, figi, daktyle i morele.

- **Inne zboża** – zboża takie jak komosa ryżowa, sorgo, gryka, proso i być może także owies nie wpływają na układ odpornościowy oraz wytwarzanie egzorfin w sposób podobny do pszenicy, stanowią jednak poważne obciążenie węglowodanowe, wystarczające do podwyższenia poziomu cukru we krwi. Uważam, że są bezpieczniejsze od pszenicy, ale tylko w małych porcjach (nie większych niż ½ szklanki), powodujących minimalny wzrost poziomu cukru.

Tłuszcze nie wywierają takich negatywnych skutków jak pszenica, nie ma więc potrzeby ich ograniczania. Jednak niektóre tłuszcze i tłuste potrawy naprawdę nie powinny wchodzić w skład niczyjej diety. Należą do nich tłuszcze uwodornione (trans) w żywności przetworzonej, oleje ze smażenia, zawierające nadmiar produktów ubocznych utleniania i wpływające na powstawanie cząsteczek AGE, oraz wędzone mięsa, na przykład kiełbasy, bekon, parówki, salami itd. (azotan(III) sodu i AGE).

DOBRE WIEŚCI

Co w takim razie możesz jeść?
Istnieje kilka podstawowych zasad, którymi można z powodzeniem kierować się w bezpszennej kampanii.

Jedz warzywa. Zresztą, już o tym wiesz. Choć nie jestem entuzjastą obiegowych mądrości, to w tej sprawie są one absolutnie słuszne: warzywa, w całej swojej cudownej różnorodności, są najlepszymi pokarmami na naszej planecie. Obfitują w składniki pokarmowe, takie jak flawonoidy i błonnik, toteż powinny stanowić główny element każdej diety. Przed rewolucją rolniczą ludzie polowali na zwierzęta, a pozostałe pożywienie zbierali. W ich diecie były dzika cebula, czosnaczek, grzyby, mniszek lekarski, portulaka i wiele, wiele innych. Każdy, kto mówi: „Nie lubię warzyw", grzeszy tym, że nie spróbował ich wszystkich. Świat warzyw nie kończy się na purée z kukurydzy i groszku z puszki. Nie można czegoś nie lubić, jeśli się tego nie próbowało. Niewiarygodne bogactwo smaków i konsystencji oraz ogromna różnorodność warzyw sprawiają, że każdy może coś dla siebie wybrać, od bakłażana krojonego w plastry i smażonego na oliwie z mięsistymi pieczarkami, poprzez sałatkę caprese z plastrów pomidorów i mozzarelli, świeżej bazylii i oliwy z oliwek, aż po rzodkiew japońską z marynowanym imbirem, podawaną do ryby. Wyjdź poza swoje przyzwyczajenia. Poznaj grzyby, takie jak shiitake i borowiki. Ozdabiaj swoje dania roślinami cebulowymi – szalotką, czosnkiem, porami, młodą cebulką i szczypiorkiem. Warzyw nie powinno się jeść wyłącznie na obiad. Pomyśl o nich przy każdym posiłku, ze śniadaniem włącznie.

Jedz trochę owoców. Zauważ, że nie napisałem: „Jedz owoce i warzywa". To dlatego, że one nie stanowią pary, wbrew obiegowej frazie, która wciąż wymyka się z ust dietetyków oraz innych osób myślących w konwencjonalny sposób. Podczas gdy warzyw powinno się jeść tyle, ile dusza zapragnie, owoce należy spożywać w ograniczonych ilościach. To jasne, że zawierają one zdrowe składniki, takie jak flawonoidy, witamina C i błonnik. Lecz owoce, zwłaszcza te, które są poddawane działaniu herbicydów, nawozów i gazów, a także krzyżowaniu i hybrydyzacji, stały się zbyt bogate w cukier. Całoroczny dostęp do owoców zawierających za wiele cukru może nasilić tendencje cukrzycowe.

Mówię pacjentom, że małe porcje, na przykład 8–10 jagód, dwie truskawki, kilka ćwiartek jabłka lub pomarańczy, są w porządku, ale większe ilości za bardzo podwyższają poziom cukru. Owoce jagodowe (jagody, jeżyny, truskawki, żurawiny) oraz czereśnie i wiśnie zajmują pierwsze miejsca na liście, gdyż zawierają najwięcej składników odżywczych, a najmniej cukrów, natomiast banany, ananasy, mango i papaje należy ograniczać w sposób szczególny ze względu na wysoką zawartość cukru.

Jedz nieprażone orzechy. Migdały, orzechy włoskie, laskowe i brazylijskie, pistacje i nerkowce są cudowne. Możesz ich jeść tyle, ile zechcesz. Są sycące, pełne błonnika, jednonienasyconych tłuszczów i białka. Obniżają ciśnienie krwi, redukują cholesterol LDL (w tym małe cząsteczki LDL) i jeśli będziesz je zjadać kilka razy w tygodniu, możesz sobie dodać dwa lata życia[2].

Nie przesadzisz z orzechami, o ile nie są prażone. (Pisząc „prażone", mam na myśli smażenie z dodatkiem oleju bawełnianego lub sojowego, pieczenie w miodzie oraz poddawanie wszelkim innym rodzajom obróbki termicznej, która zamienia zdrowe surowe orzechy w coś, co powoduje tycie, wysokie ciśnienie krwi i podwyższa poziom cholesterolu LDL). Tu nie chodzi o „nie więcej niż czternaście orzechów za jednym razem" albo o paczuszkę zawierającą sto kalorii, jak zalecają dietetycy obawiający się spożycia tłuszczu. Wielu ludzi nie zdaje sobie sprawy z tego, że można jeść, a nawet kupić nieprażone orzechy. Są szeroko dostępne w działach sprzedaży hurtowej sklepów spożywczych, w półtorakilogramowych pudłach sprzedawanych w sieciach takich jak Sam's Club i Costco oraz w sklepach ze zdrową żywnością. Orzeszki ziemne nie są, rzecz jasna, orzechami, tylko roślinami strączkowymi, i nie da się ich spożywać na surowo. Powinno się je gotować albo prażyć na sucho. Na etykietce kupowanych orzechów nie powinno być takich składników, jak uwodorniony olej sojowy, mąka pszenna, maltodekstryna, mąka kukurydziana, sacharoza – tylko orzeszki.

Nie żałuj sobie olejów. Ograniczanie spożycia olejów jest zupełnie niepotrzebne i stanowi część żywieniowych pomyłek z minionych czterdziestu lat. Używaj obficie zdrowych tłuszczów, takich jak oliwa extra virgin, olej kokosowy, olej z awokado i masło kokosowe, a unikaj wielonienasyconych, na przykład oleju słonecznikowego, kukurydzianego, oleju z krokosza i olejów tzw. roślinnych (wywołujących utlenianie i stany zapalne). Staraj się ograniczać obróbkę cieplną i smaż w niskich temperaturach; nigdy nie smaż w głębokim tłuszczu, ponieważ powoduje to silne utlenianie, prowadzące do powstawania między innymi cząsteczek AGE.

Jedz mięso i jajka. Tłuszczofobia z minionych czterdziestu lat kazała nam odwrócić się od produktów takich jak jajka, polędwica wołowa czy wieprzowina ze względu na zawarty w nich tłuszcz nasycony – ale ten tłuszcz nigdy nie był problemem. To węglowodany w połączeniu z tłuszczem nasyconym sprawiają, że ilość cząsteczek LDL szybuje pod niebo. Większym problemem były zatem węglowodany niż nasycony tłuszcz. Prawdę mówiąc, nowe badania oczyściły tłuszcz nasycony z zarzutów o to, że jest podstawową przyczyną zawałów serca i udarów[3]. Pozostaje kwestia egzogennych AGE, które towarzyszą produktom zwierzęcym. AGE rzeczywiście są niezdrowymi składnikami produktów zwierzęcych, ale nie tłuszcz nasycony. Ograniczenie narażenia na egzogenne AGE w tych pokarmach to kwestia przyrządzania ich w niższych temperaturach i przez krótszy czas, o ile jest to tylko możliwe.

Staraj się kupować mięso zwierząt karmionych trawą (które zawiera więcej kwasów tłuszczowych omega-3 i będzie zapewne w mniejszym stopniu napakowane antybiotykami oraz hormonem wzrostu), najlepiej hodowanych w humanitarnych warunkach, a nie na przemysłowych farmach przypominających Auschwitz. Nie smaż mięsa (wysokie temperatury prowadzą do utleniania tłuszczów i powstawania AGE) i całkowicie zrezygnuj z mięs wędzonych.

Jedz także jajka. Beż żadnych ograniczeń typu „jedno jajko tygodniowo". Jedz tyle, ile domaga się twój organizm, bo kiedy już uwolnisz się od substancji pobudzających apetyt, takich jak mąka pszenna, twoje ciało samo będzie dawać ci znać, czego potrzebuje. **Jedz produkty mleczarskie.** Delektuj się serami, stanowiącymi kolejną cudownie zróżnicowaną grupę artykułów żywnościowych. Pamiętaj, że tłuszcz nie stanowi problemu, możesz więc spożywać pełnotłuste sery szwajcarskie, edamskie i cheddar, jak również egzotyczne gatunki, takie jak Stilton, Crotin du Chavignol czy Comté. Sery stanowią doskonałe przekąski, ale mogą też być podstawą posiłku.

Inne produkty mleczarskie, takie jak twaróg, jogurt, mleko i masło, powinny być spożywane w umiarkowanych ilościach, nie większych niż jedna lub dwie porcje dziennie. Uważam, że dorośli powinni ograniczyć ilość produktów mleczarskich, z wyjątkiem serów, ze względu na insulinotropowe działanie białek mleka, czyli ich tendencję do zwiększania wydzielania insuliny przez trzustkę[4]. (Proces fermentacji, niezbędny przy produkcji serów dojrzewających, ogranicza ilość aminokwasów odpowiedzialnych za to działanie). Produkty mleczarskie również należy spożywać w jak najmniej przetworzonej formie. Zamiast sięgać po jogurt słodzony syropem kukurydzianym, wybierz pełnotłusty jogurt naturalny.

Większość ludzi z nietolerancją laktozy może spożywać przynajmniej niewielkie ilości sera, o ile jest to ser prawdziwy, poddany procesowi fermentacji. (Prawdziwy ser rozpoznaje się po słowach „żywe kultury", występujących na liście składników. Oznaczają one, że do fermentacji mleka użyto żywych organizmów). Fermentacja ogranicza zawartość laktozy w gotowym produkcie mleczarskim. Ludzie nietolerujący laktozy mogą również wybierać produkty mleczarskie z dodatkiem laktazy albo zażywać ten enzym w formie suplementu.

Temat produktów sojowych niesie z sobą zaskakujący ładunek emocjonalny. Sądzę, że dzieje się tak głównie dlatego, iż soja, podobnie jak pszenica, rozpowszechniła się w rozmaitych formach w przetworzonych produktach spożywczych, a także z tego względu, że poddaje się ją wielu modyfikacjom genetycznym.

PODEJŚCIE DO ŻYWIENIA Z MYŚLĄ O OPTYMALNYM ZDROWIU

Przemiana materii u większości dorosłych to jeden wielki bałagan wynikający w znacznym stopniu z nadmiernego spożycia węglowodanów. Wyeliminowanie źródła najgorszego z nich, czyli pszenicy, znacząco poprawia sytuację. Jednak istnieją też inne źródła węglowodanów, które należy minimalizować lub eliminować, jeśli chce się zachować pełną kontrolę. Oto podsumowanie wiadomości na ich temat.

Spożywaj w nieograniczonych ilościach:

Warzywa (z wyjątkiem ziemniaków i kukurydzy) – w tym także zioła, kabaczki.

Grzyby.

Nieprażone orzechy i ziarna – migdały, orzechy włoskie, laskowe i brazylijskie, pekany, pistacje, nerkowce, makadamie, orzeszki ziemne (gotowane lub prażone na sucho), pestki słonecznika i dyni, ziarno sezamu, mączki orzechowe.

Tłuszcze – oliwa extra virgin, olej z awokado, masła orzechowe (z orzechów włoskich, kokosowych, makadamii), masło kakaowe i sezamowe, siemię lniane.

Mięsa i jajka – kurczaki i indyki najlepiej z hodowli wybiegowej i organicznej, wołowinę, wieprzowinę, mięso strusi, dziczyznę, ryby, skorupiaki, jajka (łącznie z żółtkami).

Sery.

Dodatki do potraw bez zawartości cukru – musztardy, chrzan, tapenady, salsy, majonez, octy (spirytusowy, winny, owocowy, balsamiczny), sos Worcestershire, sos sojowy, sosy paprykowe i chili.

Inne: siemię lniane (mielone), awokado, oliwki, kokosy, przyprawy korzenne, kakao (niesłodzone).

Spożywaj z umiarem:

Produkty mleczne z wyjątkiem serów – mleko, twarogi, jogurt, masło.

Ponieważ obecnie w praktyce nie można orzec, które produkty zawierają modyfikowaną soję, doradzam pacjentom spożywanie jej w umiarkowanych ilościach, najlepiej w postaci przefermentowanej, takiej jak tofu, tempeh, miso i natto, gdyż fermentacja powoduje w soi rozkład lektyn i kwasu fitowego, substancji, które

Owoce – najlepsze są owoce jagodowe (jagody, maliny, borówki, truskawki, żurawiny) oraz wiśnie i czereśnie. Uważaj z tymi, które zawierają najwięcej cukru, takimi jak ananasy, papaje, mango i banany. Unikaj owoców suszonych, zwłaszcza fig i daktyli, ze względu na nadmierną zawartość cukru.

Ziarna kukurydzy (nie wolno ich mylić z mąką kukurydzianą, której należy unikać).

Soki owocowe.

Zboża niezawierające glutenu – komosa ryżowa, proso, sorgo, miłka abisyńska, szarłat, gryka, ryż (brązowy i biały) owies, dziki ryż.

Rośliny strączkowe i bulwy – wszelkie odmiany fasoli, soczewica, cieciorzyca, ziemniaki, bataty, pochrzyn.

Produkty sojowe – tofu, tempeh, miso, natto, edamame, ziarna soi.

Spożywaj rzadko lub nigdy:

Produkty pszenne – chleby, makarony, ciasteczka, ciasta, placki, babeczki, płatki śniadaniowe, naleśniki, gofry, pita, kuskus.

Produkty z żyta, jęczmienia i pszenżyta.

Niezdrowe tłuszcze – smażone, uwodornione, wielonienasycone (zwłaszcza olej kukurydziany, słonecznikowy, szafranowy, z pestek winogron, bawełniany i sojowy).

Produkty bezglutenowe – zwłaszcza te z zawartością mąki kukurydzianej, ryżowej, ziemniaczanej lub z tapioki.

Suszone owoce – figi, daktyle, śliwki, rodzynki, żurawiny.

Potrawy smażone.

Słodkie przekąski – cukierki, lody, sorbety, galaretki owocowe, batony energetyczne.

Substancje słodzące na bazie fruktozy – syrop lub nektar z agawy, miód, syrop klonowy, syrop kukurydziany z wysoką zawartością fruktozy, sacharoza.

Słodkie dodatki do potraw – żelki, marmolady, dżemy, keczup (jeśli zawiera syrop glukozowo-fruktozowy), sos chutney.

mogą niekorzystnie wpływać na jelita. Mleko sojowe może być przydatnym zamiennikiem mleka krowiego u osób z nietolerancją laktozy, ale uważam, że z podanych wyżej powodów należy je spożywać w ograniczonych ilościach. Podobne środki ostrożności dotyczą całych ziaren soi oraz edamame.

Inne drobiazgi. Oliwki (zielone, kalamata, faszerowane, w occie i w oliwie), awokado, marynowane warzywa (szparagi, papryka, rzodkiew, pomidory) oraz nieprażone ziarna (dyni, słonecznika, sezamu) należą do żywieniowych drobiazgów zapewniających różnorodność. Ważne jest to, żeby wybierając produkty, wykraczać poza swoje nawyki. Sukces diety wynika bowiem po części z jej różnorodności, która pozwala zapewnić organizmowi mnóstwo witamin, minerałów, błonnika oraz innych substancji odżywczych. (I na odwrót – wiele współczesnych diet komercyjnych kończy się porażką po części dlatego, że brak w nich rozmaitości. Obecny zwyczaj skupiania źródeł kalorii w jednej grupie produktów – na przykład pszennych – oznacza niedobór wielu składników pokarmowych, co rodzi potrzebę uzupełnień).

Dodatki są dla żywności tym, czym ciekawe osobowości dla spotkania towarzyskiego – potrafią wywołać szeroką gamę emocji oraz skłonić do śmiechu. Miej pod ręką zapas chrzanu, wasabi i musztard (Dijon, brązowej, chińskiej, chrzanowej oraz innych, o charakterze regionalnym) i obiecaj sobie, że nigdy więcej nie użyjesz keczupu (zwłaszcza takiego z dodatkiem syropu kukurydzianego o wysokiej zawartości fruktozy). Znakomite do bakłażanów, jajek lub ryb są tapenady (pasty zrobione z oliwek, kaparów, karczochów, pieczarek i pieczonego czosnku). Można je kupić, oszczędzając czas i wysiłek. Zapewne znasz też sosy salsa, których szeroką gamę można kupić albo przyrządzić samemu w ciągu kilku minut, używając miksera.

Przyprawy nie powinny zaczynać się i kończyć na soli i pieprzu. Zioła oraz korzenie nie tylko urozmaicają potrawy, ale też uzupełniają posiłki o cenne substancje odżywcze. Świeże bądź suszone – bazylia, oregano, cynamon, kminek, gałka muszkatołowa oraz dziesiątki innych przypraw roślinnych – są szeroko dostępne w każdym dobrze zaopatrzonym sklepie spożywczym.

Produkty takie jak bulgur, kasza jęczmienna, pszenżyto i żyto dzielą spuściznę genetyczną z pszenicą, toteż mogą wywoływać, przynajmniej częściowo, podobne skutki i dlatego należy ich unikać. Inne zboża, na przykład owies (dla części osób nietolerujących glutenu, zwłaszcza tych, które cierpią na choroby o podłożu immunologicznym, takie jak celiakia, nawet owies zalicza się do kategorii zakazanych pokarmów*), komosa ryżowa, proso, szarłat, miłka abisyńska, szałwia hiszpańska i sorgo są zasadniczo węglowodanami niewpływającymi na układ odpornościowy albo mózg w taki sposób jak pszenica. Choć nie są tak niepożądane jak ona, to jednak zbierają swoje metaboliczne żniwo, dlatego najlepiej używać ich wtedy, kiedy objawy wycofania pszenicy już miną, cele związane z utratą wagi zostaną osiągnięte i można sobie pozwolić na pewne rozluźnienie diety. Jeśli należysz do osób mogących silnie uzależnić się od pszenicy, musisz ostrożnie podchodzić także do tych zbóż. Ponieważ obfitują w węglowodany, wyraźnie podwyższają poziom cukru u niektórych, choć nie u wszystkich osób. Płatki owsiane na przykład, bez względu na to, jak są produkowane i przyrządzane, wywołają niebotyczny wzrost poziomu cukru we krwi. Wymienione tu zboża nie powinny dominować w żadnej diecie i wcale nie są ci potrzebne, chociaż większość ludzi może pozwolić sobie na ich spożywanie w umiarkowanych ilościach (np. ¼–½ szklanki). Wyjątek: jeżeli masz stwierdzoną wrażliwość na gluten, musisz skrupulatnie unikać żyta, jęczmienia, bulguru, pszenżyta, kamutu i być może także owsa.

W świecie ziaren jedno zajmuje pozycję wyjątkową, gdyż składa się wyłącznie z białka, błonnika i tłuszczu. To siemię lniane. Ponieważ w zasadzie nie zawiera ono węglowodanów, które podwyższają poziom cukru we krwi, mielone siemię lniane doskonale wpisuje się w podejście do diety opisywane w tej książce (niemielone siemię jest niestrawne). Używaj mielonego siemienia jako płatków śniadaniowych na gorąco (na przykład z mlekiem krowim, niesłodzonym mleczkiem migdałowym, mlekiem kokosowym albo sojowym, z dodatkiem orzechów włoskich lub jagód)

---

* Wyjątek stanowi specjalny owies bezglutenowy dostępny na polskim rynku – przyp. red.

albo dodawaj je do twarożku bądź gulaszu. Możesz je również stosować jako panierkę do kurczaka lub ryb.

Podobne środki ostrożności, jak w przypadku zbóż niebędących pszenicą, dotyczą roślin strączkowych (z wyjątkiem orzeszków ziemnych). Wszelkie rodzaje fasoli oraz inne rośliny strączkowe bogate w skrobię zawierają zdrowe składniki, takie jak białko i błonnik, lecz ładunek węglowodanów, jaki ze sobą niosą, może być nadmierny w wypadku spożywania ich w większych ilościach. Porcja fasoli o objętości 1 szklanki zawiera zazwyczaj 30–50 gramów węglowodanów, co u wielu osób może znacząco wpłynąć na poziom cukru we krwi. Z tego względu, podobnie jak w przypadku zbóż innych niż pszenica, wskazane jest spożywanie niewielkich porcji ($\frac{1}{2}$ szklanki).

Napoje. To może zakrawać na ascezę, ale woda powinna być tym, po co sięgasz w pierwszej kolejności. Możesz się delektować wszelkimi sokami owocowymi w niewielkich ilościach, ale raczej unikaj napojów owocowych i bezalkoholowych. Dozwolone są herbaty i kawa oraz wyciągi z produktów roślinnych – możesz pić je z mlekiem krowim lub bez, ze śmietaną, mlekiem kokosowym lub pełnotłustym mlekiem sojowym. Jeśli mam powiedzieć coś dobrego o napojach alkoholowych, to naprawdę wyróżnia się wśród nich czerwone wino, źródło flawonoidów, antocyjanów i popularnego ostatnio resweratrolu. Natomiast piwo, produkowane najczęściej na bazie pszenicy, zalicza się do tych napojów, których należy unikać lub ograniczać. Ponadto piwa, zwłaszcza te mocniejsze oraz ciemne, obfitują zazwyczaj w węglowodany. Jeżeli masz pozytywne wyniki badań na markery celiakii, należysz do osób, które w ogóle nie powinny pić piwa zawierającego pszenicę lub gluten.

Niektórzy ludzie po prostu muszą czuć krzepiący smak potraw zawierających pszenicę, ale nie chcą prowokować problemów zdrowotnych. W przykładowym jadłospisie, który zaczyna się na stronie 251, przedstawiam pewną liczbę bezpszennych zamienników, takich jak pizza bez pszenicy oraz chleb i muffinki niezawierające tego zboża. (Wybór przepisów można znaleźć w Dodatku B).

Trzeba przyznać, że wegetarianie będą mieli trochę trudniej, zwłaszcza ci ortodoksyjni, nie mówiąc już o weganach, którzy nie jadają jajek, produktów mlecznych i ryb. Ale i to da się zrobić. Osoby podchodzące do wegetarianizmu w sposób rygorystyczny muszą w większym stopniu opierać swoje żywienie na orzechach, mączkach orzechowych, ziarnach, masłach z orzechów i ziaren oraz olejach, owocach awokado i oliwkach. Mogą też podchodzić trochę swobodniej do obfitującej w węglowodany fasoli, soczewicy, ciecierzycy, dzikiego ryżu, szałwii hiszpańskiej oraz batatów. Jeżeli są w stanie kupić produkty z soi, która nie jest modyfikowana genetycznie, to kolejnymi bogatymi źródłami białka mogą być dla nich tofu, tempeh i natto.

JAK ZACZĄĆ – TYDZIEŃ BEZPSZENNEGO ŻYCIA

Jako że pszenica zajmuje ważne miejsce w świecie „produktów poprawiających nastrój", wypełnia dania gotowe i ogólnie rzecz biorąc panoszy się w naszych śniadaniach, lunchach i obiadach, niektórym ludziom trudno sobie wyobrazić życie bez niej. Obywanie się bez pszenicy może wydawać się wręcz przerażające.

Zwłaszcza śniadanie zbija z tropu wiele osób. W końcu, jeśli wyeliminujemy pszenicę, pozbawimy się płatków śniadaniowych, tostów, muffinek, obwarzanków, naleśników, gofrów i pączków. Co nam zatem zostaje? Mnóstwo. Ale to niekoniecznie będą znajome produkty śniadaniowe. Jeśli uznasz śniadanie za zwyczajny posiłek, który nie różni się od lunchu lub obiadu, możliwości są nieograniczone.

Mielone siemię lniane oraz mielone orzechy (migdały, orzechy laskowe i włoskie, pekany) mogą wspaniale odgrywać rolę płatków śniadaniowych na gorąco, jeśli poda się je z podgrzanym mlekiem krowim, sojowym lub kokosowym, ewentualnie wodą albo niesłodzonym mleczkiem migdałowym, posypane orzechami włoskimi, nieprażonymi ziarnami słonecznika i jagodami bądź innymi owocami jagodowymi. Jajka to powrót do śniadań w pełnej krasie – sadzone, gotowane na twardo lub na miękko, albo w postaci jajecznicy. Dodając do jajecznicy pesto z bazylii, oliwkową tapenadę, siekane warzywa, grzyby, ser kozi, oliwę z oliwek, drobno krojone mięso (ale nie wędzony boczek, kiełbasę albo salami), uzyskasz nieskończoną rozmaitość potraw. Zamiast miseczki płatków śniadaniowych z sokiem pomarańczowym zjedz sałatkę caprese z plastrów pomidorów przekładanych mozzarellą, przybranych listkami bazylii i skropionych oliwą extra virgin. Albo odłóż trochę sałatki na jutro, aby zjeść ją na śniadanie. Jeśli się spieszysz, weź kawałek sera, awokado, woreczek pekanów i garść malin. Albo wypróbuj metodę, którą ja nazywam „obiad na śniadanie", jedząc rankiem potrawy powszechnie uważane za dania na lunch lub obiad. Niedoinformowany obserwator może uznać to za dziwactwo, ta prosta strategia jest jednak wyjątkowo skutecznym sposobem na to, by pierwszy posiłek dnia był zdrowy.

Oto próbka tego, jak wygląda tydzień na diecie bezpszennej. Zauważ, że po wyeliminowaniu pszenicy i zachowaniu rozsądnego podejścia do diety – polegającego na doborze potraw, w których nie dominują produkty przemysłu spożywczego, tylko p r a w d z i w e pokarmy – nie ma potrzeby liczenia kalorii czy też trzymania się formuł dyktujących, jaki odsetek kalorii ma pochodzić z tłuszczu lub białka. Te sprawy „załatwiają się" po prostu same (o ile nie chorujesz na coś, co wymaga specjalnych ograniczeń, na przykład na dnę moczanową, kamicę nerkową albo niewydolność nerek). W przypadku „diety pszennego brzucha" nie usłyszysz rad nakazujących picie chudego lub odtłuszczonego mleka albo zjadanie najwyżej stu gramów mięsa, bo takie wyrzeczenia są po prostu niepotrzebne, kiedy przemiana materii powróci do normy – a dochodzi do tego prawie zawsze po odstawieniu pszenicy wypaczającej metabolizm.

Jedynym regulowanym elementem w tym podejściu do diety jest ilość zawartych w niej węglowodanów. Ze względu na nadmierną wrażliwość na te związki, nabywaną przez większość dorosłych podczas długich lat ich nadmiernego spożywania, uważam, że ich konsumpcję należy ograniczyć do mniej więcej 50–100 gramów dziennie. Jeśli próbujesz wyjść ze stanu przedcukrzycowego lub z cukrzycy, konieczne może być jeszcze ściślejsze ograniczenie węglowodanów (na przykład do nie więcej niż 30 gramów dziennie), natomiast jeśli dużo ćwiczysz (dotyczy to maratończyków, triatlonistów, kolarzy), w okresach treningów będziesz potrzebować większej dawki węglowodanów.

Podane wielkości porcji to tylko propozycje, a nie nakazy. Wszystkie dania, na które przepisy zostały podane w Dodatku B, są wyróżnione tłustym drukiem i oznaczone gwiazdką (*). Dodatek B zawiera też wiele innych przepisów. Pamiętaj także o tym, że każdy, kto choruje na celiakię bądź inną formę nietolerancji glutenu, musi zrobić dodatkowy krok i sprawdzić wszystkie składniki podane w tym menu oraz jadłospisach pod kątem ich bezglutenowości. Wolne od glutenu wersje podawanych tu składników są na ogół szeroko dostępne.

DZIEŃ 1
Śniadanie
Gorące płatki kokosowo-siemieniowe*
Lunch
Duży pomidor faszerowany tuńczykiem lub mięsem krabów zmieszanym z posiekaną cebulką i majonezem
Zestaw oliwek, serów i marynowanych warzyw
Obiadokolacja
Bezpszenna pizza*

Mieszanka zielonych sałat (albo czerwonej i zielonej sałaty)
z cykorią, drobno pokrojonymi ogórkiem i rzodkiewką,
bezproblemowy sos ranczerski*
Ciasto marchewkowe*

DZIEŃ 2
Śniadanie
Jajecznica z 2 łyżkami stołowymi oliwy extra virgin, suszony-
mi pomidorami, pesto z bazylii i serem feta
Garść nieprażonych migdałów, orzechów włoskich, pekanów
lub pistacji
Lunch
Pieczone pieczarki z mięsem krabów i kozim serem
Obiadokolacja
Pieczony łosoś lub steki z tuńczyka z **sosem wasabi***
Sałatka ze szpinaku z orzechami włoskimi lub piniowymi,
posiekaną czerwoną cebulą, serem gorgonzola i **sosem
winegret***
Ciasteczka imbirowo-korzenne*

DZIEŃ 3
Śniadanie
Hummus z krojoną w plasterki zieloną papryką, selerem na-
ciowym, pochrzynem i rzodkiewką
„Chleb" jabłkowo-orzechowy* posmarowany kremowym
serem, naturalnym masłem orzechowym, migdałowym,
z nerkowca lub z ziaren słonecznika
Lunch
Sałatka grecka z oliwkami (czarnymi lub kalamata), posie-
kanym ogórkiem, ćwiartkami pomidora i pokrojonym
w kostkę serem feta; oliwa extra virgin ze świeżym sokiem
cytrynowym albo **sos winegret***
Obiadokolacja
Pieczony kurczak albo **bakłażan zapiekany z trzema serami***

Makaron z cukinii z młodymi pieczarkami*
Mus z ciemnej czekolady i tofu*

DZIEŃ 4
Śniadanie
Klasyczny sernik z bezpszennym ciastem* (Tak, sernik na
śniadanie. Czy może być coś lepszego?)
Garść nieprażonych migdałów, orzechów włoskich, pekanów
lub pistacji
Lunch
Wrapy z indykiem i awokado* (wykorzystaj wrapy z siemie-
nia lnianego*)
Muesli*
Obiadokolacja
Kurczak w pekanach z pastą tapenade*
Dziki ryż
Szparagi z pieczonym czosnkiem i oliwą z oliwek*
Krówki z czekolady i masła orzechowego*

DZIEŃ 5
Śniadanie
Sałatka caprese (plastry pomidora przekładane mozzarellą,
z listkami bazylii i oliwą extra virgin)
„Chleb" jabłkowo-orzechowy* posmarowany śmietaną, na-
turalnym masłem orzechowym, migdałowym, z nerkowca
lub z ziaren słonecznika
Lunch
Sałatka z tuńczyka i awokado*
Ciasteczka imbirowo-korzenne*
Obiadokolacja
Smażony makaron shirataki*
Koktajl jagodowo-kokosowy*

DZIEŃ 6
Śniadanie
Kanapka typu wrap z jajkiem i pesto*
Garść nieprażonych migdałów, orzechów włoskich, pekanów
lub pistacji
Lunch
Zupa jarzynowa z dodatkiem siemienia lnianego lub oliwy
z oliwek
Obiadokolacja
**Kotlety wieprzowe panierowane w parmezanie z balsamicz-
nymi warzywami***
„Chleb" **jabłkowo-orzechowy*** z serem śmietankowym lub
masłem dyniowym

DZIEŃ 7
Śniadanie
Muesli*
„Chleb" **jabłkowo-orzechowy*** posmarowany naturalnym
masłem orzechowym, migdałowym, z nerkowca lub z zia-
ren słonecznika
Lunch
Sałatka ze szpinaku i grzybów* z **bezproblemowym sosem
ranczerskim***
Obiadokolacja
Lniane burrito: **wrapy z siemienia lnianego*** z czarną fasolą,
mieloną wołowiną, kurczakiem, wieprzowiną, indykiem
lub tofu, zieloną papryką, papryczką jalapeño, serem ched-
dar i salsą
Meksykańska zupa z tortillą*
Pochrzyn z sosem guacamole
Klasyczny sernik z bezpszennym ciastem*

Ten siedmiodniowy jadłospis jest trochę przeładowany potra-
wami, na które podaję przepisy, ale chcę przez to pokazać, jak

wiele jest sposobów przekształcenia typowych dań w jedzenie, które jest zdrowe i nie opiera się na pszenicy. Możesz równie dobrze stosować proste dania, wymagające niewiele planowania i przygotowań, np. jajecznicę i garść jagód oraz pekanów na śniadanie, a pieczoną rybę z zieloną sałatą na obiad.

Przyrządzanie posiłków bez pszenicy nie jest tak trudne, jak mogłoby się wydawać. Wkładając w gotowanie niewiele więcej wysiłku, niż wymaga wyprasowanie koszuli, możesz przygotować każdego dnia kilka prawdziwych posiłków, zapewniających różnorodność niezbędną dla zdrowia i wolnych od pszenicy.

MIĘDZY POSIŁKAMI

W ramach diety pszennego brzucha szybko zerwiesz ze zwyczajem podjadania, to znaczy spożywania wielu małych posiłków między kilkoma głównymi. Stanie się ono wkrótce pozostałością po twoim poprzednim, pszennym życiu, gdyż na twój apetyt nie będzie już wpływać glukozowo-insulinowa huśtawka głodu, której wahnięcie trwa od 90 do 120 minut. Mimo to przyjemnie jest przegryźć coś od czasu do czasu. W bezpszennym reżimie do zdrowych przekąsek należą:

Nieprażone orzechy – także w tym wypadku wybieraj orzechy, które nie były prażone, wędzone, smażone w miodzie albo lukrowane. (Pamiętaj, że orzeszki ziemne, które są roślinami strączkowymi, a nie orzechami, powinny być prażone na sucho).

Ser – sery nie kończą się na cheddarze. Talerz serów, nieprażonych orzechów i oliwek stanowi całkiem pokaźną przekąskę. Ser może wytrzymać co najmniej kilka godzin poza lodówką i dlatego jest znakomitą przekąską na wynos. Świat serów jest równie zróżnicowany, jak świat win – składa się z różnorakich smaków, zapachów i konsystencji, dzięki czemu sery można łączyć z wieloma innymi produktami spożywczymi.

Ciemne czekolady – do kakao potrzeba niewiele cukru, żeby było smaczne. Większość sprzedawanych czekolad to cukier o smaku czekolady. Najlepsze odmiany zawierają 85 procent kakao lub więcej. Do znanych marek czekolady, zawierających od 85 do 90 procent kakao, należą Lindt i Ghirardelli. Do gorzkiego smaku czekolady z dużą zawartością kakao trzeba się przyzwyczaić. Wypróbuj różne rodzaje, gdyż jedne są lekko cierpkie, a inne bardziej ziemiste. Moją ulubioną jest 90-procentowa czekolada Lindt, która zawiera bardzo mało cukru, dzięki czemu mogę jej zjeść nieco więcej. Dwie kostki nie wpłyną na poziom cukru we krwi u większości ludzi, niektórzy mogą sobie pozwolić nawet na cztery (40 gramów, mniej więcej 5 na 5 centymetrów).

Możesz dodawać do czekolady masło orzechowe, migdałowe, masło z nerkowca lub ziaren słonecznika, otrzymując zdrową wersję pralinek. Można też dodawać kakao w proszku do niektórych potraw omówionych w przepisach. Najzdrowsze są gatunki, których nie poddaje się działaniu zasad. Proces ten, poprawiający smak, zmniejsza znacznie ilość flawonoidów, które obniżają ciśnienie krwi, podwyższają poziom cholesterolu HDL i sprzyjają rozluźnianiu tętnic. Firmy Ghirardelli, Hershey i Scharffen Berger produkują takie kakao. Mieszając proszek kakaowy z mlekiem krowim, sojowym lub kokosowym, cynamonem i słodzikiem, takim jak stewia, sukraloza, ksylitol lub erythritol, uzyskasz znakomity napój.

Niskowęglowodanowe krakersy – na ogół uważam, że najlepiej trzymać się „prawdziwych" pokarmów, zamiast sięgać po imitacje lub syntetyczne modyfikacje. Jednak czasem, żeby sprawić sobie przyjemność, można schrupać kilka smacznych niskowęglowodanowych krakersów, zanurzonych w hummusie, sosie guacamole, ogórkowym dipie (pamiętaj: nie ograniczamy olejów i tłuszczów) albo salsie. Do firm produkujących bezpszenne krakersy (z kminkiem, ziołami, czarnym pieprzem i cebulą) oraz precelki i paluszki z różnymi dodatkami, należą Mary's Gone Crackers oraz Sticks & Twigs. Są to wypieki z brązowego ryżu, komosy ryżowej i siemienia lnianego. Każdy krakers lub precelek zawiera nieco ponad 1 gram węglowodanów netto (węglowodany ogółem minus niestrawny błonnik), więc zjedzenie kilku sztuk nie wywoła niepożądanego wzrostu poziomu cukru we krwi. Innym producentem wprowadzającym na rynek krakersy, takie jak Flackers – złożone głównie z siemienia lnianego, jest firma Doctor in the Kitchen z Minneapolis. Jeśli masz suszarkę do warzyw, możesz również samodzielnie przygotowywać wspaniałe chipsy do chrupania, na przykład z cukinii albo marchewki, świetnie pasujące do dipów.

Warzywa z dipami – wystarczy kilka odpowiednio pokrojonych warzyw, takich jak papryka, surowa fasolka szparagowa, rzodkiewka, cukinia albo młoda cebulka oraz jakieś ciekawe dipy, na przykład hummus, dip z czarnej fasoli, warzywny lub wasabi, bądź musztardy, takie jak Dijon lub chrzanowa, ewentualnie sosy na bazie serów. Wszystkie te dodatki można kupić w postaci gotowej.

Usunięcie z diety pszenicy oraz innych „śmieciowych" węglowodanów może pozostawić ogromną wyrwę, jednak istnieje doprawdy niewiarygodna ilość i rozmaitość pokarmów, którymi można tę lukę wypełnić. Być może przyjdzie ci zmienić zwyczaje związane z zakupami i gotowaniem, ale znajdziesz mnóstwo produktów, które zadowolą twoje podniebienie.

Wielu ludzi twierdzi, że przebudzony na nowo zmysł smaku, ograniczona potrzeba jedzenia oraz mniejsza ilość spożywanych kalorii, towarzysząca bezpszenności, pozwalają im bardziej doceniać pożywienie. W rezultacie większość osób wybierających tę drogę czerpie z jedzenia większą przyjemność niż w czasach, gdy spożywały pszenicę.

ŻYCIE PO PSZENICY

Stosując dietę bezpszenną, zaczniesz spędzać więcej czasu w dziale warzywnym supermarketu, na targu oraz w sklepach mięsnych i nabiałowych. Między półki z chipsami, płatkami, pieczywem i produktami mrożonymi będziesz zapuszczać się rzadko albo wcale.

Być może zauważysz też, że nie przepadasz za wielkimi koncernami spożywczymi, wraz z ich akcjami promocyjnymi i nowoczesną reklamą. Chwytliwa nazwa, organiczne to lub tamto, etykieta o tradycyjnym wyglądzie i oto wielka międzynarodowa korporacja żywnościowa wygląda jak mała, nastawiona ekologicznie grupa byłych hipisów próbujących ocalić świat.

Spotkania towarzyskie, co może potwierdzić wielu celiaków, bywają ekstrawaganckimi festiwalami pszenicy, która pojawia się na nich pod wszelkimi postaciami. Jeśli chcesz w dyplomatyczny sposób zrezygnować z potrawy, o której wiesz, że jest pszenną bombą, najlepiej powiedz, że masz uczulenie na pszenicę. Większość cywilizowanych ludzi zrozumie twoje obawy zdrowotne i nie będzie cię nakłaniała do zjedzenia czegoś, co może wywołać pokrzywkę i zepsuć uroczystość. Jeśli stosujesz bezpszenną dietę dłużej niż kilka tygodni, rezygnacja z bruschetty, faszerowanych grzybów z bułką tartą albo ciasteczek nie powinna być trudna, albowiem podsycana egzorfinami nieprzeparta chęć napychania ust produktami pszennymi nie powinna cię już dotyczyć. Z powodzeniem wystarczy ci koktajl z krewetek, oliwki i surowe warzywa.

Jadanie poza domem może przypominać chodzenie po polu minowym, pełnym pszenicy, mąki kukurydzianej, cukru, syropu glukozowo-fruktozowego i innych niezdrowych składników. Po pierwsze, jest pokusa. Jeśli kelner stawia na twoim stole koszyk ciepłych, pachnących bułeczek, musisz go po prostu odprawić. Jeżeli twoi współbiesiadnicy nie upierają się przy jedzeniu pieczywa, najłatwiej nie mieć go przed sobą. Po co ma z ciebie kpić i podkopywać twoją determinację. Po drugie, prostota. Pieczony łosoś z sosem imbirowym jest prawdopodobnie bezpieczny, natomiast wymyślne, wieloskładnikowe danie kuchni francuskiej może zawierać niepożądane składniki. W tej sytuacji warto zapytać o skład. Jeśli jednak cierpisz na celiakię albo inną formę nietolerancji pszenicy o podłożu immunologicznym, nie możesz ufać nawet temu, co powie ci kelner albo kelnerka. Każdy celiak może zaświadczyć, że zdarzały mu się niezamierzone kontakty z glutenem w „bezglutenowych" daniach. Coraz więcej restauracji[*] wprowadza obecnie bezglutenowe menu, ale nawet to nie gwarantuje braku jakichkolwiek problemów, jeśli na przykład w restauracyjnej kuchni stosowana jest mąka kukurydziana albo inne bezglutenowe składniki podwyższające poziom cukru we krwi. Z mojego doświadczenia wynika, że jadanie poza domem stwarza zagrożenia, które można jedynie minimalizować. Nie da się ich bowiem wyeliminować. Ilekroć to możliwe, spożywaj tylko jedzenie przygotowane samodzielnie lub przez swoją rodzinę. W ten sposób będziesz na pewno wiedział, co zawiera twój posiłek.

Prawda wygląda tak, że dla wielu osób najlepszą ochroną przed pszenicą jest zrezygnowanie z jadania poza domem, gdyż ponowny kontakt z pszennym glutenem może wywołać cały szereg osobliwych zjawisk. Choć rezygnacja z kawałka urodzinowego tortu wydaje się trudna, jeśli zapłacisz za tę przyjemność kilkoma godzinami skurczów brzucha i biegunką, dobrze się zastanowisz, zanim pofolgujesz sobie ponownie. (Oczywiście, jeśli masz celiakię albo stwierdzono u ciebie nieprawidłowe markery tej choroby, nie możesz n i g d y pozwolić sobie na jakiekolwiek potrawy zawierające pszenicę lub gluten).

---

[*] Ogólnopolska wyszukiwarka restauracji z bezglutenowymi daniami: www.menubezglutenu.pl – przyp. red.

Wygląda na to, że żyjemy w „pełnoziarnistym świecie", w którym produkty pszenne wypełniają półki wszystkich sklepów
spożywczych, kawiarń, restauracji i supermarketów, a niektóre
placówki, takie jak piekarnie czy ciastkarnie, handlują wyłącznie
nimi. Czasami przyjdzie ci długo szukać, zanim znajdziesz to,
czego potrzebujesz. Ale podobnie jak sen, ćwiczenia i pamięta-
nie o rocznicy ślubu, także eliminację pszenicy można traktować
jako coś niezbędnego do długiego i zdrowego życia. Bezpszenne
życie może być równie spełnione i ciekawe, jak jego alternatywa.
A z całą pewnością jest zdrowsze.

EPILOG

Nie ma wątpliwości co do tego, że początek uprawy pszenicy w Żyznym Półksiężycu mniej więcej 10 000 lat temu stanowił punkt zwrotny w rozwoju cywilizacji, tworząc podwaliny pod rewolucję neolityczną. Uprawa pszenicy przekształciła koczowniczych łowców-zbieraczy w osiadłe społeczności, które budowały wioski i miasta oraz wytwarzały nadwyżki żywności, co umożliwiło specjalizację zawodową. Bez pszenicy dzisiejsze życie z pewnością wyglądałoby całkiem odmiennie. Toteż pod wieloma względami jesteśmy winni pszenicy wdzięczność za to, że pchnęła ludzką cywilizację na kurs, który doprowadził ją do współczesnej epoki technologicznej. Czy aby na pewno?

Jared Diamond, profesor geografii i fizjologii na Uniwersytecie Kalifornijskim w Los Angeles, autor wyróżnionej Nagrodą Pulitzera książki *Strzelby, zarazki, maszyny*, uważa, że „wprowadzenie rolnictwa, mające być naszym decydującym krokiem w stronę lepszego życia, okazało się pod wieloma względami katastrofą, z której nigdy się nie podźwignęliśmy"[1]. Diamond, opierając się na odkryciach współczesnej paleopatologii, wskazuje, iż przejściu od społeczeństwa łowiecko-zbierackiego do rolniczego towarzyszyło zmniejszenie się wzrostu ludzi, gwałtowne rozprzestrzenianie chorób zakaźnych, takich jak gruźlica i dżuma dymienicza, powstanie warstw społecznych od chłopstwa do rodzin królewskich, a także początki nierówności seksualnej.

W swoich książkach *Paleopathology at the Origins of Agriculture* (Paleopatologia w początkach rolnictwa) oraz *Health and the Rise of Civilization* (Zdrowie i rozkwit cywilizacji) antropolog Mark Cohen z Nowojorskiego Uniwersytetu Stanowego dowodzi, że choć rolnictwo dawało nadwyżki i umożliwiało podział zadań, to zarazem wymagało cięższej i dłuższej pracy. Oznaczało zawężenie szerokiej gamy zbieranych roślin do nielicznych gatunków, które można było uprawiać. Wprowadziło też całkiem nowy zestaw chorób, które wcześniej zdarzały się rzadko. „Nie wydaje mi się, żeby większość łowców-zbieraczy zabierała się za rolnictwo, jeśli nie musiała, a kiedy przestawiali się na uprawę roli, zamieniali jakość na ilość", pisze Cohen.

Typowe współczesne przekonanie, że życie łowców-zbieraczy przed pojawieniem się rolnictwa było krótkie, brutalne i rozpaczliwe, a do tego stanowiło żywieniowy ślepy zaułek, może być nieprawdziwe. Zgodnie z tym rewizjonistycznym sposobem myślenia pojawienie się rolnictwa można postrzegać jak kompromis, w ramach którego przehandlowano zdrowie w zamian za wygodę, społeczną ewolucję i obfitość pożywienia.

My ten paradygmat doprowadziliśmy do skrajności, zawężając naszą dietetyczną rozmaitość do popularnych sloganów w rodzaju: „Jedz więcej zdrowych produktów pełnoziarnistych". Osiągnęliśmy wygodę, obfitość, niskie koszty i dostępność w stopniu jeszcze sto lat temu niewyobrażalnym. Dziką trawę z 14 chromosomami przekształcono w odmianę 42-chromosomową, nawożoną azotanami, ciężką i superwysokowydajną, która umożliwia nam kupowanie wielkich „rodzinnych" opakowań ciastek, naleśników i precelków.

Tak niewiarygodnej dostępności towarów towarzyszą opłakane skutki zdrowotne – otyłość, zapalenia stawów, niesprawności neurologiczne, a nawet śmierć z powodu występujących coraz częściej chorób, takich jak celiakia. Nieświadomie dobiliśmy faustowskiego targu z naturą, uzyskując obfitość w zamian za zdrowie.

Idea głosząca, iż pszenica nie tylko wpędza ludzi w choroby, ale niektórych z nas zabija – jednych szybko, innych wolniej – rodzi niepokojące pytania: Co mamy powiedzieć milionom ludzi z krajów Trzeciego Świata, którzy w przypadku pozbawienia ich wysokowydajnej pszenicy mogą rzadziej cierpieć na przewlekłe choroby, ale częściej stawać w obliczu śmierci głodowej? Czy powinniśmy po prostu uznać, że nasze środki, dalekie od doskonałości, w sumie jednak zmniejszają śmiertelność?

Czy chybotliwa gospodarka Stanów Zjednoczonych potrafiłaby znieść ogromny wstrząs, który byłby potrzebny, gdyby pszenica miała doczekać się schyłku, aby stworzyć miejsce dla innych upraw i źródeł pożywienia? Czy w ogóle możliwe jest utrzymanie dostępu do taniej żywności dla dziesiątków milionów ludzi, którzy obecnie korzystają z wysokowydajnej pszenicy w postaci pizzy po 5 dolarów i chleba po 1,29 dolara za bochenek?

Czy samopsza i płaskurka, pierwotne odmiany sprzed tysięcy krzyżowań prowadzących do współczesnej pszenicy, powinny zastąpić jej dzisiejszą wersję, ale kosztem mniejszych plonów i zwiększonych wydatków?

Nie będę udawał, że znam odpowiedzi. Prawdę mówiąc, mogą minąć dziesięciolecia, zanim te pytania ich się doczekają. Uważam, że wskrzeszenie antycznych zbóż (jak czyni Eli Rogosa w zachodnim Massachusetts) może stanowić małą część rozwiązania. Część, która z biegiem lat będzie zyskiwać na znaczeniu, tak jak jaja z hodowli bezklatkowej zaczęły okazywać się dochodowe. Podejrzewam, że dla wielu ludzi pszenica naszych przodków może być rozsądnym rozwiązaniem, niekoniecznie całkowicie wolnym od implikacji zdrowotnych, ale przynajmniej dużo bezpieczniejszym. A w gospodarce, w której popyt natychmiast rodzi podaż, ograniczone zainteresowanie konsumentów współczesnymi, zmienionymi genetycznie produktami pszennymi sprawi, że produkcja rolnicza ulegnie stopniowym przemianom, aby przystosować się do zmienionych gustów.

Co mamy począć z drażliwą sprawą wyżywienia ludności Trzeciego Świata? Mogę mieć tylko nadzieję, że poprawa warunków w nadchodzących latach doprowadzi do większego wyboru w produktach żywnościowych, co pozwoli ludziom odejść od dominującego dziś myślenia w stylu: „Lepsze to, niż nic".

A tymczasem możecie ogłosić własną proklamację wyzwolenia od Pszennego Brzucha, korzystając z potęgi pieniędzy, które wydajecie.

Przesłanie: „Jedzcie więcej zdrowych produktów pełnoziarnistych" powinno dołączyć do innych pomyłek – takich jak wprowadzanie tłuszczów uwodornionych i wielonienasyconych w miejsce nasyconych, zastępowanie masła margaryną oraz sacharozy syropem kukurydzianym o wysokiej zawartości fruktozy – i trafić na cmentarzysko chybionych porad żywieniowych, które zamąciły w głowach społeczeństwu amerykańskiemu, wprowadziły je w błąd i utuczyły.

Pszenica nie jest po prostu kolejnym węglowodanem, tak jak rozszczepienie jądra atomu nie jest kolejną reakcją chemiczną.

Fakt, że potrafimy zmieniać kod genetyczny innych gatunków i manipulować nim tak, żeby odpowiadał naszym potrzebom, napełnia nas nieposkromioną pychą. Być może za sto lat te manipulacje będą równie łatwe, jak dziś operacje na bankowym rachunku bieżącym, lecz obecnie modyfikacje genetyczne i hybrydyzacje roślin, określanych mianem spożywczych, są nadal prymitywną nauką, przynoszącą niezamierzone skutki zarówno samym roślinom, jak i zwierzętom, które je spożywają.

Ziemskie rośliny i zwierzęta istnieją w swoich obecnych postaciach w wyniku milionów lat powolnych ewolucyjnych przemian. A my wkraczamy i w absurdalnie krótkim czasie jednego półwiecza zmieniamy bieg ewolucji rośliny, która rozwijała się obok ludzi przez tysiąclecia, po czym ponosimy konsekwencje naszych krótkowzrocznych manipulacji.

W ciągu trwającej 10 000 lat podróży pszenica zmieniła się z niewinnej, dającej niskie plony, niezbyt przydatnej do pieczenia samopszy w wysokowydajną, stworzoną w laboratorium, niezdolną do przeżycia w stanie dzikim, dostosowaną do współczesnych gustów pszenicę karłowatą. W tym czasie byliśmy świadkami ukartowanej przez człowieka transformacji, która nie różni się od pompowania antybiotykami i hormonami żywego inwentarza, zamkniętego w fermach przypominających fabryki. Być może potrafimy otrząsnąć się z tej katastrofy zwanej rolnictwem, lecz aby wykonać pierwszy wielki krok w tę stronę, musimy dostrzec, co zrobiliśmy z tym, co nazywamy pszenicą.

Do zobaczenia w dziale warzywnym supermarketu.

POSZUKIWANIE PSZENICY TAM, GDZIE NIE POWINNO JEJ BYĆ

Zamieszczona poniżej lista może się wydać zniechęcająca, jednak aby jeść bezpszennie i bezglutenowo, wystarczy ograniczyć się do pokarmów, które nie potrzebują etykiet.

Takie produkty, jak ogórki, jarmuż, dorsz, łosoś, oliwa z oliwek, orzechy włoskie, jaja i awokado nie mają nic wspólnego z pszenicą ani glutenem. Są od nich wolne, naturalne i zdrowe, choć nie nazywa się ich bezglutenowymi.

Jeśli jednak wykraczasz poza znane naturalne pokarmy, jesz na spotkaniach towarzyskich, chodzisz do restauracji lub podróżujesz, to narażasz się na niezamierzony kontakt z pszenicą i glutenem.

Dla niektórych ludzi to nie są błahostki. Osoba chorująca na celiakię może całymi dniami, a nawet tygodniami cierpieć na skurcze brzucha, biegunkę, a nawet krwotoki jelitowe z powodu nieświadomego kontaktu z pszennym glutenem dodanym do panierki, w której usmażono kurczaka. Paskudna wysypka, będąca objawem choroby Dühringa (opryszczkowatego zapalenia skóry), pomimo wyleczenia może natychmiast powrócić z powodu kropli sosu sojowego zawierającego pszenicę. A ktoś, kto doświadcza neurologicznych objawów zapalnych, może doznać gwałtownego spadku koordynacji z powodu bezglutenowego piwa, które w rzeczywistości takie nie było. Dla wielu innych osób, niewykazujących wrażliwości na gluten o podłożu immunologicznym lub zapalnym, przypadkowy kontakt z pszenicą może oznaczać biegunkę, astmę, trudności z logicznym myśleniem, bóle albo obrzęki stawów, obrzęki nóg, wybuchy złości u osób z ADHD, autyzmem, cyklofrenią i schizofrenią.

W związku z tym wielu ludzi musi bardzo wystrzegać się kontaktu z pszenicą. Ci, którzy cierpią na choroby autoimmunologiczne, takie jak celiakia, opryszczkowate zapalenie skóry i ataksja móżdżkowa, muszą też unikać innych zbóż zawierających gluten: żyta, jęczmienia, orkiszu, pszenżyta i pszenicy kamut.

Pszenica i gluten występują w oszałamiająco różnych postaciach. Kuskus, bulgur, maca, graham, wiele odmian makaronu i otręby to pszenica. Podobnie jak wiele rodzajów kaszy, bułka tarta i sucharki. Nie wolno dać się zwieść pozorom. Na przykład większość płatków śniadaniowych zawiera mąkę pszenną, inne składniki pochodzenia pszennego bądź gluten, choć nazywa się je płatkami kukurydzianymi albo chrupkami ryżowymi.

Sporną kwestią pozostaje owies, zwłaszcza dlatego że często jest przetwarzany w tych samych urządzeniach lub zakładach co pszenica. Dlatego większość celiaków unika także produktów owsianych[*].

Zgodnie z kryteriami Federalnego Urzędu do spraw Żywności i Leków bezglutenowe produkty spożywcze wytwarzane przemysłowo (w odróżnieniu od tych, które powstają w restauracjach) muszą być produkowane w zakładach wolnych od glutenu w celu uniknięcia przypadkowych zanieczyszczeń[**]. Niektórzy ludzie są do tego stopnia wrażliwi na gluten, że nawet narażenie na jego minimalne ilości, na przykład poprzez używanie tego samego noża, może wywołać objawy uczulenia. Oznacza to, że w razie

---

[*] Przy schorzeniu tym dopuszcza się spożycie specjalnego bezglutenowego owsa (oznaczonego symbolem przekreślonego kłosa). Zwykły owies jest silnie zanieczyszczony glutenem i zabroniony w diecie bezglutenowej – przyp. red.

[**] W Europie sprawę żywności bezglutenowej reguluje dyrektywa WE 41/2009, która określa dopuszczalną zawartość glutenu w produktach bezglutenowych (do 20 miligramów na kilogram) oraz o niskiej zawartości glutenu (od 20 do 100 miligramów) – przyp. red.

silnej wrażliwości dany produkt nie jest bezpieczny, nawet jeśli lista składników nie wymienia pszenicy ani żadnych modnych określeń typu „modyfikowana skrobia"*. W wypadku wątpliwości należy skontaktować się z działem obsługi klienta, aby zapytać, czy żywność produkowana w danym zakładzie nie ma kontaktu z glutenem. Coraz więcej firm podaje te informacje również na swoich stronach internetowych**.

Informacja, iż dany produkt nie zawiera pszenicy, nie oznacza automatycznie jego bezglutenowości. Może ona na przykład świadczyć o tym, że zamiast pszenicy użyto słodu jęczmiennego albo żyta, a oba te składniki zawierają gluten. Osoby bardzo wrażliwe na gluten, jak choćby te z celiakią, nie powinny zakładać, że brak pszenicy jest tym samym, co brak glutenu.

Wiemy już, że pszenicę i gluten można znaleźć w wielu produktach, w których ich obecność nie budzi wątpliwości, takich jak chleby, makarony i ciasta. Lecz istnieją też inne, w których obecność glutenu nie jest tak oczywista. Oto przykłady:

bagietki	kasza manna
błonnik roślinny	kiełki pszenne
brioszki	kluseczki gnocchi
bulgur	kuskus
burrito	maca
grzanki	makaron risoni
hydrolizowane białko roślinne (przyprawy)	makaron soba (głównie gryczany, ale zawiera też pszenicę)
kanapki typu wrap	
kasza jęczmienna	makaron udon

---

* W Europie uregulowano także kwestię skrobi modyfikowanych, które są bezpieczne w diecie bezglutenowej, o ile nie zawierają wyższej niż dopuszczalna ilości glutenu (do 20 miligramów na kilogram). Jeśli zawierają gluten, taka informacja musi znaleźć się na opakowaniu produktu – przyp. red.

** W Polsce ustawa o alergenach zobowiązuje producentów do umieszczania odpowiedniej informacji o składnikach alergennych, w tym o glutenie, na etykiecie produktu – przyp. red.

mąka razowa

naleśniki

orkisz

otręby

panko (panierka stosowana
  w kuchni japońskiej)

pączki

pieczywo focaccia

proszek do pieczenia

pszenica durum

pszenica kamut

pszenica płaskurka

pszenica samopsza

pszenżyto

seitan (niemal czysty gluten,
  używany zamiast mięsa)

strudel

substytuty mięsa

sucharki

bułka tarta

zasmażka

zupa ramen

żyto

PRODUKTY ZAWIERAJĄCE PSZENICĘ

Pszenica odzwierciedla niesamowitą pomysłowość rodzaju ludzkiego. Przekształciliśmy to zboże w niewiarygodnie liczne kształty i postaci. Poza wymienionymi wyżej wieloma konfiguracjami, w jakich może występować, istnieje jeszcze więcej produktów zawierających pewną ilość pszenicy lub glutenu. Wyliczam je poniżej.

Pamiętajcie, proszę, że ze względu na niezwykłą liczbę i rozmaitość produktów dostępnych na rynku ta lista nie obejmuje wszystkich wyrobów, w skład których wchodzą pszenica i gluten. Rzecz w tym, aby zachować czujność i w razie wątpliwości pytać albo rezygnować z danego produktu.

Wiele pozycji z tej listy ma także wersje bezglutenowe. Czasami są one zarówno smaczne, jak i zdrowe, np. sos winegret do sałatek bez przyprawy w postaci hydrolizowanego białka roślinnego. Nie zapominajcie jednak, że bezglutenowe chleby, płatki śniadaniowe i mąki, zazwyczaj robione ze skrobi ryżowej, kukurydzianej, ziemniaczanej i z tapioki, częstokroć nie są zdrowymi zamiennikami. Nic, co powoduje wzrost poziomu cukru do wartości cukrzycowych, nie może być uznawane za zdrowe, bez względu na to, czy zawiera gluten czy nie. Te produkty należy uważać za łakocie spożywane od czasu do czasu, a nie za podstawę pożywienia.

Istnieje także wielka sfera ukradkowych źródeł pszenicy i glutenu, które w tym wypadku nie pojawiają się na etykiecie. Jeżeli lista składników zawiera nieprecyzyjne terminy, takie jak „skrobia", „emulgatory" albo „substancje spulchniające", to należy założyć, że dany produkt zawiera gluten, o ile nie zostanie dowiedzione inaczej.

Kwestią budzącą wątpliwości jest zawartość glutenu w niektórych produktach i składnikach, takich jak barwnik karmelowy. Jest to produkt uzyskiwany z karmelizacji cukru w wysokiej temperaturze. Prawie zawsze surowcem jest tu syrop kukurydziany, ale niektórzy producenci używają substancji pochodzenia pszennego. Dla oznaczenia takich wątpliwości obok danego produktu na liście umieszczony jest znak zapytania.

Nie każdy musi wystrzegać się glutenu w stopniu najwyższym. Przedstawione niżej listy mają po prostu uświadomić wam, jak wszechobecne są pszenica i gluten. Stanowią też punkt wyjścia dla ludzi, którzy naprawdę muszą unikać kontaktu z tą substancją.

Oto wykaz prawdopodobnych źródeł pszenicy i glutenu[*]:

NAPOJE

herbaty smakowe
herbaty ziołowe z zawartością
  pszenicy, jęczmienia lub
  słodu
kawy smakowe
koktajle typu „krwawa Mary"
napoje chłodzące na bazie
  wina (zawierające słód
  jęczmienny)

piwa jasne i ciemne (choć
  pojawia się coraz więcej
  piw bezglutenowych)
piwo słodowe
whisky destylowana
  z pszenicy lub jęczmienia
wódki destylowane z pszenicy
  (Absolut, Grey Goose,
  Stolichnaya)

---

[*] Informacje na temat produktów bezglutenowych i zawierających gluten są w serwisie www.celiakia.pl – przyp. red.

PŁATKI ŚNIADANIOWE – z pewnością wiecie, że płatki takie jak Shredded Wheat albo Wheaties zawierają pszenicę [*wheat* to po angielsku pszenica – przyp. tłum.]. Istnieją jednak i takie, które wydają się bezpszenne, a z całą pewnością takie nie są[*].

„zdrowe" płatki (Smart Start, Special K, Grape Nuts, Trail Mix Crunch)
muesli (różne odmiany)
płatki kukurydziane (Corn Flakes, Frosted Flakes, Crunchy Corn Bran)
płatki otrębowe (All Bran, Bran Buds, Raisin Bran)
płatki owsiane (Cheerios, Cracklin' Oat Bran, Honey Bunches of Oats)
płatki z prażonej kukurydzy (Corn Pops)
płatki z preparowanego ryżu (Rice Krispies)

SER – ponieważ kultury bakterii stosowanych do fermentacji wchodzą w kontakt z chlebem, mogą nieść ze sobą ryzyko narażenia na gluten[**].

gorgonzola
niebieski ser
roquefort
twarożek (nie wszystkie odmiany)

BARWNIKI/WYPEŁNIACZE/STABILIZATORY KONSYSTENCJI/ZAGĘSZCZACZE – te ukryte źródła mogą stwarzać największe problemy, gdyż znajdują się na odległych pozycjach listy składników albo sprawiają wrażenie, że nie mają nic wspólnego z pszenicą bądź glutenem. Niestety, częstokroć nie da się tego wyczytać z etykiety ani uzyskać tej informacji od producenta, ponieważ składniki te nierzadko pochodzą od zewnętrznych dostawców.

---

[*] Większość płatków kukurydzianych na polskim rynku zawiera słód jęczmienny – przy. red.

[**] W Polsce szczególnie uważać należy na gotowe sery mielone (np. na sernik) – przyp. red.

aromat karmelowy (?)
barwnik karmelowy (?)
białko roślinne upostaciowane
dekstromaltoza
emulgatory
maltodekstryna (?)

modyfikowana skrobia
    spożywcza
stabilizatory
sztuczne barwniki
sztuczne substancje smakowo-
    -zapachowe

BATONY ENERGETYCZNE, BIAŁKOWE I ZASTĘPUJĄCE POSIŁKI

Clif Bars
Gatorade Pre-Game Fuel
    Nutrition
GNC Pro Performance

Kashi GoLean
Power Bars
Slim-Fast

FAST FOOD – w wielu restauracjach typu fast food olej używany do smażenia frytek może służyć także do smażenia kurczaków w panierce, a blaty robocze bywają używane do przygotowywania różnych potraw. Produkty, które normalnie nie kojarzą się z pszenicą, mogą ją jednak zawierać, na przykład jajecznica z dodatkiem ciasta naleśnikowego albo chipsy Taco Bell. Sosy, kiełbaski i burrito zazwyczaj zawierają pszenicę albo składniki pochodzenia pszennego.

Prawdę mówiąc, potrawy niezawierające glutenu należą do wyjątków w fast foodach. Dlatego trudno jest dostać tam coś, co z pewnością jest wolne od pszenicy i glutenu. Niektórzy twierdzą, że to prawie niemożliwe. (Zresztą i tak nie powinno się tam jadać!). Tym niemniej niektóre sieci, na przykład Subway, Arby's, Wendy's i Chipotle Mexican Grill, zapewniają, iż wiele ich produktów nie zawiera glutenu i/lub oferują bezglutenowe menu*.

---

* W Polsce tego typu oświadczenia stosuje np. McDonalds – przyp. red.

PŁATKI ZBOŻOWE NA GORĄCO

Cream of Wheat	otręby owsiane
Farina	owsianka*
Malt-O-Meal	

MIĘSA

bekon sojowy	mięsa konserwowe
hamburgery (o ile dodano	mięsa panierowane
bułkę tartą)	paluszki krabowe
indyk (przygotowany firmowo	parówki
do pieczenia)	wędliny (mielonki, salami)
kiełbasy	

ROZMAITOŚCI – to może być prawdziwy problem, gdyż opakowania tych produktów mogą nie zawierać list pozwalających rozpoznać poszczególne składniki. Czasem może okazać się konieczny telefon do producenta.

błyszczki i balsamy do warg	(wielu producentów podaje
koperty (klej)	na etykietach informacje
leki wydawane z przepisu	o braku glutenu)
lekarza i bez recepty	szminki
suplementy żywieniowe	zabawki Play-Doh (ciastolina)
	znaczki pocztowe (klej)

SOSY I DODATKI DO POTRAW

keczup	musztardy zawierające
marynata teriyaki	pszenicę
marynaty	ocet słodowy

---

* Wyjątek stanowi owsianka bezglutenowa, oznaczona symbolem przekreślonego kłosa – przyp. red.

pasta miso
sos sojowy
sosy do sałatek

sosy pieczeniowe zagęszczane
      mąką pszenną
syrop słodowy

PRZYPRAWY

curry
mieszanki przypraw

przyprawa taco

PRZEKĄSKI I DESERY – zawartość pszenicy w ciastkach, krakersach i precelkach jest czymś oczywistym. Lecz istnieje mnóstwo innych produktów, w których obecność pszenicy nie rzuca się w oczy tak bardzo.

batoniki czekoladowe
batoniki muesli
batoniki orzechowe
chipsy tortilla,
    aromatyzowane
chipsy ziemniaczane (łącznie
    z Pringles)
chrupki kukurydziane
guma do żucia (proszek
    pokrywający listki)
lody (z ciasteczkami, Oreo
    Cookie, z sernikiem, ze
    słodem czekoladowym)
lukier

mieszanki Chex
mieszanki studenckie
owocowe nadzienia
    z zagęstnikami
paluszki lukrecjowe
paszteciki
prażone orzechy
prażone orzeszki ziemne
rożki lodowe
suszone owoce (lekko
    oprószone mąką)
tiramisu
żelki (z wyjątkiem Jelly
    Bellies i Starburst)

ZUPY

bisque
buliony
mieszanki zup

wywary
zupy w puszkach

SOJA I PRODUKTY WEGETARIAŃSKIE

wegetariańskie „przegrzebki"
wegetariańskie „steki"
wegetariańskie burgery (Boca
    Burgers, Gardenburgers,
    Morningstar Farms)
wegetariańskie chili

wegetariańskie hot dogi
    i kiełbaski
wegetariańskie paski
    „kurczaka"

SUBSTANCJE SŁODZĄCE

dekstryna i maltodekstryna (?)
słód jęczmienny, wyciąg
    z jęczmienia

słód, syrop słodowy, aromat
    słodowy

ZDROWE PRZEPISY NA ZMNIEJSZENIE PSZENNEGO BRZUCHA

Usunięcie pszenicy z diety nie jest zadaniem niewykonal-nym, ale wymaga pewnej inwencji w kuchni, gdyż wiele waszych ulubionych bądź awaryjnych dań i potraw znajdzie się teraz na liście pokarmów zakazanych. Podaję stosunkowo proste zdrowe przepisy, w tym kilka takich, które mogą zastąpić znane dania zawierające pszenicę.

Przepisy zostały oparte na kilku podstawowych zasadach:

Pszenica jest zastępowana przez zdrowe zamienniki. To się może wydawać oczywiste, ale większości bezpszennych produktów dostępnych na rynku bądź dań bezglutenowych, sporządzanych według znanych przepisów, nie można uznać za naprawdę zdrową żywność. Zastępując pszenicę skrobią kukurydzianą, ryżową lub ziemniaczaną, co często zalecają bezglutenowe receptury, będziecie grubi i zagrożeni cukrzycą. W przepisach, które podaję tutaj, zamiennikiem mąki pszennej jest mączka orzechowa, mielone siemię lniane i mąka kokoso-wa – zdrowe produkty, które nie wywołują nieprawidłowych reakcji organizmu, tak jak pszenica i jej powszechnie stosowane substytuty.

Unika się niezdrowych tłuszczów – uwodornionych, wielonienasyconych i utlenionych. Tłuszcze stosowane w tych przepisach zawierają więcej jednonienasyconych i nasyconych kwasów tłuszczowych. Należą do nich zwłaszcza oliwa z oliwek i olej kokosowy, obfitujący w kwas laurynowy.

Zachowuje się niską zawartość węglowodanów. Ponieważ dążenie do ograniczenia węglowodanów jest wskazane z wielu powodów, takich jak utrata tłuszczu trzewnego, tłumienie zjawisk zapalnych, ograniczenie ekspresji małych cząsteczek LDL oraz minimalizacja lub likwidacja najczęstszych tendencji cukrzycowych – wszystkie podane niżej przepisy zawierają niewiele węglowodanów. Jedynym produktem, który zawiera ich więcej, jest muesli, ale ten przepis można łatwo dostosować do swoich potrzeb.

Stosowane są sztuczne substancje słodzące. Kompromis, na jaki poszedłem, próbując odtworzyć kilka znanych dań w wersji bez cukru, polega na używaniu sztucznych słodzików, które, moim zdaniem, są najłagodniejsze i dobrze tolerowane przez większość ludzi. Erythritol, ksylitol, sukraloza i stewia należą do substancji słodzących, które nie wpływają na poziomy cukru we krwi i nie wywołują zaburzeń żołądkowo-jelitowych, takich, jakie mogą powodować mannitol albo sorbitol. Są przy tym bezpieczne, ich stosowanie nie grozi konsekwencjami zdrowotnymi, które mogą wystąpić w przypadku aspartamu i sacharyny. Szeroko dostępnym produktem jest Truvia, mieszanka erythritolu i stewii (a właściwie składnika stewii o nazwie „rebiana"). Właśnie tego słodzika używałem przy sprawdzaniu większości przepisów.

Podana ilość zastosowanych substancji słodzących może wydawać się niska. Niewykluczone, że trzeba ją będzie dostosować do osobistych preferencji, jednak większość ludzi, którzy wyeliminowali pszenicę ze swojej diety, przejawia wzmożoną wrażliwość na słodki smak i konwencjonalne słodycze wydają im się mdlące. Z tego powodu ograniczyłem ilość słodzika w przepisach, lecz jeśli dopiero rozpoczynacie swoją bezpszenną podróż i nadal pożądacie słodkości, możecie stosować go więcej.

Warto zauważyć, że moc różnych słodzików, zwłaszcza sproszkowanych ekstraktów stewii, bywa różna, gdyż do niektórych dodaje się wypełniaczy, takich jak maltodekstryna lub inulina. Przeczytajcie etykietę produktu, który zamierzacie kupić, albo dokonajcie następującego przeliczenia, aby określić, jaką ilością danego słodzika można zastąpić 1 szklankę sacharozy.

1 szklanka sacharozy =

1 szklanka Stevia Extract in the Raw (oraz innych wyciągów ze stewii zmieszanych z maltodekstryną, które wagowo odpowiadają sacharozie)

1 szklanka granulowanej Splendy

¼ szklanki sproszkowanego wyciągu ze stewii (np. Trader Joe's); trzeba pamiętać, że ekstrakty ze stewii, w większym stopniu niż inne substancje słodzące, różnią się stopniem słodkości. Najlepiej sprawdzić na etykiecie równoważnik sacharozy dla kupowanego produktu.

około 7 łyżek stołowych Truvii

2 łyżki stołowe płynnego wyciągu ze stewii

1 i 1/3 szklanki erythritolu

1 szklanka ksylitolu

Tworząc te przepisy, pamiętałem o tym, jak wszyscy jesteśmy zabiegani i jak mało mamy czasu, dlatego proponowane potrawy są dość łatwe do przygotowania. Większość składników można kupić bez trudu.

Na wszelki wypadek proszę pamiętać o tym, że osoby chorujące na celiakię, także tę, która nie daje objawów jelitowych, powinny wybierać składniki bezglutenowe. Wszystkie produkty, które wymieniłem w przepisach, są łatwo dostępne w wersjach bezglutenowych, ale oczywiście nie ma się pewności, co który wytwórca dodaje do swoich produktów, więc należy to sprawdzać.

KOKTAJL JAGODOWO-KOKOSOWY

Ten koktajl jest doskonały na śniadanie lub jako szybka przekąska. Przekonacie się, że dzięki zawartości mleczka kokosowego jest bardziej sycący niż większość koktajli. Jagody są jedyną substancją słodzącą, dzięki czemu ilość cukrów jest w nim minimalna.

Na 1 porcję

½ szklanki mleczka kokosowego
½ szklanki naturalnego niskotłuszczowego jogurtu
¼ szklanki borówek, jeżyn, truskawek lub innych owoców jagodowych
½ szklanki sproszkowanego białka serwatkowego, zwykłego lub
   o zapachu waniliowym
1 łyżka stołowa mielonego siemienia lnianego (można kupić gotowe)
½ łyżeczki ekstraktu kokosowego
4 kostki lodu

Wymieszaj mleczko kokosowe, jogurt, owoce, białko serwatkowe, siemię lniane, ekstrakt kokosowy i kostki lodu. Zmiksuj na gładką masę i natychmiast podaj.

GRANOLA (MUESLI)

W przypadku większości ludzi to muesli jest w stanie zaspokoić apetyt na słodką, chrupiącą przekąskę, choć różni się smakiem i wyglądem od tradycyjnej wersji tego produktu. Można je spożywać także jako płatki śniadaniowe, z mlekiem krowim, kokosowym, sojowym lub niesłodzonym mleczkiem migdałowym. Owies (lub komosa ryżowa) oraz suszone owoce, wchodzące w skład mieszanki, mogą podnosić poziom cukru we krwi, ale ich ilości są umiarkowane, toteż w przypadku wielu osób będzie to wpływ ograniczony.

Na 6 porcji

½ szklanki płatków z komosy ryżowej lub tradycyjnych płatków owsianych
   bez glutenu
½ szklanki mielonego siemienia lnianego (można kupić gotowe)
¼ szklanki nieprażonych nasion z pestek dyni
1 szklanka nieprażonych orzechów nerkowca (posiekanych)
½ szklanki bezcukrowego syropu waniliowego (np. Torani albo DaVinci)

¼ szklanki oleju orzechowego
1 szklanka pekanów (posiekanych)
½ szklanki płatków migdałowych
¼ szklanki rodzynków, suszonych wiśni lub niesłodzonych suszonych
   żurawin

Rozgrzej piekarnik do temperatury 160°C.
Wymieszaj w dużej misce komosę (lub owies) z mielonym siemieniem, pestkami dyni, połową szklanki nerkowców, syropem waniliowym i olejem orzechowym. Potrząśnij, aby składniki pokryły się olejem i syropem. Rozłóż mieszaninę na blaszce do pieczenia o wymiarach 20 x 20 cm i przyciśnij ją do dna, tworząc warstwę o grubości około 1,5 cm. Piecz, aż mieszanina będzie prawie sucha i chrupiąca (około 30 minut). Odstaw blaszkę z zawartością do wystygnięcia co najmniej na 1 godzinę.
W tym czasie wymieszaj w dużej misce pekany, migdały, suszone owoce i pozostałe nerkowce.
Połam na małe kawałki wystudzoną mieszaninę. Dodaj do niej orzechy i owoce. Wymieszaj.

GORĄCE PŁATKI KOKOSOWO-SIEMIENIOWE

Zdziwisz się, jak bardzo sycące może być to proste śniadanie na gorąco, zwłaszcza jeżeli użyjesz mleczka kokosowego.

Na 1–2 porcje

½ szklanki mleczka kokosowego, pełnego mleka krowiego lub sojowego,
   albo niesłodzonego mleczka migdałowego
½ szklanki mielonego siemienia lnianego (można kupić gotowe)
¼ szklanki niesłodzonych płatków kokosowych
¼ szklanki posiekanych orzechów włoskich, połówek orzechów włoskich
   lub łuskanego, nieprażonego słonecznika
szczypta cynamonu
¼ szklanki krojonych truskawek, borówek lub innych owoców jagodowych
   (opcjonalnie)

Wymieszaj w naczyniu nadającym się do kuchenki mikrofalowej mleko, mielone siemię, płatki kokosowe i orzechy lub słonecznik. Wstaw do kuchenki na 1 minutę. Przed podaniem oprósz cynamonem i ewentualnie dodaj owoce.

KANAPKA TYPU WRAP Z JAJKIEM I PESTO

Ten pyszny wrap można przygotować poprzedniego wieczoru i schować do lodówki jako wygodne i sycące śniadanie.

Na 1 porcję

1 wrap z siemienia lnianego (przepis poniżej)
1 łyżka pesto z bazylii lub suszonych na słońcu pomidorów
1 jajko ugotowane na twardo i pokrojone w cienkie plasterki
2 cienkie plasterki pomidora
garść młodych liści szpinaku lub poszatkowanej sałaty

Jeśli wrap został świeżo przygotowany, pozwól mu ostygnąć przez 5 minut. Następnie rozprowadź na środku placuszka pasek pesto. Rozłóż na nim kolejno jajko, plasterki pomidora i szpinak lub sałatę. Zwiń w rulonik.

WRAP Z SIEMIENIA LNIANEGO

Wrapy z siemienia lnianego i jajka są zaskakująco smaczne. Po nabraniu pewnej wprawy będziesz w stanie przyrządzić jeden lub dwa takie placuszki w ciągu kilku minut. Jeśli masz dwie patelnie do naleśników, możesz piec dwa wrapy jednocześnie (chociaż w kuchence mikrofalowej trzeba je będzie piec pojedynczo). Tę podstawę kanapek można przechowywać w lodówce przez kilka dni. Aby przygotować zdrowsze warianty tej potrawy, możesz użyć różnych soków warzywnych (na przykład ze szpinaku albo z marchwi) zamiast wody podanej w przepisie.

Na 1 porcję

3 łyżki stołowe mielonego siemienia lnianego (można kupić gotowe)
¼ łyżeczki bezglutenowego proszku do pieczenia
¼ łyżeczki sproszkowanej cebuli
¼ łyżeczki mielonej papryki
szczypta drobnej soli morskiej lub selerowej
1 łyżka stołowa oleju kokosowego, podgrzanego, plus niewielka ilość do
*   smarowania patelni*
1 łyżka stołowa wody
1 duże jajko

Wymieszaj w małej miseczce mielone siemię, proszek do pieczenia, sproszkowaną cebulę, paprykę i sól. Dodaj 1 łyżkę stołową oleju kokosowego. Wbij jajko, wlej wodę i utrzyj na gładką masę.

Natłuść olejem foremkę do naleśników nadającą się do stosowania w kuchence mikrofalowej (szklaną lub plastikową). Wylej na nią ciasto i rozprowadź je równomiernie na dnie. Nastaw kuchenkę na wysoką moc i piecz przez 2–3 minuty. Odstaw do wystygnięcia na około 5 minut. Aby zdjąć wrap z foremki, unieś lekko jego brzeg. Jeżeli przywarł do podłoża, podważ go łopatką do naleśników. Odwróć placek i nałóż na niego przygotowane składniki.

WRAP Z INDYKIEM I AWOKADO

Oto jeden z setek sposobów wykorzystania mojego wrapa z siemienia lnianego do przyrządzenia smacznego i sycącego śniadania, lunchu lub obiadu. Zamiast sosu do posmarowania placuszka przed dodaniem innych składników można użyć hummusu albo pesto.

Na 1 porcję

1 wrap z siemienia lnianego (poprzednia strona), ostudzony, jeżeli został
  świeżo przygotowany
3–4 plastry szynki z indyka
2 cienkie plasterki sera szwajcarskiego
¼ szklanki kiełków fasoli
½ awokado odmiany Hass, pokrojonego w cienkie plasterki
garść młodych liści szpinaku lub poszatkowanej sałaty
1 łyżka stołowa majonezu, musztardy, chrzanu wasabi albo bezcukrowego
  sosu do sałatek

Ułóż szynkę i ser na środku wrapa. Rozłóż na nich kiełki fasoli, awokado i szpinak lub sałatę. Dodaj trochę majonezu, musztardy albo innej ulubionej przyprawy. Zwiń w rulonik.

MEKSYKAŃSKA ZUPA Z TORTILLĄ

W tej meksykańskiej zupie z tortillą nie ma tortilli – tu chodzi o sugestię, o produkty, które podaje się z tortillami. Kiedy przygotowałem tę zupę dla mojej rodziny, żałowałem, że nie podwoiłem ilości składników, bo wszyscy poprosili o dokładkę.

Na 4 porcje

4 szklanki niskosodowego bulionu z kurczaka
¼ szklanki oliwy extra virgin
½ kg piersi z kurczaka, bez skóry i kości, pokrojonych w kawałki o boku
  1,5 cm
2–3 ząbki czosnku, rozgniecione
1 duża hiszpańska cebula, drobno posiekana
1 papryka, drobno posiekana
2 pomidory, drobno posiekane
3–4 papryczki jalapeño, pozbawione nasion i drobno posiekane
drobna sól morska i mielony czarny pieprz
2 awokado odmiany Hass
1 szklanka (110 g) pokruszonego sera Monterey Jack albo cheddar
½ szklanki posiekanej kolendry
4 łyżki stołowe kwaśnej śmietany

Doprowadź bulion do wrzenia w dużym rondlu na średnim ogniu; nie pozwól mu wystygnąć.

W tym czasie rozgrzej oliwę na dużej patelni, na średnim ogniu. Dodaj kurczaka oraz czosnek i smaż do czasu, aż kurczak się zrumieni (5–6 minut).

Dodaj do wywaru podsmażonego kurczaka, cebulę, paprykę, pomidory i papryczki jalapeño. Ponownie doprowadź do wrzenia i gotuj na małym ogniu przez 30 minut. Posól i popieprz do smaku.

Przekrój awokado wzdłuż na dwie części, usuń pestkę i obierz. Miąższ pokrój w plasterki o grubości 6–7 mm.

Nalej zupę do talerzy. Dodaj do każdej porcji plasterki awokado, ser, kolendrę i łyżkę kwaśnej śmietany.

SAŁATKA Z TUŃCZYKA I AWOKADO

Niewiele jest połączeń składników o tak bogatym smaku i aromacie, jak ta mieszanina owoców awokado z limonką i świeżą kolendrą. Jeśli sałatkę przygotowuje się z wyprzedzeniem, awokado i limonkę najlepiej dodać tuż przed podaniem na stół. To danie można serwować samo, tak jak w poniższym przepisie, albo z sosem, najlepiej takim do sałatek z awokado.

Na 2 porcje

4 szklanki mieszanki zielonych sałat albo młodego szpinaku
1 marchewka, utarta
110 g tuńczyka z puszki
1 łyżeczka posiekanej kolendry
1 awokado, bez pestki, obrane i pokrojone w kostkę
2 ćwiartki limonki

Wymieszaj sałatę z marchewką w salaterce (albo pojemniku do przechowywania potraw). Dodaj tuńczyka i kolendrę. Tuż przed podaniem dołóż awokado i wyciśnij sok z limonki. Potrząśnij, żeby wymieszać, i natychmiast wystaw na stół.

BEZPSZENNA PIZZA

Choć „ciasto" tej bezpszennej pizzy nie jest na tyle mocne, żeby dało się ją trzymać w ręce, ta potrawa z pewnością ukoi twoją tęsknotę za pizzą (bez żadnych niepożądanych konsekwencji). Wystarczy jeden lub dwa kawałki, żeby zaspokoić twój głód, a dzieci będą zachwycone. Jeśli używasz gotowego sosu do pizzy, wybierz taki, który nie zawiera syropu kukurydzianego albo sacharozy.

Na 4–6 porcji

1 kalafior, pokrojony na 3–5-centymetrowe kawałki
około ¾ szklanki oliwy extra virgin
2 duże jajka
3 szklanki (0,35 kg) rozdrobnionego sera mozzarella
wybór dodatków mięsnych: ¼ kg bezglutenowej kiełbasy pokrojonej
  w plasterki (najlepiej niewędzonej), mielonej wołowiny, indyka lub
  wieprzowiny
0,4 l sosu do pizzy albo 2 puszki (po 0,2 l) przecieru pomidorowego
wybór dodatków warzywnych: posiekana papryka (zielona, czerwona
  albo żółta), suszone pomidory, posiekana cebula albo szalotka,
  rozgnieciony czosnek, świeży szpinak, oliwki pokrojone w plasterki,
  pieczarki (posiekane w kostkę lub pokrojone w plasterki), pokrojone
  brokuły lub szparagi
świeża albo suszona bazylia
świeże albo suszone oregano
czarny pieprz
¼ szklanki startego parmezanu

Ugotuj w wodzie lub na parze kalafior (około 20 minut), a następnie odsącz go i przełóż do dużej miski. Rozgnieć na jednolitą masę, bez grudek. Dodaj ¼ szklanki oliwy, jajka i 1 szklankę mozzarelli. Starannie wymieszaj. Rozgrzej piekarnik do 180°C. Natłuść blachę do pizzy 1 łyżką oliwy. Wylej kalafiorową mieszaninę na blachę i rozprowadź równomiernie, tworząc placek o grubości nie większej niż 1,5 cm. Na krawędziach uformuj nieco wyższy brzeg. Piecz przez 20 minut.

Jeśli używasz mięsa, przesmaż je w rondlu do zrumienienia.

Wyjmij spód pizzy z piekarnika, ale nie wyłączaj go. Rozprowadź na spodzie sos do pizzy lub przecier pomidorowy, wyłóż na to resztę mozzarelli oraz warzywne i mięsne dodatki. Posyp bazylią, oregano i pieprzem. Skrop pozostałą oliwą i posyp parmezanem. Piecz do czasu roztopienia mozzarelli (10–15 minut).

Pokrój pizzę w trójkąty i przełóż łopatką na talerze.

MAKARON Z CUKINII Z MŁODYMI PIECZARKAMI

Używając cukinii zamiast tradycyjnego makaronu pszennego, uzyskujemy inny smak i konsystencję, ale to danie jest samo w sobie całkiem pyszne. Ponieważ cukinia ma mniej zdecydowany smak niż makaron, oryginalność potrawy zależy od sosu i przybrania.

Na 2 porcje

½ kg cukinii
¼ kg bezglutenowej kiełbasy (niewędzonej, bez azotynów), mielonej
*   wołowiny, indyka, kurczaka lub wieprzowiny (opcjonalnie)*
3–4 łyżki stołowe oliwy extra virgin
8–10 małych pieczarek lub innych grzybów, pokrojonych w plasterki
2–3 ząbki rozgniecionego czosnku
2 łyżki stołowe posiekanej bazylii
sól i czarny pieprz
1 szklanka sosu pomidorowego albo 110 g pesto
¼ szklanki startego parmezanu

Obierz cukinię. Za pomocą obieraczki do warzyw potnij ją w paski, aż do gniazda nasiennego. (Zachowaj skórkę i gniazdo nasienne do innych zastosowań, na przykład do sałatki).

Jeśli używasz mięsa: rozgrzej 1 łyżkę oliwy w dużym rondlu. Usmaż mięso, rozdzielając kawałki łyżką, aby lepiej się upiekły. Odsącz tłuszcz. Dodaj do rondla 2 łyżki oliwy oraz grzyby i czosnek. Smaż, dopóki nie zmiękną (2–3 minuty).

Jeśli nie używasz mięsa: rozgrzej oliwę w dużym rondlu, na średnim ogniu. Dodaj grzyby i czosnek, smaż przez 2–3 minuty.

W obu przypadkach: dodaj do rondla paski cukinii i smaż, dopóki nie zmiękną, nie dłużej niż 5 minut. Posyp bazylią oraz solą i pieprzem do smaku.

Przed podaniem polej sosem pomidorowym lub pesto i posyp parmezanem.

SMAŻONY MAKARON SHIRATAKI

Makaron shirataki jest uniwersalnym zamiennikiem zwykłego makaronu, oczywiście bezpszennym, zrobionym z korzenia rośliny o nazwie dziwidło. Nie wywiera praktycznie żadnego wpływu na poziom cukru we krwi, gdyż zawiera niewiele węglowodanów (3 gramy na paczkę o wadze 110 gramów). Niektóre makarony shirataki zawierają tofu, dzięki czemu są łatwiejsze do pogryzienia i bardziej przypominają zwykły makaron. Mnie ten produkt bardzo przypomina smakiem makaron ramen, który pamiętam z młodości. Podobnie jak tofu, makaron shirataki wchłania smaki i zapachy tego, z czym jest podawany. Sam nie ma wyraźnego smaku.

Choć ten przepis ma charakter azjatycki, makaron shirataki można zaadaptować do dań włoskich i innych, zastępując nim zwykły makaron pszenny. (Jeden z producentów wytwarza ten makaron w postaci wstążek, rurek i nitek).

Na 2 porcje

3 łyżki stołowe oleju sezamowego
¼ piersi kurczaka (bez skóry), schabu albo twardego tofu pokrojonego
   w kostki o boku 1,5 cm
2–3 ząbki rozgniecionego czosnku
110 g świeżych grzybów shiitake (bez nóżek), pokrojonych w plasterki
2–3 łyżki stołowe sosu sojowego (bezpszennego)
¼ kg świeżych lub mrożonych brokułów, podzielonych na małe różyczki
110 g rozdrobnionych kiełków bambusa
1 łyżka stołowa świeżo startego imbiru
2 łyżeczki ziaren sezamu
½ łyżeczki płatków czerwonej papryki
2 opakowania (po 110 g) makaronu shirataki

Rozgrzej w woku albo dużym rondlu na średnim ogniu 2 łyżki oleju sezamowego. Dodaj mięso lub tofu, czosnek, grzyby shiitake i sos sojowy, a następnie smaż do czasu, gdy mięso będzie gotowe albo tofu przyrumienione ze wszystkich stron. (Jeśli mieszanina stanie się zbyt sucha, wlej odrobinę wody).

Dodaj brokuły, kiełki bambusa, imbir, ziarna sezamu, płatki papryki oraz resztę oleju i smaż, mieszając, dopóki brokuły lekko nie zmiękną (4–5 minut).

W tym czasie zagotuj w dużym rondlu 4 szklanki wody. Płucz makaron shirataki w durszlaku pod zimną bieżącą wodą przez około 15 sekund. Odsącz. Wrzuć makaron do wrzątku i gotuj przez 3 minuty, Następnie odcedź i włóż do woka z warzywami. Smaż całość na średnim ogniu około 2 minuty.

CIASTECZKA KRABOWE

Te „panierowane" ciasteczka krabowe są wyjątkowo łatwe do przygotowania. Podawane z sosem tatarskim lub innym podobnym oraz szpinakiem albo sałatą, mogą stanowić danie główne.

Na 4 porcje

2 łyżki stołowe oliwy extra virgin
½ papryki, drobno posiekanej
¼ dużej cebuli, drobno posiekanej
2 łyżki drobno zmielonej papryki chili (do smaku)
¼ szklanki mielonych orzechów włoskich
1 duże jajko
1 i ½ łyżeczki przyprawy curry
½ łyżeczki mielonego kminku
drobna sól morska
170 g mięsa krabów z puszki, odsączonego i rozdrobnionego
¼ szklanki mielonego siemienia lnianego (można kupić gotowe)
1 łyżeczka cebuli w proszku
½ łyżeczki czosnku w proszku
młody szpinak albo mieszanka zielonych sałat
sos tatarski (opcjonalnie)

Rozgrzej piekarnik do 165˚C. Wyłóż folią blaszkę do pieczenia.
W dużym rondlu rozgrzej na średnim ogniu oliwę. Dodaj paprykę, cebulę i paprykę chili. Smaż do miękkości (4–5 minut). Odstaw do lekkiego przestygnięcia.
Przełóż warzywa do dużej miski. Dodaj orzechy, jajko, przyprawę curry, kminek i szczyptę morskiej soli oraz mięso kraba i starannie wymieszaj. Uformuj cztery paszteciki i przełóż je na blaszkę do pieczenia.
Wymieszaj w miseczce mielone siemię oraz cebulę i czosnek w proszku. Posyp tą „panierką" ciasteczka krabowe. Piecz je do zrumienienia przez około 25 minut.
Podaj na warstwie szpinaku lub sałaty. Jeżeli chcesz, dodaj trochę sosu tatarskiego.

KURCZAK W PEKANACH Z PASTĄ TAPENADE

To danie może być wspaniałą przystawką albo posiłkiem na wynos. Można je przygotować w mgnieniu oka, zwłaszcza jeżeli ma się resztki kurczaka – wystarczy odłożyć kilka kawałków piersi z wczorajszego obiadu. Jeżeli chcesz, zamiast tapenade możesz użyć pesto (z bazylii albo suszonych pomidorów), ewentualnie caponaty z bakłażanów.

Na 2 porcje

dwie 110-gramowe piersi kurczaka bez skóry
1 duże jajko
¼ szklanki mleka kokosowego lub krowiego
½ szklanki mielonych pekanów (można dostać gotowe)
3 łyżki stołowe startego parmezanu
2 łyżeczki cebuli w proszku
1 łyżeczka suszonego oregano
drobna sól morska i mielony czarny pieprz
4 łyżki stołowe gotowej pasty tapenade, caponaty albo pesto

Rozgrzej piekarnik do 180°C i upiecz kurczaka (około 30 minut).
W płytkiej miseczce rozbełtaj jajko widelcem. Dodaj do niego mleko i wymieszaj.
Wymieszaj mielone pekany, starty parmezan, cebulę w proszku, oregano oraz pieprz i sól (do smaku).
Zanurz kurczaka w jajku, a następnie obtocz go w „panierce" z pekanów. Połóż na talerzu i wstaw na dwie minuty do kuchenki mikrofalowej nastawionej na wysoką moc. Po wyjęciu posmaruj pastą tapenade, caponatą lub pesto i podaj na gorąco.

KOTLETY WIEPRZOWE PANIEROWANE W PARMEZANIE Z BALSAMICZNYMI WARZYWAMI

Mielone orzechy mogą posłużyć jako zamiennik bułki tartej. Tę smaczną „panierkę" można łatwo doprawić w ulubiony sposób ziołami lub innymi przyprawami.

Na 4 porcje

1 biała cebula, pokrojona w cienkie plastry
1 mały bakłażan ze skórką, pokrojony w kostki o boku 1,5 cm
1 zielona papryka, pokrojona w plasterki
1 żółta lub czerwona papryka, pokrojona w plasterki
2 ząbki czosnku, grubo posiekane
¼ szklanki oliwy extra virgin (w razie potrzeby więcej)
¼ szklanki octu balsamicznego
sól morska (drobna lub gruba), mielony czarny pieprz
1 duże jajko
1 łyżka stołowa mleka kokosowego
½ szklanki mielonych migdałów lub pekanów (można kupić gotowe)
¼ szklanki startego parmezanu
1 łyżeczka czosnku w proszku
1 łyżeczka cebuli w proszku
4 kotlety wieprzowe z kością (po około 160 g)
1 cytryna, pokrojona w cienkie plasterki

Rozgrzej piekarnik do 180°C.
W dużej blaszce do pieczenia wymieszaj cebulę, bakłażan, paprykę i czosnek. Skrop 2 łyżeczkami oliwy oraz octem. Dopraw do smaku solą i pieprzem. Potrząśnij, żeby wymieszać warzywa z przyprawami. Przykryj blachę folią i piecz przez 30 minut.
W tym czasie ubij w miseczce jajko z mlekiem kokosowym. W innej miseczce zmieszaj migdały lub pekany z parmezanem oraz cebulą i czosnkiem w proszku. Dopraw solą i pieprzem. Zanurz każdy kotlet w jajku (z obu stron), a następnie obtocz go w mieszaninie orzechów i parmezanu.
Na dużej patelni na średnim ogniu rozgrzej 2 łyżki stołowe oliwy i smaż kotlety aż do zrumienienia (po 2–3 minuty z obu stron).
Gdy warzywa będą upieczone, wyjmij blachę z piekarnika i usuń folię. Ułóż na warzywach kotlety, a na kotletach plasterki cytryny.
Umieść blachę z powrotem w piekarniku i piecz bez przykrycia około 30 minut, do chwili gdy mięso będzie gotowe (powinno być lekko różowawe w środku), a warzywa bardzo miękkie.

SAŁATKA ZE SZPINAKU I GRZYBÓW

Tę prostą sałatkę można łatwo przygotować w większych ilościach (odpowiednio mnożąc podaną ilość składników), aby móc ją wykorzystać np. na śniadanie następnego dnia. Sos najlepiej dodać tuż przed podaniem. Jeżeli zamierzasz użyć gotowego sosu, przeczytaj starannie etykietę, gdyż do takich produktów często dodaje się syropu kukurydzianego z wysoką zawartością fruktozy i/lub sacharozy. Należy unikać zwłaszcza sosów niskotłuszczowych lub beztłuszczowych. Jeśli gotowy sos jest zrobiony na bazie oliwy i ma niską lub zerową zawartość cukru, możesz go używać w dowolnej ilości – w zależności od tego, jak lubisz.

Na 2 porcje

8 szklanek młodych liści szpinaku
2 szklanki dowolnie wybranych grzybów, pokrojonych w plasterki
½ czerwonej lub żółtej papryki, posiekanej
½ szklanki posiekanej szalotki albo czerwonej cebuli
2 jajka ugotowane na twardo i pokrojone w plasterki
½ szklanki połówek orzechów włoskich
170 g sera feta w kostkach
sos winegret domowej roboty (oliwa extra virgin plus dowolnie wybrany
  ocet) albo gotowy sos do sałatek

Wymieszaj w dużej misce szpinak, grzyby, paprykę, szalotkę, jajka, orzechy i ser. Dodaj sos i potrząśnij, żeby pokryć nim składniki, albo rozdziel sałatkę do dwóch hermetycznych pojemników i włóż je do lodówki. Polej sosem tuż przed podaniem.

Warianty: możesz przygotować różne odmiany tej sałatki, dodając do niej zioła, takie jak bazylia lub kolendra, zastępując fetę serem kozim, goudą lub serem szwajcarskim, dodając całe drylowane oliwki albo używając sosu śmietanowego (bez cukru oraz syropu kukurydzianego z wysoką zawartością fruktozy), takiego jak bezproblemowy sos ranczerski ze strony 303.

SZPARAGI Z PIECZONYM CZOSNKIEM I OLIWĄ Z OLIWEK

Dzięki szparagom to skromne danie jest pełne zdrowia. Odrobinę dodatkowego wysiłku, jakiego wymaga upieczenie czosnku, wynagrodzi z nawiązką ostateczny smak potrawy.

Na 2 porcje

1 główka czosnku
oliwa extra virgin
20 dag szparagów pokrojonych w 5-centymetrowe kawałki
1 łyżka stołowa mielonych pekanów lub migdałów
½ łyżeczki cebuli w proszku

Rozgrzej piekarnik do temperatury 200°C.

Obierz czosnek z zewnętrznych łusek (nie dziel go na ząbki) i odetnij ½ cm od góry główki, odsłaniając ząbki. Skrop główkę oliwą, starannie zawiń w folię i umieść na płytkiej blaszce. Piecz przez 30 minut. Wyjmij z folii i odstaw do wystygnięcia.

W dużym rondlu rozgrzej na średnim ogniu 1 łyżkę stołową oliwy. Włóż szparagi i smaż, mieszając, dopóki się lekko nie zrumienią (3–4 minuty). Posyp mielonymi pekanami lub migdałami i oprósz cebulą w proszku.

Wyciśnij pieczony czosnek z łupinek do rondla. Smaż dalej przez 1–2 minuty, dopóki szparagi nie staną się miękkie, ale jędrne.

BAKŁAŻAN ZAPIEKANY Z TRZEMA SERAMI

Jeśli lubisz sery, pokochasz połączenie smaków w tej zapiekance. Jest na tyle treściwa, że może stanowić danie główne. Mniejsze porcje można podawać jako dodatek do steku z rusztu albo rybnego fileta. To, co zostanie, będzie znakomitym śniadaniem.

Na 6 porcji

1 bakłażan, pokrojony w plastry o grubości 1 cm
½ szklanki oliwy extra virgin
1 żółta cebula, posiekana
2–3 ząbki czosnku, rozgniecionego
3–4 łyżki stołowe suszonych pomidorów
4–6 szklanek liści szpinaku
2 pomidory pokrojone w kliny
2 szklanki sosu pomidorowego
1 szklanka sera ricotta
1 szklanka rozdrobnionego pełnotłustego sera mozzarella (110 g)
½ szklanki startego parmezanu (55 g)
4–5 posiekanych listków bazylii

Rozgrzej piekarnik do temperatury 160°C.
Posmaruj plastry bakłażana z obu stron oliwą (zużyj jej większość, zostawiając mniej więcej 2 łyżki stołowe) i ułóż je na blaszce do pieczenia. Piecz przez 20 minut, a następnie wyjmij, ale nie wyłączaj piekarnika.
Pozostałą oliwę rozgrzej w dużym rondlu na średnim ogniu. Dodaj cebulę, czosnek, suszone pomidory i szpinak. Smaż do czasu, aż szpinak zmięknie.
Rozłóż pomidory na plastrach bakłażana. Umieść na nich szpinak i polej go sosem pomidorowym.
Wymieszaj w miseczce ricottę i mozzarellę. Rozłóż sery na sosie pomidorowym i posyp bazylią, a następnie startym parmezanem.
Piecz bez przykrycia około 30 minut, do czasu aż ser się roztopi i zaczną się na nim tworzyć pęcherzyki.

„CHLEB" JABŁKOWO-ORZECHOWY

Wiele osób wyruszających w bezpszenną podróż tęskni czasem za chlebem. Aromatyczny, wysokobiałkowy bochenek z naszego przepisu pomoże im zapomnieć o tym pragnieniu. Chleb jabłkowo-orzechowy smakuje cudownie z serem śmietankowym, masłem orzechowym, słonecznikowym lub migdałowym, albo zwyczajnym masłem z mleka krowiego (niesolonym, w przypadku osób wrażliwych na sól). Natomiast nie bardzo nadaje się do kanapek, gdyż ze względu na brak glutenu łatwo się kruszy.

Zawartość węglowodanów, w postaci musu jabłkowego, to około 5 gramów na kromkę. Zresztą z musu można zrezygnować, co nie wpłynie na jakość chleba.

Na 10–12 porcji

2 szklanki mielonych migdałów (można kupić gotowe)
1 szklanka siekanych orzechów włoskich
2 łyżki stołowe mielonego siemienia lnianego (można kupić gotowe)
1 łyżka stołowa cynamonu
2 łyżeczki bezglutenowego proszku do pieczenia
½ łyżeczki drobnej soli morskiej
2 duże jajka
1 szklanka niesłodzonego musu jabłkowego
½ szklanki oleju orzechowego, oliwy, oleju kokosowego lub roztopionego
  masła
¼ szklanki kwaśnej śmietany albo mleczka kokosowego

Rozgrzej piekarnik do temperatury 160˚C. Posmaruj obficie tłuszczem blaszkę do pieczenia o wymiarach 23 x 13 cm. (Idealnie nadaje się do tego olej kokosowy).

Dokładnie wymieszaj mielone migdały, orzechy, siemię, cynamon, proszek do pieczenia i sól.

Połącz w misce jajka, mus jabłkowy, olej i kwaśną śmietanę lub mleczko kokosowe. Wlej do suchych składników i mieszaj do uzyskania jednolitej masy. Jeżeli mieszanina jest bardzo gęsta, dodaj 1–2 łyżki mleczka kokosowego. Wyłóż to „ciasto" na blachę i dociśnij je do podłoża. Piecz przez około 45 minut, do czasu aż wbita wykałaczka będzie po wyjęciu sucha. Zostaw w blaszce do wstępnego ostygnięcia (około 20 minut). Następnie odwróć blaszkę i wyjmij chleb. Podawaj pokrojony w kromki.

Warianty: potraktuj ten przepis jako podstawę do innych podobnych wypieków, takich jak chleb bananowy, chleb z cukinii i marchwi itp. Zamiast musu jabłkowego możesz na przykład użyć 1 i ½ szklanki przecieru dyniowego z puszki, dodając 1 i ½ łyżeczki gałki muszkatołowej. Taki dyniowy chleb smakuje znakomicie podczas zimowych wieczorów.

MUFFINKI BANANOWO-JAGODOWE

Podobnie jak większość wypieków niezawierających pszenicy, te muffinki będą nieco bardziej gruboziarniste od klasycznych. Banany, owoce znane z wysokiej zawartości węglowodanów, przydają im trochę słodyczy, ale ponieważ są rozłożone na 12 babeczek, twój kontakt z węglowodanami będzie minimalny. Zamiast borówek można użyć takich samych ilości malin, żurawin lub innych owoców jagodowych.

Na 10–12 muffinek

2 szklanki mielonych migdałów (można kupić gotowe)
¼ szklanki mielonego siemienia lnianego (można kupić gotowe)
słodzik, np. Truvia, wyciąg ze stewii lub Splenda, równowartość ¾ szklanki cukru
1 łyżeczka bezglutenowego proszku do pieczenia
szczypta soli morskiej
1 dojrzały banan
2 duże jajka
½ szklanki kwaśnej śmietany albo mleczka kokosowego
¼ szklanki oleju orzechowego, oleju kokosowego lub oliwy
1 szklanka borówek, świeżych lub mrożonych

Rozgrzej piekarnik do temperatury 160°C. Natłuść olejem foremkę z dwunastoma wgłębieniami na muffinki.

Wymieszaj łyżką mielone migdały, siemię, słodzik, proszek do pieczenia i sól.

W drugiej misce rozgnieć banana na gładką masę. Dodaj jajka, kwaśną śmietanę lub mleczko kokosowe i olej. Wlej tę mieszaninę do migdałów z dodatkami i dokładnie wymieszaj. Wsyp borówki.

Przełóż ciasto łyżką do wgłębień na babeczki, wypełniając je do połowy. Piecz około 45 minut, do czasu aż wykałaczka wbita w środek muffinki będzie po wyjęciu sucha. Studź w blaszce przez 10–15 minut, a następnie odwróć blaszkę i przełóż muffinki na druciany ruszt do całkowitego wystygnięcia.

MUFFINKI DYNIOWO-KORZENNE

Jesienią i zimą te muffinki są moim ulubionym śniadaniem. Posmarowane kremowym serkiem znakomicie sycą, pozwalając przetrwać chłodny poranek.

Na 12 małych muffinek

2 szklanki mielonych migdałów (można kupić gotowe)
1 szklanka siekanych orzechów włoskich
¼ szklanki mielonego siemienia lnianego (można kupić gotowe)
słodzik, np. Truvia, wyciąg ze stewii lub Splenda, równowartość ¾ szklanki cukru
2 łyżeczki cynamonu
1 łyżeczka mielonego ziela angielskiego
1 łyżeczka mielonej gałki muszkatołowej
1 łyżeczka bezglutenowego proszku do pieczenia
szczypta soli morskiej
1 puszka (425 g) niesłodzonego przecieru z dyni
½ szklanki kwaśnej śmietany albo mleczka kokosowego
2 duże jajka
¼ szklanki oleju orzechowego, oleju kokosowego lub oliwy

Rozgrzej piekarnik do temperatury 160°C. Natłuść olejem foremkę z dwunastoma wgłębieniami na muffinki.

W dużej misce wymieszaj mielone migdały, orzechy, siemię, słodzik, cynamon, ziele angielskie, gałkę muszkatołową, proszek do pieczenia i sól. W drugiej dużej misce wymieszaj dynię, kwaśną śmietanę lub mleczko kokosowe, jajka i olej.

Wlej mieszaninę z dyni do migdałów z dodatkami i dokładnie wymieszaj. Przełóż ciasto łyżką do wgłębień na muffinki, wypełniając je do połowy. Piecz do czasu, aż wykałaczka wbita w środek muffinki będzie po wyjęciu sucha (około 45 minut).

Studź w foremkach przez 10–15 minut, a następnie odwróć blaszkę i przełóż muffinki na druciany ruszt do całkowitego wystygnięcia.

MUS Z KAKAO I TOFU

Trudno wam będzie odróżnić ten deser od tradycyjnego musu, a ta wersja dostarcza sporej ilości zdrowych flawonoidów, z powodu których zaczyna się cenić produkty zawierające kakao. Osoby uczulone na soję mogą zastąpić zarówno tofu, jak i mleczko sojowe dwiema szklankami (½ l) naturalnego greckiego jogurtu.

Na 4 porcje

450 g twardego tofu
½ szklanki kakao w proszku (bez cukru i bez glutenu)
¼ szklanki niesłodzonego mleczka migdałowego, pełnotłustego mleczka
*   sojowego lub pełnego mleka krowiego*
słodzik, np. Truvia, wyciąg ze stewii lub Splenda, równowartość ½ szklanki
*   cukru*
2 łyżeczki ekstraktu waniliowego
1 łyżeczka ekstraktu migdałowego
bita śmietana
3–4 truskawki (pokrojone) lub 10–12 malin

Zmiksuj tofu, kakao, mleczko migdałowe, słodzik oraz ekstrakty (waniliowy i migdałowy) na jednolity krem. Przełóż go łyżką do salaterek i udekoruj bitą śmietaną oraz owocami.

CIASTECZKA KORZENNE

Te bezpszenne ciasteczka zaspokoją apetyt na słodycze, który może pojawiać się od czasu do czasu. Zastąpienie mąki pszennej przez kokosową sprawia, że ciasteczka są nieco cięższe i mniej spoiste, ale kiedy przyjaciele i krewni przyzwyczają się do ich trochę nietypowej konsystencji, poproszą o dokładkę. Podobnie jak kilka innych zamieszczonych tutaj przepisów, także i ten ma charakter podstawowy i można go modyfikować na wiele pysznych sposobów. Na przykład miłośnicy czekolady mogą dodać pokruszoną czekoladę deserową, rezygnując z ziela angielskiego, gałki muszkatołowej oraz imbiru. Otrzymają zdrowy, bezpszenny odpowiednik ciasteczek zwanych „pieguskami".

Na około 25 ciasteczek (o średnicy 6,5 cm)

2 szklanki mąki kokosowej
1 szklanka drobno posiekanych orzechów włoskich

3 łyżki stołowe wiórków kokosowych
2 łyżki stołowe Truvii, ½ łyżeczki wyciągu ze stewii w proszku lub ½
  szklanki granulowanej Splendy
2 łyżeczki cynamonu
1 łyżeczka mielonego ziela angielskiego
1 łyżeczka mielonego imbiru
1 łyżeczka startej gałki muszkatołowej
1 łyżeczka sody oczyszczonej
1 szklanka kwaśnej śmietany albo mleczka kokosowego
1 szklanka oleju orzechowego, oleju kokosowego, oliwy lub roztopionego
  masła
½ szklanki bezcukrowego syropu waniliowego (warte polecenia są marki
  DaVinci i Torani)
3 duże jajka, lekko rozkłócone
1 łyżka stołowa startej skórki z cytryny
1 łyżeczka ekstraktu migdałowego
mleko, niesłodzone mleczko migdałowe lub sojowe (opcjonalnie)

Rozgrzej piekarnik do temperatury 160°C. Natłuść blachę lub wyłóż ją papierem do pieczenia.

Wymieszaj w dużej misce mąkę kokosową, orzechy, wiórki kokosowe, słodzik, cynamon, ziele angielskie, imbir, gałkę muszkatołową i sodę oczyszczoną.

Wymieszaj kwaśną śmietanę lub mleczko kokosowe, olej lub masło, syrop waniliowy, jajka, skórkę cytrynową i ekstrakt migdałowy. Wlej uzyskaną mieszaninę do miski z suchymi produktami i mieszaj do wchłonięcia. (Jeśli ciasto jest za gęste, dodawaj niesłodzonego mleczka migdałowego lub sojowego po 1 łyżce stołowej, do czasu aż uzyska właściwą konsystencję). Układaj na blasze 2,5-centymetrowe kupki ciasta, rozpłaszczając je. Piecz przez 20 minut albo do czasu, aż wbita w ciasto wykałaczka będzie po wyjęciu sucha. Wystudź ciastka na drucianym ruszcie.

CIASTO MARCHEWKOWE

Spośród wszystkich opisanych tutaj deserów ten jest najbardziej zbliżony smakiem do oryginału zawierającego pszenicę. Zaspokoi nawet wybredne podniebienia.

Na 8–10 porcji

1 szklanka mąki kokosowej
słodzik, np. Truvia, wyciąg ze stewii lub Splenda, równowartość 1 szklanki
  cukru

2 łyżki stołowe startej skórki z pomarańczy
1 łyżka stołowa mielonego siemienia lnianego
2 łyżeczki cynamonu
1 łyżeczka mielonego ziela angielskiego
1 łyżeczka startej gałki muszkatołowej
1 łyżeczka bezglutenowego proszku do pieczenia
szczypta drobnej soli morskiej
4 duże jajka
½ szklanki oleju kokosowego, lekko podgrzanego lub roztopionego masła
1 szklanka kwaśnej śmietany
½ szklanki mleczka kokosowego
2 łyżeczki ekstraktu waniliowego
2 szklanki drobno startej marchewki
1 szklanka siekanych pekanów

Lukier
220 g częściowo odtłuszczonego serka kremowego (Neufchâtel)
    o temperaturze pokojowej
1 łyżeczka świeżego soku cytrynowego
1 łyżka stołowa Truvii, dwie szczypty wyciągu ze stewii w proszku lub ¼
    szklanki granulowanej Splendy

Rozgrzej piekarnik do temperatury 160°C. Natłuść blachę do pieczenia o wymiarach 25 x 25 cm.

Aby przygotować ciasto: wymieszaj ręką w dużej misce mąkę kokosową, słodzik, skórkę z pomarańczy, mielone siemię, cynamon, ziele angielskie, gałkę muszkatołową, proszek do pieczenia i sól.

Ubij w średniej misce jajka, roztopione masło lub olej kokosowy, kwaśną śmietanę, mleczko kokosowe i ekstrakt waniliowy. Wlej uzyskaną mieszaninę do miski z suchymi produktami i mieszaj do wchłonięcia. Utrzyj całość dokładnie, używając elektrycznego miksera. Dodaj marchewkę i pekany. Wymieszaj i wylej ciasto na blaszkę.

Piecz przez 1 godzinę albo do czasu, aż wbita w ciasto wykałaczka będzie po wyjęciu sucha. Zaczekaj, aż ciasto wystygnie, i polej je lukrem przygotowanym ze zmiksowanego serka kremowego, soku z cytryny i słodzika.

KLASYCZNY SERNIK Z BEZPSZENNYM CIASTEM

Oto powód do radości: sernik bez niepożądanych konsekwencji dla zdrowia i wagi! Podstawą tego dekadenckiego deseru są mielone pekany, choć zamiast nich możesz użyć mielonych orzechów włoskich albo migdałów. *Na 6–8 porcji*

Ciasto
1 i ½ szklanki mielonych pekanów
słodzik, np. Truvia, wyciąg ze stewii lub Splenda, równowartość ½ szklanki cukru
1 i ½ łyżeczki cynamonu
6 łyżek stołowych roztopionego i wystudzonego masła
1 duże jajko, lekko rozkłócone
1 łyżeczka ekstraktu waniliowego

Masa serowa
450 g częściowo odtłuszczonego sera o temperaturze pokojowej
¾ szklanki kwaśnej śmietany
słodzik, np. Truvia, wyciąg ze stewii lub Splenda, równowartość ½ szklanki cukru
szczypta drobnej soli morskiej
3 duże jajka
sok z 1 małej cytryny i 1 łyżka stołowa startej skórki z cytryny
2 łyżeczki ekstraktu waniliowego

Rozgrzej piekarnik do temperatury 160°C.
Aby przygotować ciasto: wymieszaj w dużej misce mielone pekany, słodzik i cynamon. Dodaj roztopione masło, jajko oraz wanilię i dokładnie wymieszaj.
Wyklej tym ciastem dno 25-centymetrowej tortownicy, tworząc brzeg o wysokości 1,5–2 cm.
Aby przygotować masę serową: wymieszaj w misce ser, kwaśną śmietanę, słodzik i sól. Za pomocą elektrycznego miksera, nastawionego na małe obroty, ubij te składniki na jednolitą masę. Dodaj jajka, sok i skórkę z cytryny oraz wanilię, a następnie ubijaj ze średnią prędkością przez 1 minutę.
Wylej mieszaninę serową na ciasto. Piecz około 50 minut, do czasu aż środek sernika stężeje. Wystudź na drucianym ruszcie. Przed podaniem schłodź w lodówce.
Warianty: warstwę serową można modyfikować na dziesiątki sposobów. Spróbuj dodać do niej pół szklanki kakao w proszku i posypać wierzch wiórkami ciemnej czekolady albo zastąp sok i skórkę z cytryny limonką. Możesz też ozdobić sernik owocami, listkami mięty i bitą śmietaną.

KRÓWKI Z CZEKOLADY I MASŁA ORZECHOWEGO

Prawdopodobnie nie ma czegoś takiego, jak zdrowa krówka, ale ten deser jest stosunkowo najzdrowszy. Dobrze go mieć pod ręką, na wypadek gdyby nagle naszła cię nieodparta chęć zjedzenia czegoś słodkiego.

Na 12 porcji

Krówka
2 łyżeczki lekko podgrzanego oleju kokosowego
230 g gorzkiej bezglutenowej czekolady
1 szklanka naturalnego masła orzechowego o temperaturze pokojowej
115 g częściowo odtłuszczonego sera o temperaturze pokojowej
słodzik, np. Truvia, wyciąg ze stevii lub Splenda, równowartość 1 szklanki cukru
1 łyżeczka ekstraktu waniliowego
szczypta soli
½ szklanki siekanych, niesolonych, prażonych na sucho orzeszków ziemnych lub orzechów włoskich

Polewa (opcjonalnie)
½ szklanki naturalnego masła orzechowego o temperaturze pokojowej
½ szklanki siekanych, niesolonych, prażonych na sucho orzeszków ziemnych

Posmaruj olejem kokosowym blachę do pieczenia o wymiarach 20 x 20 cm. Aby przygotować krówkę: włóż czekoladę do odpowiedniej miseczki i podgrzewaj ją w kuchence mikrofalowej przez 1½–2 minut, z przerwami co 30 sekund, dopóki się lekko nie roztopi. (Po 1 minucie zamieszaj czekoladę, żeby sprawdzić, czy nie jest zbyt miękka).

W osobnej miseczce wymieszaj masło orzechowe, ser, słodzik, wanilię i sól. Wstaw na około 1 minutę do kuchenki mikrofalowej, aby składniki zmiękły, a następnie zmiksuj je dokładnie, dodaj do czekolady i starannie wymieszaj. (Jeśli mieszanina stanie się zbyt twarda, wstaw ją do kuchenki mikrofalowej na kolejne 30–40 sekund).

Rozsmaruj gotową masę we wcześniej przygotowanej blaszce i odstaw do wystygnięcia. Jeżeli chcesz, możesz posmarować krówkę warstwą masła orzechowego i posypać siekanymi orzeszkami.

SOS WASABI

Jeżeli nie znasz jeszcze sosu wasabi, uważaj – bywa bardzo ostry, choć ma wyjątkowy, niedający się opisać smak. Tę ostrość można złagodzić, zmniejszając ilość stosowanego proszku wasabi. (Na wszelki wypadek zachowaj ostrożność i na początku użyj tylko 1 łyżeczki proszku, aby mieć szansę dodać potem więcej i dostosować „moc" sosu do swoich upodobań). Sos wasabi jest znakomitym dodatkiem do ryb i kurczaka. Można go również używać do bezpszennych kanapek typu wrap (strona 281). Jeżeli chcesz przygotować bardziej azjatycką wersję sosu, zastąp majonez 2 łyżkami stołowymi oleju sezamowego i 1 łyżką bezpszennego sosu sojowego.

Na 2 porcje

3 łyżki majonezu
1–2 łyżeczki proszku wasabi
1 łyżeczka drobno zmielonego imbiru (świeżego lub suszonego)
1 łyżeczka octu ryżowego lub wody

Wymieszaj wszystkie składniki w małej miseczce. Przechowuj w szczelnym pojemniku do 5 dni.

SOS WINEGRET

Ten przepis na podstawowy sos winegret jest wyjątkowo uniwersalny i można go zmieniać na dziesiątki sposobów, dodając takie składniki, jak musztarda Dijon, siekane zioła (bazylia, oregano lub natka pietruszki) albo drobno siekane suszone pomidory. Jeżeli wybierzesz ocet balsamiczny, przeczytaj uważnie etykietkę, gdyż do wielu takich octów jest dodawany cukier. Można też wybrać ocet spirytusowy, ryżowy, winny lub jabłkowy.

Na 1 szklankę

¾ szklanki oliwy extra virgin
¼ szklanki wybranego octu
1 rozgnieciony ząbek czosnku
1 łyżeczka cebuli w proszku
½ łyżeczki świeżo zmielonego czarnego pieprzu
szczypta soli morskiej

Umieść składniki w półlitrowym słoiku z zakrętką. Zamknij szczelnie słoik i wstrząśnij, żeby wszystko dokładnie wymieszać. Przechowuj w lodówce do 1 tygodnia. Wstrząśnij przed użyciem.

BEZPROBLEMOWY SOS RANCZERSKI

Przygotowując własny sos do sałatki – nawet jeżeli używasz gotowych składników, takich jak majonez – masz większą kontrolę nad jego zawartością. Oto przepis na szybki sos ranczerski, który nie zawiera żadnych niezdrowych składników, pod warunkiem że używasz majonezu bez pszenicy, mąki kukurydzianej, syropu kukurydzianego z wysoką zawartością fruktozy, sacharozy lub uwodornionych olejów. (Większość majonezów ich nie zawiera).

Na mniej więcej 2 szklanki

1 szklanka kwaśnej śmietany
½ szklanki majonezu
1 łyżeczka octu spirytusowego
½ szklanki (55 g) startego parmezanu
1 łyżeczka czosnku, w proszku lub drobno rozgniecionego
1 i ½ łyżeczki cebuli w proszku
szczypta soli morskiej

Wymieszaj w miseczce kwaśną śmietanę, majonez, ocet i 1 łyżkę stołową wody. Dodaj parmezan, czosnek, cebulę i sól. Jeśli wolisz rzadszy sos, dodaj jeszcze jedną łyżkę wody. Przechowuj w lodówce.

PODZIĘKOWANIA

Ścieżka, która doprowadziła mnie do bezpszennego oświecenia, bynajmniej nie była prosta. Prawdę mówiąc, wiodła zygzakami, w górę i w dół, zanim doszedłem nią do zrozumienia jednej z największych wpadek żywieniowych na międzynarodową skalę. Wielu ludzi przyczyniło się do tego i pomogło mi przekazać to ważne przesłanie szerszemu gronu odbiorców.

Jestem wdzięczny mojemu agentowi i przyjacielowi Rickowi Broadheadowi za wysłuchanie tego, co, jak wiedziałem od początku, zakrawa na wariacki pomysł. Po kilku chwilach Rick stał za tym projektem w 100 procentach. Z ogromnym impetem przekształcił moją propozycję w pełnoprawny plan, który mógł ruszyć z kopyta. Rick był kimś więcej niż tylko oddanym agentem. Radził mi, jak kształtować przesłanie i jak najskuteczniej je przekazywać, że nie wspomnę o ustawicznym wsparciu moralnym.

Pam Krauss, moja redaktorka z wydawnictwa Rodale, trzymała mnie w ryzach, przycinając moją rozwlekłą prozę do jej obecnej formy. Jestem przekonany, że przez wiele wieczorów ślęczała nad moimi wypocinami, rwąc włosy z głowy i parząc kolejne kawy, żeby nadal móc nanosić swoim zielonym piórem poprawki na moim brudnopisie. Powinienem przez cały rok wznosić co wieczór toast na twoją cześć, Pam!

Liczne grono osób zasługuje na podziękowania za to, że pozwoliły mi dostrzec wiele wyjątkowych rzeczy. Elisheva Rogosa z Heritage Wheat Foundation (www.growseed.org) nie tylko pomogła mi zrozumieć rolę starożytnej pszenicy w tej trwającej 10 000 lat wędrówce, ale także dostarczyła prawdziwego ziarna pszenicy samopszy. Dzięki temu mogłem na własnej skórze doświadczyć, co znaczy jedzenie ziarna będącego bezpośrednim przodkiem zboża spożywanego przez natufijskich łowców-zbieraczy. Dr Allan Fritz, wykładowca uprawy pszenicy na Uniwersytecie Stanu Kansas, oraz dr Gary Vocke, statystyk rolniczy amerykańskiego Departamentu Rolnictwa i czołowy analityk pszenicy, dostarczyli mi danych pozwalających spojrzeć z ich perspektywy na współczesne odmiany tego zboża.

Dr Peter Green, dyrektor Centrum Celiakii Uniwersytetu Columbia w Nowym Jorku, zarówno poprzez swoje przełomowe badania kliniczne, jak i osobiste kontakty, pomógł mi zrozumieć, w jaki sposób choroba trzewna wpisuje się w szerzej pojmowaną kwestię nietolerancji pszenicy. Dr Joseph Murray z Kliniki Mayo nie tylko dostarczył mi informacji o niezmiernie pomysłowych badaniach klinicznych obciążających pszenicę stworzoną przez współczesny agrobiznes, ale przyczynił się też do tego, że zrozumiałem sprawy, które, moim zdaniem, doprowadzą do ostatecznej zguby tego wynaturzonego zboża, przenikającego każdy aspekt amerykańskiego życia.

Istnieją też dwie grupy osób, zbyt liczne, by je wymienić, ale bliskie i drogie mojemu sercu. To moi pacjenci oraz internetowi uczestnicy mojego programu profilaktyki chorób serca o nazwie Track Your Plaque, czyli „Obserwuj swoją płytkę (miażdżycową)" (www.trackyourplaque.com). To ludzie z krwi i kości, dzięki którym wiele się nauczyłem, co pomogło mi formułować i doskonalić zawarte tutaj idee. Właśnie oni ukazywali mi wciąż na nowo, jak cudowne skutki zdrowotne przynosi rezygnacja z pszenicy.

Mój przyjaciel i guru technologii informacyjnej, Chris Klies-met, pomógł mi przez to wszystko przejść, poddając moje idee rzeczowej krytyce w stylu: „Nikt inny tak nie uważa".

Oczywiście muszę przypomnieć mojej cudownej żonie, Dawn, że naprawdę zabiorę ją w wiele miejsc, na co solidnie zasłużyła, gdyż zajmując się tą książką, poświęciłem mnóstwo rodzinnych wycieczek i wieczorów. Skarbie, kocham cię i jestem ci wdzięczny za to, że pozwoliłaś mi zrealizować ten bardzo, bardzo ważny projekt.

Dziękuję mojemu synowi Billowi, który właśnie zaczyna pierwszy rok college'u, za to, że cierpliwie wysłuchiwał mojej paplaniny o sprawach, które tu poruszam. Zaimponowałeś mi odwagą, kiedy spierałeś się ze swoimi profesorami na temat tych idei! Dziękuję mojej córce Lauren, która rozpoczęła karierę zawodowej tenisist-ki, kiedy pracowałem nad tą książką. Od tej pory będę częściej bywał na twoich meczach. Czterdzieści do zera! I wreszcie chciał-bym udzielić życzliwej rady Jacobowi, mojemu pasierbowi, który musiał znosić moje niekończące się napomnienia w stylu: „Odłóż ten paluszek!". Bardzo chciałbym zobaczyć, jak odnosisz sukcesy i rozkwitasz, ciesząc się każdą chwilą, zamiast przez dziesięciolecia walczyć z otępieniem, sennością i emocjonalnym zamieszaniem z powodu takiego drobiazgu, jak kanapka z szynką, którą właśnie zjadłeś. Przełknij ślinę i ruszaj dalej.

PRZYPISY

ROZDZIAŁ 2

1. Rollo F, Ubaldi M, Ermini L, Marota I. Ötzi›s last meals: DNA analysis of the intestinal content of the Neolithic glacier mummy from the Alps. *Proc Nat Acad Sci 2002* Oct l;99(20):12594–9.

2. Shewry PR. Wheat. *J Exp Botany* 2009;60(6):1537–53.

3. Ibid.

4. Ibid.

5. Song X, Ni Z. Yao Y et al. Identification of differentially expressed proteins between hybrid and parents in wheat (Triticum aestivum L). seedling leaves. *Theor Appl Genet* 2009 Jan;118(2):213–25.

6. Gao X, Liu SW, Sun Q, Xia GM. High frequency of HMW-GS sequence variation through somatic hybridization between *Agropyron elongatum* and common wheat. *Plants* 2010 Jan;23(2):245–50.

7. Van den Broeck HC, de Jong HC, Salentijn EM et al. Presence of celiac disease epitopes in modern and old hexaploid wheat varieties: wheat breeding may have contributed to increased prevalence of celiac disease. *Theor Appl Genet* 2010 Jul 28.

8. Shewry PR. Wheat. *J Exp Botany* 2009;60(6):1537–53.

9. Magaña-Gómez JA, Calderón de la Barca AM. Risk assessment of genetically modified crops for nutrition and health. *Nutr Rev* 2009;67(l):l–16.

10. Dubcovsky J, Dvorak J. Genome plasticity a key factor in the success of polyploidy wheat under domestication. *Science* 2007 June 29;316:1862–6.

ROZDZIAŁ 3

1. Raeker RÖ, Gaines CS, Finney PL, Donelson T. Granule size distribution and chemical composition of starches from 12 soft wheat cultivars. *Cereal Chem* 1998 75(5):721–8.

2. Avivi L. High grain protein content in wild tetraploid wheat, *Triticum dicoccoides*. In Fifth International Wheat Genetics Symposium, New Delhi, India 1978, Feb 23–28;372–80.

3. Cummings JH, Englyst HN. Gastrointestinal effects of food carbohydrate. *Am J Clin Nutr* 1995; 61:938S–45S.

4. Foster-Powell, Holt SHA, Brand-Miller JC. International table of glycemic index and glycemic load values: 2002. *Am J Clin Nutr* 2002; 76(l):5–56.

5. Jenkins DJH, Wolever TA1, Taylor RH et al. Glycemic index of foods: a physiological basis for carbohydrate exchange. *Am J Clin Nutr* 1981 Mar;34(3):362–6.

6. Juntunen KS, Niskanen LK, Liukkonen KH et al. Postprandial glucose, insulin, and incretin responses to grain products in healthy subjects. *Am J Clin Nutr* 2002 Feb;75(2):254–62.

7. Järvi AE, Karlström BE, Granfeldt YE et al. The influence of food structure on postprandial metabolism in patients with non-insulin-dependent diabetes mellitus. *Am J Clin Nutr* 1995 Apr;61(4):837–42.

8. Juntunen et al. *Am J Clin Nutr* 2002 Feb;75(2):254–62.

9. Järvi et al. *Am J Clin Nutr* 1995 Apr;61(4):837–42.

10. Yoshimoto Y, Tashiro J, Takenouchi T, Takeda Y. Molecular structure and some physiochemical properties of high-amylose barley starches. *Cereal Chemistry* 2000;77:279–85.

11. Murray JA, Watson T, Clearman B, Mitros F. Effect of a gluten-free diet on gastrointestinal symptoms in celiac disease. *Am J Clin Nutr* 2004 Apr;79(4):669–73.

12. Cheng J, Brar PS, Lee AR, Green PH. Body mass index in celiac disease: beneficial effect of a gluten-free diet. *J Clin Gastroenterol* 2010 Apr;44(4):267–71.

13. Shewry PR, Jones HD. Transgenic wheat: Where do we stand after the first 12 years? *Ann App Biol* 2005;147:l–14.

14. Van Herpen T, Goryunova SV, van der Schoot J et al. Alpha-gliadin genes from the A, B, and D genomes of wheat contain different sets of celiac disease epitopes. *BMC Genomics* 2006 Jan 10;7:l.

15. Molberg Ø, Uhlen AK, Jensen T et al. Mapping of gluten T-cell epitopes in the bread wheat ancestors: implications for celiac disease. *Gastroenterol* 2005;128:393–401.

16. Shewry PR, Halford NG, Belton PS, Tatham AS. The structure and properties of gluten: an elastic protein from wheat grain. *Phil Trans Roy Soc London* 2002;357:133–42.

17. Molberg et al. *Gastroenterol* 2005;128:393–401.

18. Tatham AS, Shewry PR. Allergens in wheat and related cereals. *Clin Exp Allergy 2008;38:1712–26.*

ROZDZIAŁ 4

1. Dohan FC. Wheat "consumption" and hospital admissions for schizophrenia during World War II. A preliminary report. 1966 Jan;18(l):7–10.

2. Dohan FC. Coeliac disease and schizophrenia. *Brit Med J* 1973 July 7; 51–52.

3. Dohan, F.C. Hypothesis: Genes and neuroactive peptides from food as cause of schizophrenia. In: Costa E and Trabucchi M, eds. *Advances in Biochemical Psychopharmacology,* New York: Raven Press 1980;22:535–48.

4. Vlissides DN, Venulet A, Jenner FA. A double-blind gluten-free/gluten-load controlled trial in a secure ward population. *Br J Psych* 1986; 148:447–52.

5. Kraft BD, West EC. Schizophrenia, gluten, and low-carbohydrate, ketogenic diets: a case report and review of the literature. *Nutr Metab* 2009;6:10.

6. Cermak SA, Curtin C, Bandini LG. Food selectivity and sensory sensitivity in children with autism spectrum disorders. *J Ant Diet Assoc* 2010 Feb;110(2):238–46.

7. Knivsberg AM, Reichelt KL, Hoien T, Nodland M. A randomized, controlled study of dietary intervention in autistic syndromes. *Nutr Neurosci* 2002;5:251–61.

8. Millward C, Ferriter M, Calver S et al. Gluten- and casein-free diets for autistic spectrum disorder. *Cochrane Database Syst Rev* 2008 Apr 16;(2):CD003498.

9. Whiteley P, Haracopos D, Knivsberg AM et al. The Scan Brit randomised, controlled, single-blind study of a gluten- and casein-free dietary intervention for children with autism spectrum disorders. *Nutr Neurosci* 2010 Apr;13(2):87–100.

10. Niederhofer H, Pittschieler K. A preliminary investigation of AD-HD symptoms in persons with celiac disease. *J Atten Disord* 2006 Nov;10(2):200–4.

11. Zioudrou C, Streaty RA, Klee WA. Opioid peptides derived from food proteins. The exorphins. *J Biol Chem* 1979 Apr 10;254(7):2446–9.

12. Pickar D, Vartanian F, Bunney WE Jr et al. Short-term naloxone administration in schizophrenic and manic patients. A World Health Organization Collaborative Study. *Arch Gen Psychiatry* 1982 Mar;39(3):313–9.

13. Cohen MR, Cohen RM, Pickar D, Murphy DL. Naloxone reduces food intake in humans. *Psychosomatic Med* 1985 March/April;47(2):132–8.

14. Drewnowski A, Krahn DD, Demitrack MA et al. Naloxone, an opiate blocker, reduces the consumption of sweet high-fat foods in obese and lean female binge eaters. *Am J Clin Nutr* 1995;61:1206–12.

ROZDZIAŁ 5

1. Flegal KM, Carroll MD, Ogden CL, Curtin LR. Prevalence and trends in obesity among US adults, 1999–2008. *JAMA* 2010;303(3):235–41.

2. Flegal KM, Carroll AID, Kuczmarski RJ, Johnson CL. Overweight and obesity in the United States: prevalence and trends, 1960–1994. *Int J Obes Relat Metab Disord* 1998;22(l):39–47.

3. Costa D, Steckel RH. Long-term trends in health, welfare, and economic growth in the United States, in Steckel RH, Floud R (eds): *Health and Welfare during Industrialization.* Univ Chicago Press 1997: 47–90.

4. Klöting N, Fasshauer M, Dietrich A et al. Insulin sensitive obesity. *Am J Physiol Endocrinol Metab* 2010 Jun 22. [publikacja elektroniczna przed drukiem]

5. DeMarco VG, Johnson AIS, Whaley-Connell AT, Sowers JR. Cytokine abnormalities in the etiology of the cardiometabolic syndrome. *Curr Hypertens Rep* 2010 Apr;12(2):93–8.

6. Matsuzawa Y. Establishment of a concept of visceral fat syndrome and discovery of adiponectin. *Proc Jpn Acad Ser B Phys Biol Sci* 2010;86(2):131–41.

7. Ibid.

8. Funahashi T, Matsuzawa Y. Hypoadiponectinemia: a common basis for diseases associated with overnutrition. *Curr Atheroscler Rep* 2006 Sep;8(5):433–8.

9. Després J, Lemieux I, Bergeron J et al. Abdominal obesity and the metabolic syndrome: contributions to global cardiometabolic risk. *Arterioscl Thromb Vase Biol* 2008;28:1039–49.

10. Lee Y, Pratley RE. Abdominal obesity and cardiovascular disease risk: the emerging role of the adipocyte. *J Cardiopulm Rehab Prev* 2007;27:2–10.

11. Lautenbach A, Budde A, Wrann CD. Obesity and the associated mediators leptin, estrogen and IGF-I enhance the cell proliferation and early tumorigenesis of breast cancer cells. *Nutr Cancer* 2009;61(4):484–91.

12. Endogenous Hormones and Breast Cancer Collaborative Group. Endogenous sex hormones and breast cancer in postmenopausal women: reanalysis of nine prospective studies. *J Natl Cancer Inst* 2002; 94:606–16.

13. Johnson RE, Murah MH. Gynecomastia: pathophysiology, evaluation, and management. *Mayo Clin Proc* 2009 Nov;84(l l):1010–5.

14. Pynnonen PA, Isometsä ET, Verkasalo MA et al. Gluten-free diet may alleviate depressive and behavioural symptoms in adolescents with celiac disease: a prospective follow-up case-series study. *BMC Psychiatry* 2005;5:14.

15. Green P, Stavropoulos S, Panagi S et al. Characteristics of adult celiac disease in the USA: results of a national survey. *Am J Gastroenterol* 2001;96:126—31.

16. Cranney A, Zarkadas M, Graham ID et al. The Canadian Celiac Health Survey. *Dig Dis Sci* 2007 Apr; (5294):1087–95.

17. Barera G, Mora S, Brambill a P et al. Body composition in children with celiac disease and the effects of a gluten-free diet: a prospective case-control study. *Am J Clin Nutr* 2000 Jul;72(l):71–5.

18. Cheng J, Brar PS, Lee AR, Green PH. Body mass index in celiac disease: beneficial effect of a gluten-free diet. *J Clin Gastroenterol 2010* Apr;44(4):267–71.

19. Dickey W, Kearney N. Overweight in celiac disease: prevalence, clinical characteristics, and effect of a gluten-free diet. *Am J Gastroenterol* 2006 Oct;101(10):2356–9.

20. Murray JA, Watson T, Clearman B, Mitros F. Effect of a gluten-free diet on gastrointestinal symptoms in celiac disease. *Am J Clin Nutr* 2004 Apr;79(4):669–73.

21. Cheng et al. *J Clin Gastroenterol* 2010 Apr;44(4):267–71.

22. Barera G et al. *Am J Clin Nutr* 2000 Jul;72(l):71–5.

23. Venkatasubramani N, Telega G, Werlin SL. Obesity in pediatric celiac disease. *J Pediat Gastrolenterol Nutr 2010* May 12 [publikacja elektroniczna przed drukiem].

24. Bardella MT, Fredella C, Prampolini L et al. Body composition and dietary intakes in adult celiac disease patients consuming a strict gluten-free diet. *Am J Clin Nutr* 2000 Oct;72(4):937–9.

25. Smecuol E, Gonzalez D, Mautalen C et al. Longitudinal study on the effect of treatment on body composition and anthropometry of celiac disease patients. *Am J Gastroenterol* 1997 April;92(4):639–43.

26. Green P, Cellier C. Celiac disease. *New Engl J Med* 2007 October 25;357:1731–43.

27. Foster GD, Wyatt HR, Hill JO et al. A randomized trial of a low-carbohydrate diet for obesity. *N Engl J Med* 2003;348:2082–90.
28. Samaha FF, Iqbal N, Seshadri P et al. A low-carbohydrate as compared with a low-fat diet in severe obesity. *N Engl J Med* 2003;
348:2074–81.

ROZDZIAŁ 6

1. Paveley WF. From Aretaeus to Crosby: a history of coeliac disease. *Brit
Med J* 1988 Dec 24–31;297:1646–9.
2. Van Berge-Henegouwen, Mulder C. Pioneer in the gluten free diet:
Willem-Karel Dicke 1905–1962, over 50 years of gluten free diet. *Gut*
1993;34:1473–5.
3. Barton SH, Kelly DG, Murray JA. Nutritional deficiencies in celiac
disease. *Gastroenterol Clin N Am* 2007;36:93–108.
4. Fasano A. Systemic autoimmune disorders in celiac disease. *Curr Opin
Gastroenterol* 2006;22(6):674–9.
5. Fasano A, Berti I, Gerarduzzi T et al. Prevalence of celiac disease in
at-risk and not-at-risk groups in the United States: a large multicenter
study. *Arch Intern Med* 2003 Feb 10;163(3):286–92.
6. Farrell RJ, Kelly CP. Celiac sprue. *N Engl J Med* 2002;346(3):180–8.
7. Garampazzi A, Rapa A, Mura S et al. Clinical pattern of celiac disease is
still changing. *J Ped Gastroenterol Nutr* 2007;45:611–4.
8. Steens R, Csizmadia C, George E et al. A national prospective study
on childhood celiac disease in the Netherlands 1993–2000: An increasing recognition and a changing clinical *picture. J Pediatr* 2005;
147–239–43.
9. McGowan KE, Castiglione DA, Butzner JD. The changing face of
childhood celiac disease in North America: impact of serological testing. *Pediatrics* 2009 Dec;124(6):1572–8.
10. Rajani S, Huynh HQ, Turner J. The changing frequency of celiac disease diagnosed at the Stollery Children's Hospital. *Can J Gastrolenterol*
2010 Feb;24(2):109–12.
11. Bottaro G, Cataldo F, Rotolo N et al. The clinical pattern of sub-
clincal/silent celiac disease: an analysis on 1026 consecutive cases.
Am J Gastrolenterol 1999 Mar;94(3):691–6.
12. Rubio-Tapia A, Kyle RA, Kaplan E et al. Increased prevalence and
mortality in undiagnosed celiac disease. *Gastroenterol* 2009 July;
137(1):88–93.
13. Lohi S, Mustalahti K, Kaukinen K et al. Increasing prevalence of celiac
disease over time. *Aliment Pharmacol Ther* 2007;26:1217–25.

14. Bach JF. The effect of infections on susceptibility to autoimmune and allergic disease. *N Engl J Med* 2002;347:911–20.

15. Van der Windt D, Jellema P, Mulder CJ et al. Diagnostic testing for celiac disease among patients with abdominal symptoms: a systematic review. *J Am Med Assoc* 2010;303(17):1738–46.

16. Johnston SD, McMillan SA, Collins JS et al. A comparison of antibodies to tissue transglutaminase with conventional serological tests in the diagnosis of coeliac disease. *Eur J Gastroenterol Hepatol 2003* Sep; 15(9): 1001–4.

17. Van der Windt et al. *J Am Med Assoc* 2010;303(17):1738–46.

18. Johnston SD et al. *Eur J Gastroenterol Hepatol* 2003 Sep;15(9):1001–4.

19. Van der Windt et al. *J Am Med Assoc* 2010;303(17):1738–46.

20. NIH Consensus Development Conference on Celiac Disease. *NIH Consens State Sci Statements* 2004 Jun 28–30;21(l):1–23.

21. Mustalahti K, Lohiniemi S, Collin P et al. Gluten-free diet and quality of life in patients with screen-detected celiac disease. *Eff Clin Pract* 202 May Jun;5(3):105–13.

22. Ensari A, Marsh MN, Morgan S et al. Diagnosing coeliac disease by rectal gluten challenge: a prospective study based on immunopathology, computerized image analysis and logistic regression analysis. *Clin Sci* (Lond) 2001 Aug; 101(2):199–207.

23. Van den Broeck HC, de Jong HC, Salentijn EM et al. Presence of celiac disease epitopes in modern and old hexaploid wheat varieties: Wheat breeding may have contributed to increased prevalence of celiac disease. *Theor Appl Genet* 2010 July 28 [publikacja elektroniczna przed drukiem].

24. Drago S, El Asmar R, Di Pierro M et al. Gliadin, zonulin and gut permeability: effects on celiac and nonceliac intestinal mucosa and intestinal cell lines. *Scand J Gastroenterol* 2006;41:408–19.

25. Guttman JA, Finlay BB. Tight junctions as targets of infectious agents. *Biochim Biophys Acta* 2009 Apr;1788(4):832–41.

26. Parnell N, Ciclitira PJ. Celiac disease. *Curr Opin Gastroenterol* 1999 Mar;15(2):120–4.

27. Peters U, Askling J, Gridley G et al. Causes of death in patients with celiac disease in a population-based Swedish cohort. *Arch Intern Med* 2003;163:1566–72.

28. Hafström I, Ringertz B, Spängberg A et al. A vegan diet free of gluten improves the signs and symptoms of rheumatoid arthritis: the effects on arthritis correlate with a reduction in antibodies to food antigens. *Rheumatology* (Oxford) 2001 Oct;40(10):1175–9.

29. Peters et al. *Arch Intern Med* 2003;163:1566–72.

30. Barera G, Bonfanti R, Viscardi M et al. Occurrence of celiac disease after onset of type 1 diabetes: a 6-year prospective longitudinal study. *Pediatrics* 2002;109:833–8.

31. Ascher H. Coeliac disease and type 1 diabetes: an affair still with much hidden behind the veil. *Acta Paediatr* 2001;90;1217–25.

32. Hadjivassiliou M, Sanders DS, Grünewald RA et al. Gluten sensitivity: from gut to brain. *Lancet* 2010 March;9:318–30.

33. Hadjivassiliou M, Grünewald RA, Lawden M et al. Headache and CNS white matter abnormalities associated with gluten sensitivity. *Neurology* 2001 Feb 13;56(3):385–8.

34. Barton SH, Kelly DG, Murray JA. *Gastroenterol* Clin N Am 2007;36:93–108.

35. Ludvigsson JF, Montgomery SA1, Ekbom A et al. Small-intestinal histopathology and mortality risk in celiac disease. *J Am Med Assoc* 2009;302(11):1171–8.

36. West J, Logan R, Smith C et al. Malignancy and mortality in people with celiac disease: population based cohort study. *Brit Med J* 2004 July 21;doi:10.1136/bmj.38169.486701.7C.

37. Askling J, Linet M, Gridley G et al. Cancer incidence in a population-based cohort of individuals hospitalized with celiac disease or derma-titis herpetiformis. *Gastroenterol* 2002 Nov;123(5):1428–35.

38. Peters et al. *Arch Intern Med* 2003;163:1566–72.

39. Ludvigsson et al. *J Am Med Assoc* 2009;302(11):1171–8.

40. Holmes GKT, Prior P, Lane MR et al. Malignancy in celiac disease – effect of a gluten free diet. *Gut* 1989;30:333–8.

41. Ford AC, Chey WD, Talley NJ et al. Yield of diagnostic tests for ce-liac disease in individuals with symptoms suggestive of irritable bowel syndrome: systematic review and meta-analysis. *Arch Intern Med* 2009 April 13;169(7):651–8.

42. Ibid.

43. Bagci S, Ercin CN, Yesilova Z et al. Levels of serologic markers of celiac disease in patients with reflux esophagitis. *World J Gastrolenterol* 2006 Nov 7;12(41):6707–10.

44. Usai P, Manca R, Cuomo R et al. Effect of gluten-free diet and co-morbid-ity of irritable bowel syndrome-type symptoms on health-related quality of life in adult coeliac patients. *Dig Liver Dis* 2007 Sep;39(9):824–8.

45. Collin P, Mustalahti K, Kyrönpalo S et al. Should we screen reflux oesophagitis patients for coeliac disease? *Eur J Gastroenterol Hepatol* 2004 Sep;16(9):917–20.

46. Cuomo A, Romano M, Rocco A et al. Reflux oesophagitis in adult coeliac disease: beneficial effect of a gluten free diet. *Gut* 2003 Apr;52(4):514–7.

47. Ibid.

48. Verdu EF, Armstrong D, Murray JA. Between celiac disease and irritable bowel syndrome: the "no man's land" of gluten sensitivity. *Am J Gastroenterol* 2009 Jun;104(6):1587–94.

ROZDZIAŁ 7

1. Zhao X. 434–PP. Presented at the American Diabetes Association 70th Scientific Sessions; June 25, 2010.

2. Franco OH, Steyerberg EW, Hu FB et al. Associations of diabetes mellitus with total life expectancy and life expectancy with and without cardiovascular disease. *Arch Intern Med* 2007 Jun 11;167(11):1145–51.

3. Daniel M, Rowley KG, McDermott R et al. Diabetes incidence in an Australian aboriginal population: an 8-year follow-up study. *Diabetes Care* 1999;22:1993–8.

4. Ebbesson SO, Schraer CD, Risica PM et al. Diabetes and impaired glucose tolerance in three Alaskan Eskimo populations: the Alaska-Siberia Project. *Diabetes Care* 1998;21:563–9.

5. Cordain L. Cereal grains: Humanity's double-edged sword. In Simopoulous AP (ed), Evolutionary aspects of nutrition and health. *World Rev Nutr Diet* 1999;84:19–73.

6. Reaven GM. Banting Lecture 1988: Role of insulin resistance in human disease. *Diabetes* 1988;37:1595–607.

7. Crawford EM. Death rates from diabetes mellitus in Ireland 1833–1983: a historical commentary. *Ulster Med J* 1987 Oct;56(2):109–15.

8. Ginsberg HN, MacCallum PR. The obesity, metabolic syndrome, and type 2 diabetes mellitus pandemic: Part I. Increased cardiovascular disease risk and the importance of atherogenic dyslipidemia in persons with the metabolic syndrome and type 2 diabetes mellitus. *J Cardiometab Syndr* 2009;4(2):113–9.

9. Centers for Disease Control. National diabetes fact sheet 2011, at http://apps.nccd.cdc.gov/DDTSTRS/FactSheet.aspx.

10. Ginsberg et al. *J Cardiometab* Syndr 2009;4(2):113–9.

11. Centers for Disease Control. Overweight and obesity trends among adults 2011, at http://www.cdc.gov/obesity/data/index.html.

12. Wang Y, Beydoun MA, Liang L et al. Will all Americans become overweight or obese? Estimating the progression and cost of the US obesity epidemic. *Obesity* (Silver Spring) 2008 Oct;16(10):2323–30.

13. USDA. U.S. Per capita wheat use, at http://www.ers.usda.gov/amber-waves/ september08/findings/wheatflour.htm.

14. Macor C, Ruggeri A, Mazzonetto P et al. Visceral adipose tissue impairs insulin secretion and insulin sensitivity but not energy expenditure in obesity. *Metabolism* 1997 Feb;46(2):123–9.

15. Alarchetti P, Lupi R, Del Guerra S et al. The beta-cell in human type 2 diabetes. *Adv Exp Med Biol* 2010;654:501–14.

16. Ibid.

17. Wajchenberg BL. Beta-cell failure in diabetes and preservation by clinical treatment. *Endocr Rev* 2007 Apr;28(2):187–218.

18. Banting FG, Best CH, Collip JB et al. Pancreatic extracts in the treatment of diabetes mellitus: preliminary report. *Can Med Assoc J* 1922 March; 12(3): 141–6.

19. Westman EC, Vernon MC. Has carbohydrate-restriction been forgotten as a treatment for diabetes mellitus? A perspective on the ACCORD study design. *Nutr Metab* 2008;5:10.

20. Ventura A, Neri E, Ughi C et al. Gluten-dependent diabetes-related and thyroid related autoantibodies in patients with celiac disease. *J Pediatr* 2000;137:263–5.

21. Vehik K, Hamman RF, Lezotte D et al. Increasing incidence of type 1 diabetes in 0- to 17-year-old Colorado youth. *Diabetes Care* 2007 Mar;30(3):503–9.

22. DIAMOND Project Group. Incidence and trends of childhood type 1 diabetes worldwide 1990–1999. *Diabet Med* 2006 Aug;23(8):857–66.

23. Hansen D, Bennedbaek FN, Hansen LK et al. High prevalence of coeliac disease in Danish children with type 1 diabetes mellitus. *Acta Paediatr* 2001 Nov;90(11):1238–43.

24. Barera G, Bonfanti R, Viscsrdi M et al. Occurrence of celiac disease after onset of type 1 diabetes: A 6-year prospective longitudinal study. *Pediatrics* 2002;109:833–8.

25. Ibid.

26. Funda DP, Kaas A, Bock T et al. Gluten-free diet prevents diabetes in NOD mice. *Diabetes Metab Res Rev* 1999;15:323–7.

27. Maurano F, Mazzarella G, Luongo D et al. Small intestinal enteropathy in non-obese diabetic mice fed a diet containing wheat. *Diabetologia* 2005 May;48(5):931–7.

28. Volek JS, Sharman Al, Gómez A et al. Comparison of energy-restricted very low-carbohydrate and low-fat diets on weight loss and body composition in overweight men and women. *Nutr Metab* (Lond); 2004 Nov 8; 1(1): 13.

29. Volek JS, Phinney SD, Forsythe CE et al. Carbohydrate restriction has a more favorable impact on the metabolic syndrome than a low fat diet. *Lipids* 2009 Apr;44(4):297–309.

30. Stern L, Iqbal N, Seshadri P et al. The effects of a low-carbohydrate versus conventional weight loss diets in severely obese adults: one-year follow-up of a randomized trial. *Ann Intern Med* 2004;140:778–85.

31. Samaha FF, Iqbal N, Seshadri P et al. A low-carbohydrate as compared with a low-fat diet in severe obesity. *N Engl J Med* 2003;348:2074–81.

32. Gannon MC, Nuttall FQ. Effect of a high-protein, low-carbohydrate diet on blood glucose control in people with type 2 diabetes. *Diabetes* 2004;53:2375–82.

33. Stern et al. *Ann Intern Med* 2004;140:778–85.

34. Boden G, Sargrad K, Homko C et al. Effect of a low-carbohydrate diet on appetite, blood glucose levels and insulin resistance in obese patients with type 2 diabetes. *Ann Intern Med* 2005;142:403–11.

35. Westman EC, Yancy WS, Mavropoulos JC et al. The effect of a low-carbohydrate, ketogenic diet versus a low-glycemic index diet on glycemic control in type 2 diabetes mellitus. *Nutr Metab* 2008 Dec 9;5:36.

ROZDZIAŁ 8

1. Wyshak G. Teenaged girls, carbonated beverage consumption, and bone fractures. *Arch Pediatr Adolesc Med* 2000 Jun;154(6):610–3.

2. Remer T, Manz F. Potential renal acid load of foods and its influence on urine pH. *J Am Diet Assoc* 1995;95:791–7.

3. Alexy U, Remer T, Manz F et al. Long-term protein intake and dietary potential renal acid load are associated with bone modeling and re-modeling at the proximal radius in healthy children. *Am J Clin Nutr* 2005 Nov;82(5):1107–14.

4. Sebastian A, Frassetto LA, Sellmeyer DE et al. Estimation of the net acid load of the diet of ancestral preagricultural *Homo sapiens* and their hominid ancestors. *Am J Clin Nutr* 2002;76:1308–16.

5. Kurtz I, Maher T, Hulter HN et al. Effect of diet on plasma acid-base composition in normal humans. *Kidney Int.* 1983;24:670–80.

6. Frassetto L, Morris RC, Sellmeyer DE et al. Diet, evolution and aging. *Eur J Nutr* 2001;40:200–13.

7. Ibid.

8. Frassetto LA, Todd KM, Morris RC Jr, Sebastian A. Worldwide incidence of hip fracture in elderly women: relation to consumption of animal and vegetable *foods. J Gerontol A Biol Sci Med Sci* 2000;55:M585–92.

9. Van Staa TP, Dennison EM, Lenfkens HG et al. Epidemiology of fractures in England and Wales. *Bone* 2001;29:517–22.

10. Grady D, Rubin SM, Petitti DB et al. Hormone therapy to prevent disease and prolong life in postmenopausal women. *Ann Intern Med* 1992;117:1016–37.

11. Dennison E, Mohamed MA, Cooper C. Epidemiology of osteoporosis. *Rheum Dis Clin N Am* 2006;32:617–29.

12. Berger C, Langsetmo L, Joseph L et al. Change in bone mineral density as a function of age in women and men and association with the use of antiresorptive agents. CMAJ 2008;178:1660–8.

13. Massey LK. Dietary animal and plant protein and human bone health: a whole foods approach. *J Nutr* 133:862S–5S.

14. Sebastian et al. *Am J Clin Nutr* 2002;76:1308–16.

15. Jenkins DJ, Kendall CW Vidgen E et al. Effect of high vegetable protein diets on urinary calcium loss in middle-aged men and women. *Eur J Clin Nutr* 2003 Feb;57(2):376–82.

16. Sebastian et al. *Am J Clin Nutr* 2002;76:1308–16.

17. Denton D. *The Hunger for Salt.* New York:Springer-Verlag, 1962.

18. Sebastian et al. *Am J Clin Nutr* 2002;76:1308–16.

19. American Association of Orthopedic Surgeons. Facts on Hip Replacements, at http://www.aaos.org/research/stats/Hip_Facts.pdf.

20. Sacks JJ, Luo YH, Helmick CG. Prevalence of specific types of arthritis and other rheumatic conditions in the ambulatory health care system in the United States, 2001–2005. *Arthr Care Res* 2010 Apr;62(4):460–4.

21. Katz JD, Agrawal S, Velasquez M. Getting to the heart of the matter: osteoarthritis takes its place as part of the metabolic syndrome. *Curr Opin Rheumatol 2010 June* 28 [publikacja elektroniczna przed drukiem].

22. Dumond H, Presle N, Terlain B et al. Evidence for a key role of leptin in osteoarthritis. *Arthr Rheum* 2003 Nov;48(ll):3118–29.

23. Wang Y, Simpson JA, Wluka AE et al. Relationship between body adiposity measures and risk of primary knee and hip replacement for osteoarthritis: a prospective cohort study. *Arthr Res Ther* 2009;11:R31.

24. Toda Y, Toda T, Takemura S et al. Change in body fat, but not body weight or metabolic correlates of obesity, is related to symptomatic relief of obese patients with knee osteoarthritis after a weight control program. *J Rheumatol* 1998 Nov;25(11):2181–6.

25. Christensen R, Astrup A, Bliddal H et al. Weight loss: the treatment of choice for knee osteoarthritis? A randomized trial. *Osteoarthr Cart.* 2005 Jan;13(l):20–7.

26. Anderson AS, Loeser RF. Why is osteoarthritis an age-related disease? *Best Prac Res Clin Rheum* 2010;24:15–26.
27. Meyer D, Stavropolous S, Diamond B et al. Osteoporosis in a North American adult population with celiac disease. *Am J Gastroenterol* 2001;96:112–9.
28. Mazure R, Vazquez H, Gonzalez D et al. Bone mineral affection in asymptomatic adult patients with celiac disease. *Am J Gastroenterol* 1994 Dec;89(12):2130–4.
29. Stenson WF, Newberry R, Lorenz R et al. Increased prevalence of celiac disease and need for routine screening among patients with osteoporosis. *Arch Intern Med* 2005 Feb 28;165(4):393–9.
30. Bianchi ML, Bardella MT. Bone in celiac disease. *Osteoporos Int* 2008;19:1705–16.
31. Fritzsch J, Hennicke G, Tannapfel A. Ten fractures in 21 years. *Unfallchirurg* 2005 Nov;108(ll):994–7.
32. Vasquez H, Mazure R, Gonzalez D et al. Risk of fractures in celiac disease patients: a cross-sectional, case-control study. *Am J Gastroenterol* 2000 Jan;95(l):183–9.
33. Lindh E, Ljunghall S, Larsson K, Lavö B. Screening for antibodies against gliadin in patients with osteoporosis. *J Int Med* 1992;231:403–6.
34. Hafström I, Ringertz B, Spångberg A et al. A vegan diet free of gluten improves the signs and symptoms of rheumatoid arthritis: the effects on arthritis correlate with a reduction in antibodies to food antigens. *Rheumatol* 2001;1175–9.

ROZDZIAŁ 9

1. Bengmark S. Advanced glycation and lipoxidation end products – amplifiers of inflammation: The role of food. *J Parent Enter Nutr 2007* Sept-Oct;31(5):430–40.
2. Unbarri J, Cai W, Peppa M et al. Circulating glycotoxins and dietary advanced glycation endproducts: Two links to inflammatory response, oxidative stress, and aging. *J Gerontol* 2007 Apr;62A:427–33.
3. Goh S, Cooper ME. The role of advanced glycation end products in progression and complications of diabetes. *J Clin Endocrinol Metab* 2008;93:1143–52.
4. Uribarri J, Tuttle KR. Advanced glycation end products and nephrotoxicity of high-protein diets. *Clin J Am Soc Nephrol* 2006;1:1293–9.
5. Bucala R, Makita Z, Vega G et al. Modification of low density lipoprotein by advanced glycation end products contributes to the dyslipidemia of diabetes and renal insufficiency. *Proc Natl Acad Sci USA* 1994;91:9441–5.

6. Stitt AW, He C, Friedman S et al. Elevated AGE-modified Apo B in sera of englycemic, normolipidemic patients with atherosclerosis: relationship to tissue AGEs. Mol Med 1997;3:617–27.

7. Moreira PI, Smith MA, Zhu X et al. Oxidative stress and neurodegeneration. Ann NY Acad Sci 2005;1043:543–52.

8. Nicolls MR. The clinical and biological relationship between type 2 diabetes mellitus and Alzheimer's disease. Curr Alzheimer Res 2004;l:47–54.

9. Epidemiology of Diabetes Interventions and Complications (EDIC). Design, implementation, and preliminary results of a long-term follow-up of the Diabetes Control and Complications Trial cohort. Diabetes Care 1999 Jan;22(l):99–111.

10. Kilhovd BK, Giardino I, Torjesen PA et al. increased serum levels of the specific AGE-compound methylglyoxal-derived hydroimidazolone in patients with type 2 diabetes. Metabolism 1003;52:163–7.

11. Bengmark. J Parent Enter Nutr 2007 Sept-Oct;31(5):430–40.

12. Seftel AD, Vaziri ND, Ni Z et al. Advanced glycation end products in human penis: elevation in diabetic tissue, site of deposition, and possible effect through iNOS or eNOS. Urology 1997;50:1016–26.

13. Stitt AW. Advanced glycation: an important pathological event in diabetic and age related ocular disease. Br J Ophthalmol 2001;85:746—53.

14. Uribarri. J Gerontol 2007 Apr;62A:427–33.

15. Vlassara H, Cai W, Crandall J et al. Inflammatory mediators are induced by dietary glycotoxins, a major risk for complications of diabetic angiopathy. Proc Natl Acad Sci USA 2002;99:15596–601.

16. Monnier VM, Battista O, Kenny D et al. Skin collagen glycation, glycoxidation, and crosslinking are lower in subjects with long-term intensive versus conventional therapy of type 1 diabetes: Relevance of glycated collagen products versus HbAlc as markers of diabetic complications. DCCT Skin Collagen Ancillary Study Group. Diabetes Control and Complications Trial. Diabetes 1999;48:870–80.

17. Negrean Al, Stirban A, Stratmann B et al. Effects of low- and high-advanced glycation endproduct meals on macro- and microvascular endothelial function and oxidative stress in patients with type 2 diabetes mellitus. Am J Clin Nutr 2007;85:1236–43.

18. Goh et al. J Clin Endocrinol Metab 2008;93:1143–52.

19. American Diabetes Association, at http://www.diabetes.org/diabetes-basics/ diabetes-statistics.

20. Sakai M, Oimomi M, Kasuga M. Experimental studies on the role of fructose in the development of diabetic complications. Kobe J Med Sri 2002;48(5):125–36.

21. Goldberg T, Cai W, Peppa M et al. Advanced glycoxidation end products in commonly consumed foods. *J Am Diet Assoc* 2004;104:1287–91.

22. Negrean et al. *Am J Clin Nutr* 2007;85:1236–43.

23. Sarwar N, Aspelund T, Einksdottir G et al. Markers of dysglycaemia and risk of coronary heart disease in people without diabetes: Reykjavik prospective study and systematic review. *P Los Med* 2010 May 25;7(5):e1000278.

24. International Expert Committee. International Expert Committee report on the role of the HbA1c assay in the diagnosis of diabetes. *Diabetes Care* 2009; 32:1327–44.

25. Khaw KT, Wareham N, Lnben R et al. Glycated haemoglobin, diabetes, and mortality in men in Norfolk cohort of European Prospective Investigation of Cancer and Nutrition (EPIC-Norfolk). *Brit Med J* 2001 Jan 6;322(7277):15–8.

26. Swami-Mruthinti S, Shaw SM, Zhao HR et al. Evidence of a glycemic threshold for the development of cataracts in diabetic rats. *Curr Eye Res* 1999 Jun;18(6):423–9.

27. Rowe NG, Mitchell PG, Cumming RG, Wans JJ. Diabetes, fasting blood glucose and age-related cataract: the Blue Mountains Eye Study. *Opththalmic Epidemiol* 2000 Jun;7(2):103–14.

28. Sperduto RD, Seigel D. Senile lens and senile macular changes in a population-based sample. *Am J Opthalmol* 1980 Jnl;90(l):86–91.

29. Stitt et al. *Mol Med* 1997;3:617–27.

30. Gerstein HC, Swedberg K, Carlsson J et al. The hemoglobin A1c level as a progressive risk factor for cardiovascular death, hospitalization for heart failure, or death in patients with chronic heart failure: an analysis of the Candesartan in Heart failure: Assessment of Reduction in Mortality and Morbidity (CHARM) program. Arch Intern Med 2008 Aug ll;168(15):1699–704.

31. Khaw et al. *Brit Med J* 2001 Jan 6;322(7277):I5–8.

32. Ishibashi T, Kawaguchi Al, Sugimoto K et al. Advanced glycation end product-mediated matrix metalloproteinase-9 and apoptosis via renin-angiotensin system in type 2 diabetes. *J Atheroscler Thromb* 2010; 17(6):578–89.

33. Vlassara H, Torreggiani M, Post JB et al. Role of oxidants/inflammation in declining renal function in chronic kidney disease and normal aging. *Kidney Int Suppl* 2009 Dec;(114):S3–11.

ROZDZIAŁ 10

1. Stalenhoef AF, de Graaf J. Association of fasting and nonfasting serum triglycerides with cardiovascular disease and the role of remnant-like lipoproteins and small dense LDL. *Curr Opin Lipidol* 2008;19:355–61.

2. Lamarche B, Lemieux I, Després JP. The small, dense LDL phenotype and the risk of coronary heart disease: epidemiology, patho-physiology and therapeutic aspects. *Diabetes Metab* 1999 Sep;25(3):199–211.

3. Packard CJ. Triacylglycerol-rich lipoproteins and the generation of small, dense low-density lipoprotein. *Biochem Soc Trans* 2003;31:1066–9.

4. De Graaf J, Hak-Lemmers HL, Hectors MP et al. Enhanced susceptibility to in vitro oxidation of the dense low density lipoprotein subfraction in healthy subjects. *Arterioscler Thromb* 1991 Mar-Apr;11(2):298–306.

5. Younis N, Sharma R, Soran H et al. Glycation as an atherogenic modification of LDL. *Curr Opin Lipidol* 2008 Aug;19(4):378–84.

6. Zambon A, Hokanson JE, Brown BG, Brunzell JD. Evidence for a new pathophysiological mechanism for coronary artery disease regression: hepatic lipase-mediated changes in LDL density. *Circulation* 1999 Apr 20;99(15):1959–64.

7. Ginsberg HN. New perspectives on atherogenesis: role of abnormal triglyceride-rich lipoprotein metabolism. *Circulation* 2002;106:2137–42.

8. Stalenhoef et al. *Curr Opin Lipidol* 2008;19:355–61.

9. Ford ES, Li C, Zhgao G et al. Hypertriglyceridemia and its pharmacologic treatment among US adults. *Arch Intern Med* 2009 Mar 23;169(6):572–8.

10. Superko HR. Beyond LDL cholesterol reduction. *Circulation* 1996 Nov 15;94(10):2351–4.

11. Lemieux I, Couillard C, Pascot A et al). The small, dense LDL phenotype as a correlate of postprandial lipemia in men. *Atherosclerosis* 2000;153:423–32.

12. Nordestgaard BG, Benn M, Schnohr P et al. Nonfasting triglycerides and risk of myocardial infarction, ischemic heart disease, and death in men and women. *JAMA* 2007 Jul 18;298(3):299–308.

13. Sniderman AD. How, when, and why to use apolipoprotein B in clinical practice. *Am J Cardiol 2002* Oct 17;90(8A):48i–54i.

14. Otvos JD, Jeverajah EJ, Cromwell WC. Measurement issues related to lipoprotein heterogeneity. *Am J Cardiol* 2002 Oct 17;90(8A):22i–9i.

15. Parks EJ, Hellerstein MK. Carbohydrate-induced hypertriacylglycerolemia: Hisotrical perspective and review of biological mechanisms. *Aw. J Clin Nutr* 2000; 71:412–23.

16. Hudgins LC. Effect of high-carbohydrate feeding on triglyceride and saturated fatty acid synthesis. *Proc Soc Exp Biol Med* 2000;225:178–83.

17. Savage DB, Semple RK. Recent insights into fatty liver, metabolic dyslipidaemia and their links to insulin resistance. *Curr Opin Lipidol* 2010 Aug;21(4):329–36.

18. Therond P. Catabolism of lipoproteins and metabolic syndrome. *Cur Opin Clin Nutr Metab Care* 2009;12:366–71.
19. Centers for Disease Control 2010, Dietary intake for adults 20 years of age and over, at http://www.cdc.gov/nchs/fastats/diet.htm.
20. Capeau J. Insulin resistance and steatosis in humans. *Diabetes Metab* 2008;34:649–57.
21. Adiels M, Olofsson S, Taskinen R, Borén J. Overproduction of very low-density lipoproteins is the hallmark of the dyslipidemia in the metabolic syndrome. *Arteroscler Thromb Vasc Biol* 2008;28:1225–36.
22. Westman EC, Yancy WS Jr, Mavropoulos JC et al. The effect of a low-carbohydrate, ketogenic diet versus a low-glycemic index diet on glycemic control in type 2 diabetes mellitus. *Nutr Metab (Lond)* 2008 Dec 19;5:36.
23. Temelkova-Kurktschiev T, Hanefeld M. The lipid triad in type 2 diabetes – prevalence and relevance of hypertriglyceridaemia/low high-density lipoprotein syndrome in type 2 diabetes. *Exp Clin Endocrinol Diabetes* 2004 Feb;112(2):75–9.
24. Krauss RM. Atherogenic lipoprotein phenotype and diet-gene interactions. *J Nutr 2001* Feb;131(2):34OS–3S.
25. Wood RJ, Volek JS, Liu Y et al. Carbohydrate restriction alters lipoprotein metabolism by modifying VLDL, LDL, and HDL subtraction distribution and size in overweight men. *J Nutr* 2006;136:384–9.

ROZDZIAŁ 11

1. Hadjivassiliou M, Sanders DS, Grünewald RA et al. Gluten sensitivity: from gut to brain. *Lancet* 2010 March;9:318–30.
2. Holmes GK. Neurological and psychiatric complications in coeliac disease. In Gobbi G, Anderman F, Naccarato S et al., editors: *Epilepsy and other neurological disorders in coeliac disease*. London: John Libbey; 1997:251–64.
3. Hadjivassiliou M, Grünewald RA, Sharrack B et al. Gluten ataxia in perspective: epidemiology, genetic susceptibility and clinical characteristics. *Brain* 2003;126:685–91.
4. Cooke W, Smith W. Neurological disorders associated with adult coeliac disease. *Brain* 1966;89:683–722.
5. Hadjivassiliou Al, Boscolo S, Davies-Jones GA et al. The humoral response in the pathogenesis of gluten ataxia. *Neurology* 2002 Apr 23;58(8):1221–6.
6. Bürk K Bosch S, Müller CA et al. Sporadic cerebellar ataxia associated with gluten sensitivity. *Brain* 2001;124:1013–9.

7. Wilkinson ID, Hadjivassiliou Al, Dickson JM et al. Cerebellar abnormalities on proton MR spectroscopy in gluten ataxia. *J Neurol Neurosurg Psychiatry* 2005;76:1011–3.

8. Hadjivassiliou Al, Davies-Jones G, Sanders DS, Grünewald RA. Dietary treatment of gluten ataxia. *J Neurol Neurosurg Psychiatry* 2003;74:1221–4.

9. Hadjivassiliou et al. *Brain* 2003;126:685–91.

10. Ibid.

11. Hadjivassiliou M, Kandler RH, Chattopadhyay AK et al. Dietary treatment of gluten neuropathy. *Muscle Nerve* 2006 Dec;34(6):762–6.

12. Bushara KO. Neurologic presentation of celiac disease. *Gastroenterol* 2005;128:S92–7.

13. Hadjivassiliou et al. *Lancet* 2010 March;9:318–30.

14. Hu WT, Murray JA, Greenway MC et al. Cognitive impairment and celiac disease. *Arch Neurol* 2006;63:1440–6.

15. Ibid.

16. Hadjivassiliou et al. *Lancet* 2010 March;9:318–30.

17. Peltola M, Kaukinen K, Dastidar P et al. Hippocampal sclerosis in refractory temporal lobe epilepsy is associated with gluten sensitivity. *J Neurol Neurosurg* Psychiatry 2009 Jun;80(6):626–30.

18. Cronin CC, Jackson LM, Feighery C et al. Coeliac disease and epilepsy. *QJM* 1998;91:303–8.

19. Chapman RW, Laidlow JM, Colin-Jones D et al. Increased prevalence of epilepsy in celiac disease. *Brit Med J* 1978;2:250–1.

20. Mavroudi A, Karatza E, Papastravron T et al. Successful treatment of epilepsy and celiac disease with a gluten-free diet. *Pediatr Neurol* 2005;33:292–5.

21. Harper E, Moses H, Lagrange A. Occult celiac disease presenting as epilepsy and MRI changes that responded to gluten-free diet. *Neurology* 2007;68:533.

22. Ranua J, Luoma K, Auvinen A et al. Celiac disease-related antibodies in an epilepsy cohort and matched reference population. *Epilepsy Behav* 2005 May;6(3):388–92.

ROZDZIAŁ 12

1. Smith RN, Mann NJ, Braue A et al. A low-glycemic-load diet improves symptoms in acne vulgaris patients: a randomized controlled trial. *Am J Clin Nutr* 2007 Jul;86(1):107–15.

2. Cordain L, Lindeberg S, Hurtado M et al. Acne vulgaris: A disease of Western civilization. *Arch Dermatol* 2002 Dec;138:1584–90.

3. Miyagi S, Iwama N, Kawabata T, Hasegawa K. Longevity and diet in Okinawa, Japan: the past, present and future. *Asia Pac J Public Health* 2003; 15 Suppl:S3–9.

4. Cordain. *Arch Dermatol* 2002 Dec;138:1584–90.

5. Bendiner E. Disastrous trade-off: Eskimo health for white civilization. *Hosp Pract* 1974;9:156–89.

6. Steiner PE. Necropsies on Okinawans: anatomic and pathologic observations. *Arch Pathol* 1946;42:359–80.

7. Schaefer O. When the Eskimo comes to town. *Nutr Today* 1971;6:S—16.

8. Fulton JE, Plewig G, Kligman AM. Effect of chocolate on acne vulgaris. *JAMA* 1969 Dec 15;210(11):2071–4.

9. Rudman SM, Philpott MP, Thomas G, Kealey T. The role of IGF-I in human skin and its appendages: morphogen as well as mitogen? *J Invest Dermatol* 1997 Dec;109(6):770–7.

10. Cordain. *Arch Dermatol* 2002 Dec;138:1584–90.

11. Franks S. Polycystic ovary syndrome. *N Engl J Med* 2003;13:853–61.

12. Tan S, Hahn S, Benson S et al. Metformin improves polycystic ovary syndrome symptoms irrespective of pre-treatment insulin resistance. *Eur J Endocrinol* 2007 Nov;157(5):669–76.

13. Cordain L. Implications for the role of diet in acne. *Semin Cutan Med Surg* 2005 Jun;24(2):84–91.

14. Frid H, Nilsson M, Hoist JJ, Björck IM. Effect of whey on blood glucose and insulin responses to composite breakfast and lunch meals in type 2 diabetic subjects. *Am. J Clin Nutr* 2005 Jul;82(l):69–75.

15. Adebamowo CA, Spiegelman D, Danby FW et al. High school dietary dairy intake and teenage acne. *J Am Acad Derwatol* 2005 Feb;52(2):207–14.

16. Abulnaja KO. Changes in the hormone and lipid profile of obese adolescent Saudi females with acne vulgaris. *Braz J Med Biol Res* 2009 Jun;42(6):501–5.

17. Smith RN, Mann NJ, Braue A et al. A low-glycemic-load diet improves symptoms in acne vulgaris patients: a randomized controlled trial. *Am J Clin Nutr* 2007 Jul;86(l):107–15.

18. Abenavoli L, Leggio L, Ferrulli A et al. Cutaneous manifestations in celiac disease. *World J Gastroknterol* 2006 Feb 16;12(6):843–52.

19. Junkins-Hopkins J. Dermatitis herpetiformis: Pearls and pitfalls in diagnosis and management. *J Am Acad Dermatol* 2001 ;63:526—8.

20. Abenavoli et al. *World J Gastrolenterol* 2006 Feb 16;12(6):843–52.

21. Kong AS, Williams RL, Rhyne R et al. Acanthosis nigricans: high prevalence and association with diabetes in a practice-based research

network consortium – a PRImary care Multi-Ethnic network (PRIME Net) study. *J Am Board Fam Med* 2010 Jul–Aug;23(4):476–85.

22. Corazza GR, Andreani ML, Venturo N et al. Celiac disease and alopecia areata: report of a new association. *Gastroenterol* 1995 Oct;109(4):1333–7.

23. Gregoriou S, Papafragkaki D, Kontochristopoulos G et al. Cytokines and other mediators in alopecia areata. *Mediators Inflamm* 2010;928030.

ROZDZIAŁ 13

1. Trepanowski JF, Bloomer RJ. The impact of religious fasting on human health. *Nutr J* 2010 NOT 22;9:57.

2. Kendall CW, Josse AR, Esfahani A, Jenkins DJ. Nuts, metabolic syndrome and diabetes. *Br J Nutr 2010* Aug;104(4):465–73.

3. Astrup A, Dyerberg J, Elwood P et al. The role of reducing intakes of saturated fat in the prevention of cardiovascular disease: where does the evidence stand in 2010? *Am J Clin Nutr* 2011 Apr;93(4):684–8.

4. Ostman EM, Liljeberg Elmstahl HG, Björck IM. Inconsistency between glycemic and insulinemic responses to regular and fermented milk products. *Am J Clin Nutr* 2001 Jul;74(l):96–100.

EPILOG

1. Diamond J. The worst mistake in the history of the human race. *Discover* 1987 May; 64–6.

SPIS TREŚCI